星野家住宅（国重文。大月市）

猿橋（国名勝。大月市）

忍野八海
（湧池，国天然。南都留郡忍野村）

吉田の火祭り
（富士吉田市北口本宮冨士浅間神社）

笛吹川に沿って

放光寺木造大日如来坐像
(国重文。甲州市)

清白寺仏殿
(国宝。山梨市)

桃源郷と甲府盆地
(笛吹市)

恵林寺四脚門
(赤門, 国重文。甲州市)

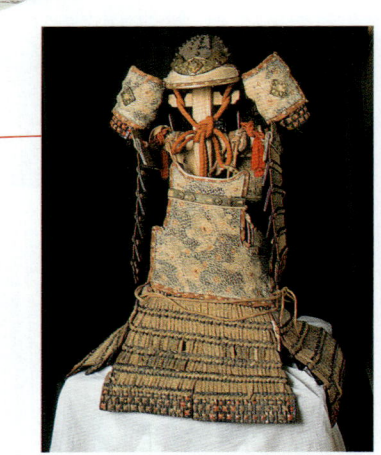

楯無鎧(小桜韋威 鎧 兜 大袖付, 国宝)
(甲州市菅田天神社)

大善寺本堂
(薬師堂, 国宝。甲州市)

甲府市とその近郊

御岳昇仙峡覚円峰
(国特別名勝。甲府市)

武田氏館跡
(国史跡。甲府市)

甲府城(甲府市)

要害城跡（国史跡。甲府市）

東光寺仏殿
（国重文。甲府市）

善光寺金堂
（国重文。甲府市）

天津司の舞（神形，国民俗。甲府市天津司神社）

八ヶ岳を仰ぐ・富士川の清流

金生遺跡の石棒と復元住居（国史跡。北杜市）

願成寺阿弥陀三尊像（国重文。韮崎市）

鋳物師屋遺跡出土品（国重文。南アルプス市）

円錐形土偶

有孔鍔付土器

信玄堤(甲斐市)

古長禅寺庭園
(南アルプス市)

絹本著色夏景山水図
(国宝。久遠寺)

身延山久遠寺(南巨摩郡身延町)

もくじ　　赤字はコラム

富士北麓と桂川に沿って

❶ 甲斐の玄関口上野原市とその周辺-- 4
　　法性寺／保福寺／宝珠寺／山間の長寿の里・棡原／一宮神社／長作観音堂／旧甲州道中を歩く／八ツ沢発電所

❷ 旧甲州道中と大月周辺--- 13
　　鳥沢宿／花井寺／猿橋／天保騒動（郡内騒動）／東京電力駒橋発電所／岩殿城址／円通寺跡／遺髪塚／星野家住宅／法雲寺／矢立のスギ

❸ 城下町都留市の史跡--- 23
　　城下町谷村／勝山城跡／甲斐絹と都留市商家資料館／谷村陣屋跡／生出神社とお八朔／長安寺／満州南都留分村殉難の碑／田原の滝／桃林軒・月待ちの湯／小山田氏館（中津森館）跡／石船神社／落合水路橋／旧尾県学校校舎

❹ 富士北麓富士吉田市と山中湖周辺-- 33
　　富士山／金鳥居／小佐野家住宅／富士講と御師／西念寺／北口本宮冨士浅間神社／富士吉田市歴史民俗博物館／西方寺／忍草浅間神社／忍野八海／ハリモミの純林と花の都公園／山中湖

❺ 河口湖から本栖湖へ-- 44
富士五湖／新倉掘抜／妙法寺／冨士御室浅間神社／鳴沢溶岩樹型／河口浅間神社／天下茶屋

笛吹川に沿って

❶ 勝沼ぶどう郷と武田終焉の地------------------------------ 54
景徳院／武田勝頼／棲雲寺／大善寺／藤切会式と鳥居焼祭り／勝沼氏館跡／甲州ぶどうとワイン／勝沼宿

❷ 甲州の鎌倉，塩山-- 63
旧高野家住宅／於曽屋敷跡／菅田天神社／熊野神社／向嶽寺／恵林寺／放光寺／慈雲寺／峡東の文学散歩／雲峰寺

❸ 雁坂路と山梨市--- 76
連方屋敷／清白寺／窪八幡神社／天神社／万力林と差出の磯／甲州財閥／永昌院／中牧神社と牧丘町の文化財／甲州方言

❹ 石和温泉郷と春日居--- 86
大蔵経寺／遠妙寺／八田家書院／山梨岡神社／笛吹市春日居郷土館／国府の変遷／寺本廃寺跡

❺ 古代文化の宝庫，一宮御坂とその周辺------------------ 93
浅間神社／慈眼寺／甲斐国分尼寺跡・国分寺跡／釈迦堂遺跡博物館／山梨県立博物館／姥塚／美和神社／侠客の系譜／福光園寺／岡・銚子塚古墳／山梨県立考古博物館と銚子塚・丸山塚古墳

甲府市とその近郊

❶ 甲府市東部を歩く--- 110
横根・桜井積石塚古墳群／酒折宮／玉諸神社／善光寺／甲府の地場産業／東光寺／甲府の戦後

もくじ

❷ 武田氏館跡を中心に---119
武田氏館跡／藤村式建築／積翠寺／武田信玄の民政と民衆／要害城跡／恵運院／法泉寺／円光院／武田信玄火葬塚／八幡宮／大泉寺／甲府連隊糧秣庫(山梨大学赤レンガ館)／長禅寺

❸ 甲府城とその城下町---135
尊躰寺／甲斐奈神社／甲府城跡／大小切・甲州金・甲州枡／柳沢家と甲府城／甲府城と明治維新／穴切大神社／甲府城下町遺跡／徽典館跡／一蓮寺／遠光寺

❹ 甲府市南部とその近郊--151
住吉神社／入明寺／天津司の舞／仁勝寺／義雲院／義清神社／妙福寺／歓盛院／永源寺

❺ 甲府市北西部と山岳地域--159
塩沢寺／加牟那塚古墳／青松院／立本寺／常説寺／『甲斐国志』／羅漢寺／金桜神社／上菅口・下菅口の郷倉／天沢寺／御岳昇仙峡と円右衛門／旧金桜神社石鳥居／光照寺／船形神社石鳥居

八ヶ岳を仰ぐ

❶ 韮崎駅の周辺を歩く--174
願成寺／武田八幡神社／七里岩地下壕群／韮崎宿／勝手神社／坂井遺跡／新府城跡／保阪嘉内と宮沢賢治／百万小塔

❷ 塩川に沿って--184
昌福寺／八代家住宅／宇波刀神社の石鳥居／長泉寺／正覚寺／諏訪神社と三輪神社／獅子吼城跡と根古屋神社／茅ヶ岳山麓の風物詩——堰と道祖神／比志神社と神部神社／増富温泉郷

❸ 八ヶ岳の南麓--195
妙林寺／清春の桜群／浅川伯教・巧兄弟資料館／清光寺／谷戸城跡／三分一湧水と棒道／金生遺跡／旧津金学校校舎／海岸寺

❹ 釜無川に沿って--203
宇波刀神社／宗泉院／万休院／実相寺／台ヶ原宿／諏訪神社

富士川の清流

❶ 信玄堤から南アルプス市へ -- 212
慈照寺／甲斐の治水事業／信玄堤／山県神社／長谷寺／徳島堰／将棋頭・石積出し／穂見神社／伝嗣院／神部神社／宝珠寺／法善寺／石橋湛山と山梨／古長禅寺／安藤家住宅／峡西の戦争遺跡

❷ 富士川沿いに南下 -- 232
明王寺／御米蔵(あおやぎ宿活性館)・旧秋山邸(追分館)／妙法寺／望月百合子記念館／富士川写真美術館／富士川水運／浅利与一層塔・中央市豊富郷土資料館／歌舞伎文化公園・文化資料館／大門碑林公園／宝寿院／印章資料館／なかとみ和紙の里／門西家住宅／甲斐の和紙／甲斐金山／微笑館

❸ 身延山とその周辺 -- 248
身延山久遠寺／南松院／円蔵院／最恩寺／秘境「奈良田」と赤沢宿

あとがき／山梨県のあゆみ／地域の概観／文化財公開施設／無形民俗文化財／おもな祭り／有形民俗文化財／散歩便利帳／参考文献／年表／索引

もくじ

[本書の利用にあたって]

1. 散歩モデルコースで使われているおもな記号は，つぎのとおりです。なお，数字は所要時間(分)をあらわします。

    ・・・・・・・・・・・・・・・・・ 電車　　　　　　　======= 地下鉄
    ――――― バス　　　　　　　・・・・・・・・・・・・・・・・・・ 車
    ------------- 徒歩　　　　　　　～～～～～～ 船

2. 本文で使われているおもな記号は，つぎのとおりです。

    | 大 | 徒歩 | 🚌 | バス | ✈ | 飛行機 |
    | 🚗 | 車 | ⚓ | 船 | Ⓟ | 駐車場あり |

    〈M ► P.○○〉は，地図の該当ページを示します。

3. 各項目の後ろにある丸数字は，章の地図上の丸数字に対応します。

4. 本文中のおもな文化財の区別は，つぎのとおりです。

    国指定重要文化財＝(国重文)，国指定史跡＝(国史跡)，国指定天然記念物＝(国天然)，国指定名勝＝(国名勝)，国指定重要有形民俗文化財・国指定重要無形民俗文化財＝(国民俗)，国登録有形文化財＝(国登録)
    都道府県もこれに準じています。

5. コラムのマークは，つぎのとおりです。

    | 泊 | 歴史的な宿 | 憩 | 名湯 | 食 | 飲む・食べる |
    | み | 土産 | 作 | 作る | 体 | 体験する |
    | 祭 | 祭り | 行 | 民俗行事 | 芸 | 民俗芸能 |
    | 人 | 人物 | 伝 | 伝説 | 産 | 伝統産業 |
    | ‼ | そのほか | | | | |

6. 本書掲載のデータは，2020年2月末日現在のものです。今後変更になる場合もありますので，事前にお確かめください。

Uenohara
Ōtsuki・Tsuru
Fujiyoshida

富士北麓と桂川に沿って

富士山

岩殿山

①法性寺	⑧花井寺	⑭星野家住宅	㉑長安寺
②保福寺	⑨猿橋	⑮法雲寺	㉒満州南都留分村殉難の碑
③宝珠寺	⑩東京電力駒橋発電所	⑯矢立のスギ	
④一宮神社		⑰城下町谷村	㉓田原の滝
⑤長作観音堂	⑪岩殿城址	⑱勝山城跡	㉔小山田氏館(中津森館)跡
⑥八ツ沢発電所	⑫円通寺跡	⑲谷村陣屋跡	
⑦鳥沢宿	⑬遺髪塚	⑳生出神社	㉕石船神社

富士北麓と桂川に沿って

◎富士北麓・桂川沿岸散歩モデルコース

1. JR中央本線上野原駅_15_新町バス停・旧大正館_10_保福寺_5_本町3丁目バス停_15_棡原中学校入口バス停_70_軍刀利神社_20_井戸バス停_15_桜ヶ丘バス停_15_諏訪番所跡_25_新町バス停_15_JR上野原駅

2. JR中央本線上野原駅_10_本町3丁目バス停_30_旧鶴川宿_80_旧野田尻宿_40_荻野の一里塚_20_矢坪坂古戦場_50_旧犬目宿_25_恋塚の一里塚_10_石畳の坂道_60_旧鳥沢宿_15_JR中央本線鳥沢駅

3. JR中央本線鳥沢駅_10_鎌田氏館跡_40_宮谷白山遺跡_10_猿橋_20_花井寺_10_森武七墓_20_宝鏡寺_40_殿上三島神社_10_東京電力駒橋発電所_10_JR中央本線・富士急行線大月駅

4. JR中央本線・富士急行線大月駅_50_岩殿城址_30_円通寺跡_5_真蔵院_20_遺髪塚_30_防空監視哨_20_一里塚跡_5_星野家住宅_10_法雲寺_70_矢立のスギ_10_笹子隧道_60_JR中央本線甲斐大和駅

5. 富士急行線谷村町駅_1_ミュージアム都留_15_勝山城（遊歩道入口）_20_城山山頂_35_城下町谷村_10_谷村陣屋跡_5_長安寺_5_満州南都留分村殉難の碑_10_谷村町駅_5_富士急行線十日市場駅_5_田原の滝_10_富士急行線都留文科大学前駅

6. 富士急行線都留市駅_5_小山田氏館跡_5_都留市駅_5_富士急行線禾生駅_10_石船神社_15_落合水路橋_15_旧尾県学校校舎_15_富士急行線田野倉駅

7. 富士急行線富士吉田駅_5_金鳥居_10_小佐野家住宅_5_西念寺_10_北口本宮冨士浅間神社_15_富士吉田市歴史民俗博物館_45_富士吉田駅

8. 中央自動車道河口湖IC_15_鳴沢溶岩樹型_15_冨士御室浅間神社_10_妙法寺_10_河口浅間神社_20_天下茶屋_30_河口湖IC

㉖落合水路橋
㉗旧尾県学校校舎
㉘富士山
㉙金鳥居
㉚小佐野家住宅
㉛西念寺
㉜北口本宮冨士浅間神社
㉝富士吉田市歴史民俗博物館
㉞西方寺
㉟忍草浅間神社
㊱忍野八海
㊲ハリモミの純林
㊳花の都公園
㊴山中湖
㊵富士五湖
㊶新倉掘抜
㊷妙法寺
㊸冨士御室浅間神社
㊹鳴沢溶岩樹型
㊺河口浅間神社
㊻天下茶屋

甲斐の玄関口上野原市とその周辺

甲斐の東の玄関口にあたる上野原とその周辺には，旧甲州街道の宿場の名残りとともに，少なくなった山村の風情が残る。

法性寺 ❶ 〈M ▶ P. 3, 5〉上野原市鶴島1351
JR中央本線上野原駅🚌秋山(田野入)方面行消防会館前🚶5分，または中央自動車道(以下，中央道と略す)上野原IC🚗5分

阿弥陀如来と板碑を訪ねる

　上野原ICから車で県道35号線を秋山(田野入)方面に向かう。桂川橋を渡って切り通しの曲がり角を曲がると，進行方向左手に，旧家の面影を残した旧島田村庄屋小俣家の門がある。

　小俣家からさらに県道35号線を秋山方面へ進み，消防会館前バス停から，徒歩で南へ5分ほど坂道をのぼると，苔むした石段に至り，その石段の上に法性寺(天台宗)がある。元禄年間(1688〜1704)に荒廃していた真言宗の古刹白蓮山連乗寺をおこしたのが当寺の草創という。このとき領主秋元氏より寺号を賜り，同氏の祈願所に属して天台宗末院となった。延享年間(1744〜48)には，住職の願いにより江戸寛永寺(現，東京都台東区)の直末となった。現在は無住となっているが，伝慈恵大師良源作の本尊木造阿弥陀如来坐像(県文化)が伝えられる。寄木造で藤原時代の特徴を備えた，全体に慈愛に満ちた仏像である。

　法性寺から，さらに秋山方面に5km進む。バス通りではあるが，道幅は狭くカーブが続くので，注意が必要である。秋山トンネルを抜けた左手が富岡集落の入口であり，バス利用なら富岡入口下車になる。秋山大橋を渡って西へ300mほど行くと，地蔵堂の墓所の奥に，「弘安九(1286)年六月」銘の阿弥陀三尊種子板碑がある。同碑は高さ134cmの緑泥片岩に，阿弥陀如来と観音・勢至両菩薩の連坐像が描かれ，その下に紀年銘が刻まれており，同地方の在銘板碑の優作とされている。いずれの史跡もやや奥まった場所にあり，現地に至るまでの道幅が狭いため，バス・徒歩で訪れる方がよい。

保福寺 ❷ 〈M ▶ P. 3, 5〉上野原市上野原3400　Ｐ
0554-63-0620
JR中央本線上野原駅🚌本町方面行本町3丁目🚶5分，または中央道上野原IC🚗5分

　上野原ICから車で国道20号線を諏訪方面に向かう。バス利用な

上野原駅周辺の史跡

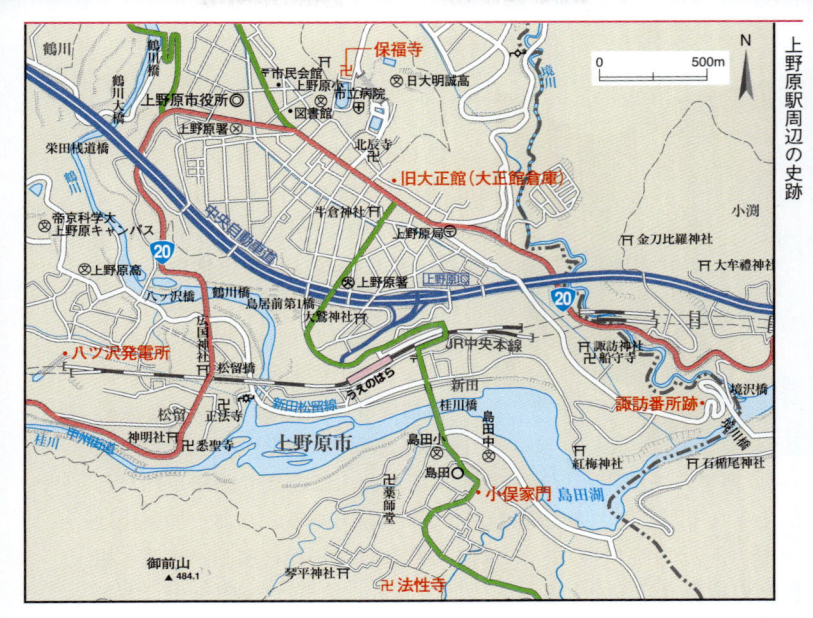

らばJR上野原駅北口から諏訪方面行きの利用になる。左手に諏訪神社がみえたら（バス利用ならば諏訪バス停で降りる），さらに500mほど進むと，乙女坂の上に諏訪番所跡がある。ここは甲斐と相模（現，神奈川県）の国境，旧甲州道中甲州側の玄関口で，別名境川番所ともよばれた。平時は通行人やその荷物，輸送品などの検査や取締りが行われ，合戦時には防備の機能をもっていたとされ，甲斐国24関の１つに数えられる。

きた道を上野原方面に戻り，新町バス停付近の国道20号線から北側の通りに旧大正館（大正館倉庫，国登録）がある。正面を現代風につくった木造２階建ての旧映画館である。

さらに国道20号線を甲府方面に進み，県道上野原あきる野線との三差路手前（本町３丁目バス停の東約50m）にある，本町信号を北へ約50m行くと，月見が池の近くに，山門の両脇に「萬霊等」と「月見寺」と刻された２つの大きな石碑が立つ，安寧山保福寺（曹洞宗）がある。当寺は中里介山の長編小説『大菩薩峠』に登場する月見寺のモデルとされ，介山自筆の「月見寺」の扁額を有する。

「月見寺」のモデル　旧甲州道中の宿場町

この地域では珍しい，唐破風の屋根をもつ総ケヤキ造り山門をく

甲斐の玄関口上野原市とその周辺

保福寺雲版

ぐると，正面に本堂，右手には客殿と庫裏がみえる。山門には「安寧山」の扁額が掲げられているが，この書は承天禅師の手によるものである。承天はかつて，江戸の高輪泉岳寺（現，東京都港区）の役僧をしていた1702(元禄15)年12月，吉良家討入り後の赤穂四十七士を山内に招き入れたことでその名が知られている。

　保福寺は，1558(永禄元)年加藤丹後守景忠が大檀那となり，深向院（現，南アルプス市宮沢）の日州宗雲を開山に迎えて創建されたと伝えられるが，開山の時期については異説もある。なお，加藤氏は内城館（上野原城）の主で，戦国時代には武田氏に属し，武蔵・相模との国境を守ったとされる一族である。景忠は1582(天正10)年に武田勝頼が天目山で討れると，その1カ月後，武蔵国多摩郡（現，東京都八王子市周辺）で戦死した。

　当寺には，「応安六(1373)年」の銘がある，縦44cm・横40cm・厚さ0.7cm，撞座直径9cmの雲版（県文化）がある。雲版とは寺で食事や法要のとき，合図に打ち鳴らす仏具であり，大工金刺重弘によってつくられ，現在県内に残る雲版では最古の部類に属する。

　諏訪番所跡近辺から本町3丁目バス停付近までは，旧甲州道中の上野原宿にあたり，現在も上野原市の中心である。名物の酒饅頭は，風味豊かな皮で味噌餡などを包んだやや大ぶりな饅頭で，かつては祭りや祝い事など，人びとが集まるときには必ずつくられた。小麦粉に，発酵した麹からつくった酒をまぜ，しばらくおくと独特の風味がかもしだされる。国道沿いの商店街にはこの酒饅頭を売る店が何軒かあり，各店が皮や餡に工夫をこらし，味を競っている。

宝珠寺 ❸
0554-68-2047

〈M ▶ P.2, 8〉上野原市西原4316
JR中央本線上野原駅🚌西原行郷原🚶1分，または中央道上野原IC🚗30分

本町3丁目バス停から県道上野原あきる野線をあきる野市方面に

長寿の里の古跡をめぐる

山間の長寿の里・棡原

コラム

山村のスローライフが生んだ長寿の村

　県道上野原あきる野線本町3丁目バス停からあきる野市方面に向かって約3km，棡原大橋を渡ると棡原である。斜面に畑をつくり生活していた山間の小村が知られるようになったのは，日本屈指の長寿村と紹介されてからで，橋のすぐ右側に長寿村の碑がある。

　棡原の長寿についての研究は多く存在するが，上野原市立図書館郷土資料コーナーには，棡原で長寿を研究した医学博士古守豊甫から，長年の研究資料の寄贈を受けた「古守文庫」と長寿健康コーナーが設置されている。古守文庫には，古守博士の長年の研究資料や著作物，原稿資料・雑誌・写真，棡原で診療にあたったときの「診療雑観」のほか，医学や健康に関する図書類，新聞の切り抜きなどが多数収蔵されている。

　また，村内には伝統的な長寿食を味わうとともに，長寿食料理やその材料となるコンニャクづくり，蕎麦打ちなどのさまざまな体験や，地元物産を購入することができる施設，道路脇の販売店などもみられる。近年は，甲武トンネルの開通によって，東京都の奥多摩方面からのアクセスもしやすくなった。

6.1kmほど，バス利用ならば棡原中学校入口バス停で下車し，東（井戸方面）へ約5.3km行くと，軍刀利神社（祭神日本武尊）がある。当初は三国山頭に座して，武州檜原郷・相州佐野川郷・棡原郷の総鎮守と称されたが，延徳年間(1489～92)に現在地に移されたとされる。軍神として広く信仰を集め，戦国時代には武田氏からも献納を受けたという。アジア・太平洋戦争中は武運長久を祈る人びとで賑わった。また，神社の前宮から200mほどのぼった所に奥宮があり，社殿前には県指定天然記念物のカツラがあり，この木の根元から冷たい清水が絶えることなく湧き出ることから「水の木」ともよばれている。県内にある同種のうちでは最大で，推定樹齢約500年，高さ33m・目通り9m・根回り14mある。なお，同神社には本町3丁目バス停から井戸行きのバスに乗って終点で下車

軍刀利神社のカツラ

甲斐の玄関口上野原市とその周辺

宝珠寺周辺の史跡

し，棡原方面へ徒歩で約20分のアクセスルートもあり，神社前には若干の駐車スペースもある。

長寿村として知られる棡原地区の小伏，猪丸，日原，大垣外と西原地区の藤尾には，古くから珍しい一人立ちの獅子舞が伝わっている。東京方面や丹波山村，小菅村の獅子とよく似ており，この形は，この辺りを西限とする貴重な民俗文化財となっている。2頭の雄獅子と1頭の雌獅子によって舞われる舞は，五穀豊穣と悪厄退散を祈るもので，狂ったように乱舞するところから「獅子狂い」ともよばれ，毎年10月の第1土・日曜日に棡原各地区の神社で奉納される。

棡原支所前まで戻り，西原方面へ車で約10km，西原中学校の先をバス通りから右手に入ると宝珠寺に至る。バスならば郷原バス停で下車して，右手の道を山に向かって進む。南鏡山と号する臨済宗建長寺派の末寺で，もとは真言宗の古刹であったとされるが，創建年代は不詳である。寺宝の木造地蔵菩薩立像(県文化)は，「将軍地蔵」と俗称されているが，正しくは「延命地蔵」で，真言宗延命寺(廃寺)の本尊であったとの伝えもある。ヒノキの寄木造で，像高96.1cm，全体的によく均衡のとれた像である。欠損箇所も多く保存状態はよくないが，すぐれた極彩色の衣紋や刀法に鎌倉時代の特徴をもち，美しい眉，清徹なまなざし，頬から顎にかけての豊麗な肉づきなど，全体的に迫力ある流麗さを保つ。慈愛に満ちた相好の極致に近い，県内での一秀作である。

一宮神社 ❹　　〈M ▶ P. 2, 8〉上野原市西原5461
JR中央本線上野原駅🚌西原行一宮神社前🚶すぐ，または中央道上野原IC🚗30分

宝珠寺から旧道を小菅村方面に800mほど行くと，一宮神社に至る。バス停まで戻って通りを進んでも距離はあまりかわらない。

山村の古社と天然記念物の社叢

8　　富士北麓と桂川に沿って

一宮神社の社叢

　十一面観音立像を神体とし，祭神は未詳とされていたが，現在は木花咲耶姫命をまつる。同地区初度(初戸)の二宮神社とともに，武田氏により創建されたという。当地に数代にわたって住んだ武田氏は，当社を鎮守として尊崇したとされるが，『甲斐国志草稿』の棟札写にみられるのみで，詳細は不明である。社宝の弁財天曼荼羅版木(県文化)は，1481(文明13)年の紀年銘を有する，サクラを使った縦100.5cm・横幅35.7cm・厚さ約3.0cmの版木で，主尊の弁財天の周囲に，大黒天などが配刻されている。

　また，当社境内は各種の大木がうっそうと聳え立ち，昼なお暗い神秘的な雰囲気に包まれている。本殿前の目通り8.4mの大スギのほか，5m大のスギ5本，4m大のスギ約50本，ヒノキ数本などが所狭しと林立し，社叢として県天然記念物に指定されている。

長作観音堂 ❺
0428-87-0111
〈M▶P.2, 8〉北都留郡小菅村長作426　P
JR中央本線上野原駅🚌西原行飯尾🚶40分，または中央道上野原IC🚗50分，またはJR青梅線奥多摩駅🚌小菅行田元橋，または金風呂乗換え🚌長作行終点🚶すぐ

国重文の観音堂と東京の水瓶

　一宮神社前から西原行きバスに乗り，終点飯尾で下車し，そこからさらに3kmほどで，小菅村の長作地区に着く。一宮神社前から徒歩だと約4.3kmほど進むと，すぐ道路沿いの左手，案内板に従って進んだ先に長作観音堂(国重文)がある。

　807(大同2)年に建立され，後年現在地に移されたとされるが，その年代の記録はない。長谷寺(建長寺末寺)に属する堂宇であったが，明治時代初期に廃寺となり，この建物だけが保存されている。観音堂は，方三間の身舎の正面に，外陣状に一間通りの庇をつけ，一体的な平面となっている。大きく面をとった角柱上に，曲線を描く舟形の肘木と丸桁とを1本でつくりだし，疎垂木を乗せるが，各部のすべてに入念な面取りが施されており，正面の蔀戸や軽妙

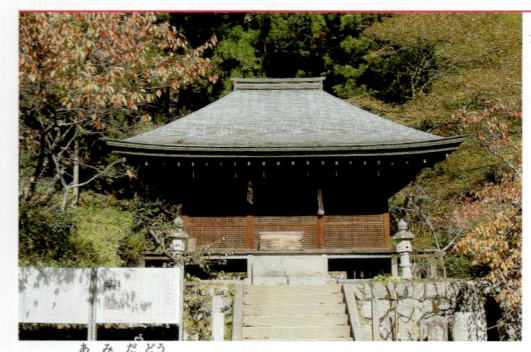

長作観音堂

な曲線を描く寄棟造檜皮葺き形銅板屋根，周囲にめぐらされた縁とともに，堂全体にバランスをもたらしている。鎌倉時代中期頃の，和様の手法でつくられた阿弥陀堂形式の住宅風仏堂としては，東日本に類例の少ない貴重な遺構とされる。

　また，本尊として如意輪観音をまつる。本尊安置の厨子（国重文）・須弥壇が，厨子の後ろにも余間ができるようにおかれており，僧侶はその間を抜けてぐるぐるまわりながら経文を唱え，修行をしたという。この堂はそうした修行道場としての役割をはたしていたとする説もある。

　長作観音堂から小菅村役場を経て約19kmで，丹波山村に至る。当地にはささら獅子（県民俗）が伝えられている。この獅子舞は，ささらを一対ずつもった花笠役を四方に配置し，その部内で太夫（黒毛）・小太夫（茶）・雌獅子（朱）3頭の，角のほか鳥の羽根を立てた獅子が舞う角兵衛流である。なかでも，日本刀をもった2人の舞子が獅子と舞う，勇壮な「白刃の舞」が有名である。同村の旧名主である守岡家に伝わる『日本獅子舞之来由写』奥書によると，1759（宝暦9）年にはすでに盛行しており，道具一切は同家で保管している。毎年7月15・16の両日，祇園祭に奉納するために演じられている。丹波山村役場の南約250m，丹波山村水源公園内にある丹波山村郷土民俗資料館では，模型とビデオで祭りの様子を伝えている。

　丹波山村役場からJR奥多摩駅方面へ向かって，17kmほど奥多摩湖沿いに進むと，小河内ダムに到着する。バスならば，丹波山村役場前から西東京バス奥多摩駅行きで，奥多摩湖バス停下車になる。奥多摩湖は小河内貯水池ともいい，東京都西多摩郡奥多摩町と山梨県北都留郡丹波山村にまたがる人造湖である。1957（昭和32）年に完成した小河内ダムによって，多摩川をせきとめてつくられた。小河

旧甲州道中を歩く

コラム

五街道の風情を残す旧宿の町並み

甲州道中は、甲州街道ともよばれた、里程53里2町余り（約210km）の、江戸幕府によって整備された五街道の1つである。江戸（現、東京都中央区日本橋）から内藤新宿（現、東京都新宿区）、甲府を経て下諏訪宿（現、長野県）で中山道と合流するまで、45（合宿で38）の宿場がおかれ、中馬による陸上運送が行われた。

甲州に入った最初の宿場が上野原であり、相模（現、神奈川県）・甲斐国境に口留番所がおかれ、甲斐絹の取引でも活況を呈した。

街道周辺の村々には、助郷に関する記録もみられ、旧上野原宿の中心辺り、国道20号線から10mほどなかに入った所には、かつての本陣の門構えと土蔵などの外廻りが残り、当時の面影を伝えている。

現在、旧街道の雰囲気をよく残しているのが、上野原に続く鶴川宿・鳥沢宿の区間である。鶴川地区の鶴川神社には、宿の入口にあった駒繋ぎ石とされる石があり、鶴川宿を抜けて大椚の集落には、一里塚跡が残る。さらに長峰砦跡と松尾芭蕉の句碑を過ぎると、まっすぐな道と両側の家並みが、旧宿場の雰囲気を感じさせる野田尻宿に入る。野田尻宿からさらに進むと荻野の一里塚、矢坪橋を渡った先が、相模国の北条氏綱勢と甲斐の小山田越中守の手勢が戦った矢坪坂古戦場である。「座頭ころばし」の名前の残る切り立った断崖の難所を過ぎると、犬目宿になる。

犬目は、葛飾北斎の富嶽三十六景にある「甲州犬目峠」で知られるが、天保の大飢饉のとき、1836（天保7）年にこの地でおこった天保騒動（郡内騒動）の首謀者の1人とされる犬目村兵助の生誕地でもある。犬目宿のつぎの鳥沢（下鳥沢）宿で、国道20号線に合流するが、その4kmほど手前には、こんもりした形のよい恋塚の一里塚が残る。

さらに一里塚から鳥沢方面に向かって進み、案内板に従って右手に入るとすぐに、木々のなかに20mほどではあるが、石畳の坂道が残っている。鳥沢宿は上宿・下宿とも国道沿いだが、屋根や庇が大きくせり出し、宿場を思わせる町並みである。

鶴川宿から鳥沢宿までおよそ15kmの行程であるが、途中は案内表示なども整備されている。また、JR中央本線四方津駅から、バスなどを利用して4kmほどの

恋塚の一里塚

距離を,上野原市立平和中学校まで行き,そこから徒歩というルートもある。その場合は野田尻宿と荻野の一里塚の中間からとなり,鳥沢宿方面には約9km,鶴川宿方面には約6kmの距離である。

内・丹波山・小菅3カ村にまたがる649戸,390万9242坪(約1290万m²)が湖底に沈み,石川達三の小説『日陰の村』や東海林太郎がうたった「湖底の故郷」で知られている。

八ツ沢発電所 ❻
0554-90-8600

〈M ▶ P. 3, 5〉 上野原市八ツ沢227 Ⓟ
JR中央本線上野原駅🚌帝京科学大学方面行上野原高校入口🚶15分,または中央道上野原IC🚗8分

近代遺跡から旧甲州道中の風情をめぐる

中央自動車道上野原ICから秋山方面へ向かい,桂川橋手前で西に向かう。桂川(相模川)沿いに西へ約1km,国道20号線の上野原高校入口信号をさらに西へ約200m行く。そこから左手に入り,沢松小学校を過ぎ,中山川を渡ってさらに川沿いを西に進むと,八ツ沢発電所(施設,国重文)に着く。八ツ沢発電所は,1912(明治45)年に発電が開始され,完成当時は,東洋一の規模を誇る水力発電所として国定教科書にも掲載されていた。水路の途中に設けられた大野貯水池を利用して,電気の消費のもっとも多いときに発電する,「調整池式」の発電所である。

国道20号線まで戻り,国道を東京方面に約1.3km,県道大月上野原線の鶴川入口交差点を左手にくだると,鶴川橋に至る。この橋の向こうが,鶴川の渡しで知られる旧甲州道中鶴川宿である。鶴川の渡しは,現在の鶴川橋のやや下流辺りといわれており,ここから鶴川・野田尻・犬目・下鳥沢・上鳥沢の旧宿場は,古い家並みが比較的残り,かつての街道の雰囲気をよく残す。

八ツ沢発電所

富士北麓と桂川に沿って

❷ 旧甲州道中と大月周辺

旧甲州道中の宿場が続く大月市。大月市には，戦国時代の小山田氏の砦として知られる岩殿城がある

鳥沢宿 ❼
〈M ► P. 2, 16〉大月市富浜町鳥沢
JR中央本線鳥沢駅 🚶 2分

旧甲州道中の宿場町　現在もその雰囲気が

鳥沢駅前から道を北に直進すると，国道20号線に出る。そこが旧甲州道中の鳥沢宿である。鳥沢宿は，上鳥沢宿と下鳥沢宿の両宿の総称で，両宿にはそれぞれ本陣・脇本陣があった。この宿場は道幅も広く，現在でも，旅籠の構えの家が立ち並んでいる。

鳥沢駅から山谷行きのバスに乗り，国道20号線を東へ進み，中野バス停で下車し，線路を越え南へ5分ほど歩くと，堀之内のこんもりした森の中に鎌田氏館跡がある。鎌田氏は1213（建暦3）年の和田義盛の乱に際して功績を立てて，その恩賞として都留郡福地郷（現，富浜町周辺）を与えられ，ここに館を構えて定着した。当地はその館跡であると伝えられ，中心地の一部が，現在は諏訪神社の境内となっている。

鳥沢からJR大月駅行きのバスに乗り，宮谷入口バス停で下車。バス停北側の坂を1.4kmほど行った所の100m右側に，宮谷の遺跡がある。ここには，県内で最初に復元された縄文時代中期の竪穴住居がある。宮谷白山遺跡とよばれるこの遺跡は，遠く富士山を望むことができる位置に営まれており，富士山をどんな気持ちで眺めただろうかなどと，縄文人の精神生活の一端をうかがうことができるような遺跡である。

宮谷白山遺跡

花井寺 ❽
0554-23-1536
〈M ► P. 2, 16〉大月市七保町下和田1219
JR中央本線猿橋駅 🚌 田無瀬行市営グラウンド入口 🚶 20分

「奥書」が貴重　県内屈指の古写経

市営グラウンド入口バス停から，大月市営球場を目指して百蔵山を500mほどのぼると，春日神社に至る。この神社の隣に，花井寺（臨済宗）がある。当寺は，県内屈指の古写経 紙本墨書大般若経 を

旧甲州道中と大月周辺　13

森武七墓

宝鏡寺薬師堂

所蔵している。現在は全600巻のうち502巻が残されており、奥書によると、これらは、1228(安貞2)年から1307(徳治2)年の間に写経が完成し、室町時代中期までに欠所の補写が終了したようである。奥書のある巻が多いのは、史料としても非常に貴重である。

市営グラウンド入口バス停から葛野川に沿って20mほどくだると、森武七の墓がある。武七は、1836(天保7)年におきた天保騒動(郡内騒動)の頭取の1人であった。この一揆は、その規模・激しさの点で、幕末期有数のものであった。墓石は高さ95cm、幅65cmの自然石で、「的翁了端信士、天保七申十一月十六日」と彫られている。

奈良子行きのバスに乗り、林沢戸入口で下車し、徒歩5分で宝鏡寺薬師堂に着く。木造平屋建てで、屋根は亜鉛鉄板葺きの寄棟造で、建坪は3間半(約6.4m)×4間(約7.3m)で、阿弥陀堂形式を残している。棟札には「大同年中(806〜810)」とあるが、実際は16世紀頃の建造と考えられている。

猿橋 ❾　〈M ▶ P. 2, 16〉大月市猿橋町猿橋
　　　　　JR中央本線猿橋駅🚌猿橋行終点🚶1分

猿橋バス停の北側に、猿橋(国名勝)がある。猿橋は、岩国の錦帯橋(山口県)、木曾の桟橋(長野県)とともに「日本三奇橋」として著名である。富士五湖の1つ山中湖を水源とする桂川が富士の溶

日本三奇橋の1つ下を眺めるとゾッ

14　富士北麓と桂川に沿って

天保騒動（郡内騒動）

コラム

甲斐最大の一揆　幕府も震撼

郡内は低い気温と火山性土壌のため，農業には不利な地域で，米穀は国中や他国に依存し，絹織物の生産により生計を補っていた。

1833（天保4）年に続き，1836年も天候不順による凶作と米穀の高騰，さらに絹織物の値段の下落によって，多数の餓死者が出る惨状であった。

同年8月，下和田村（現，大月市）の武七（治左衛門）と犬目村（現，上野原市）の兵助が中心となって，ある計画が進められていた。この計画は「金・米を借り受け，窮民に貸し付ける」ことと，「米の買い占めを禁止し，郡内への出荷」を要求することであった。

村々に廻文をして集合をよびかけると，500人から800人が集まった。出発した一揆勢は，途中で米を借り上げ，笹子峠を越え国中を目指した。騒ぎを聞きつけた貧窮民なども加わり，甲府盆地東部に至る頃には，数千人に膨れ上がり，急速に暴動化していった。

こののち，武七・兵助が率いる郡内勢は引き揚げることになったが，そのほかの一揆勢は甲府城下へ，さらに国境を越え蔦木宿に達し，南部は市川・鰍沢におよんだ。これら一揆勢に対して，甲府・石和・市川の3代官所，甲府勤番では鎮圧することができず，諏訪高島藩（現，長野県）・沼津藩（現，静岡県）に鎮圧要請を行い，ようやく一揆勢は各地で捕らえられ，自壊し，鎮静化した。

この天保騒動（郡内騒動）で打ちこわされた家300軒余り，捕らえられた者は600人以上，処罰された者は，役人も含め600人を超えた。幕府領での大事件であっただけに，幕府への影響は非常に大きかった。

武七は獄死し，兵助は事件後秩父方面に逃亡した。その後，兵助は信濃・北陸を経て四国まで逃れ，明治時代になって郷里犬目村に戻り，隠れ住んだといわれている。その旅日記は，現在でも残されている。

岩流上を流れ，その浸食作用によって深い渓谷をなし，その上に架設されている。そのため橋脚を使わずに，両岸から4層にせり出したはね木を設け，それを支点として木の桁をかけ渡す「肘木桁式橋」といわれる構造になっている。建築年代は不明であるが，612（推古天皇20）年，百済からの渡来人志羅呼（芝耆麿）が，樹の梢を伝い，桂川を越えるサルに，設計のヒントを得たという伝説がある。

室町時代の聖護院道興の旅日記『廻国雑記』には，橋が高くて危ないことなどが記されており，1487（文明19）年には，すでに橋が

猿橋周辺の史跡

存在していたことが知られる。また1676(延宝4)年には、現在のような肘木構造の橋があったことがわかっている。江戸時代には浮世絵師歌川(安藤)広重・葛飾北斎らによって描かれ、広く知られるようになった。

現在の橋は、1984(昭和59)年に架けかえられたもので、橋より水際まで30m、幅3.3m・長さ約31mである。桂川の峡谷に架かるこの橋は、周囲の自然とよく調和し、四季それぞれの景趣に富む名勝となっている。

また猿橋の東側にある八ツ沢発電所一号水路橋は、1912(明治45)年に架設された鉄筋コンクリート製の水路橋で、当時の技術水準を示す重要な建築物である。

猿橋駅から国道20号線に出て右に進むと、殿上三島神社(祭神大山祇命)がある。当社の所蔵する懸仏薬師如来鏡像(県文化)は、銅製で縦23cm・横

猿橋

16　富士北麓と桂川に沿って

24cm・厚さ0.15cmの円形鏡板を一鋳としてつくられている。鏡面外周の「殿上郷大松之大明神敬白」「應永十九年九月八日旦那行水」という銘文から、室町時代初期の1412年に奉懸されたことがわかる。銘文と薬師如来像とのつりあいもよく、美術的な価値も高い。

東京電力駒橋発電所 ❿
0554-30-1020
〈M▶P. 2, 19〉大月市駒橋3-5-8
JR中央本線猿橋駅🚌大月駅行横尾橋🚶5分

日本初の高電圧・長距離送電 今も残る発電機室

横尾橋バス停から坂をおりて行くと、東京電力駒橋発電所がある。1906(明治39)年に東京電燈株式会社(東京電力の前身)が着工した駒橋発電所は、出力1万5000kwで、当時日本最大の水力発電所だった。翌年には東京の早稲田変電所まで75km、55kvの高電圧送電を開始し、高電圧・長距離送電の先駆けとなった。残念ながら発電所本館は取りこわされ、発電機室は外壁が改修されたため、当時の姿を残していない。また中庭には、旧桂川電力公司鹿留発電所で使用されていたフランシス水車(1912年フォイト社製)が展示されている(見学には、あらかじめTEPCO葛野川PR館に連絡が必要)。

岩殿城址 ⓫
〈M▶P. 2, 19〉大月市賑岡町強瀬字西山53
JR中央本線大月駅🚶10分

中世の山城 関東三名城の1つ

大月駅の北側に聳える山が岩殿山(634m)で、中世末期に岩殿城が築かれた山である。岩殿城は郡内領主小山田氏の要害城で、関東三名城の1つと『甲斐国志』にも記されているが、最近は、武田氏の築城・経営説が提起され、有力視されている。近世の平城とは違って、天然の地形を巧みに利用した中世の山城である。城は断崖で囲まれていて、南面は、地元の人たちが鏡岩ともよんでいる岩壁が聳え立ち、山裾の南側を桂川(相模川)、北側を葛野川が流れ、岩殿山を迂回しているので、自然の川の流れを堀としたすぐれた地形をもつ山城として傑出している。

城の登り口は西側にあり、

岩殿山

旧甲州道中と大月周辺

中腹の丸山一帯は，今は丸山公園として整備され，サクラの花見など，市民の憩いの場所となっている。また展示室やプラネタリウムの設備がある岩殿山ふれあいの館があり，ここで休憩することができる。

　この公園から坂をのぼっていくと，道の両側に巨大な自然石が立っている。この石を利用した大手門跡である。この門のすぐ上が番所跡といわれる所で，眼下に近隣の村落が眺められるとともに，甲州道中をかなりの長さにわたって観察できる場所でもある。山頂近くに馬場の跡があり，その東に蔵屋敷跡といわれる平地がある。ここは城外から目立たない場所で，当時，武器・弾薬・食糧などを蓄えたのであろう。その先を頂上から北東へ少しくだると，山城にもっとも大切な湧水が2カ所ある。飲料水の汲み場である「亀ケ池」と「馬洗池」である。

　山頂には本丸跡といわれる平地があり，現在はパラボナアンテナが立ち，テレビ放送の中継基地となっている。この北西に烽火台があり，3カ所ある物見台の中心として，防衛や進発の指令を出したという。また二の丸や三の丸という所もあり，本丸の後ろに敵の侵入に備えての空堀跡が，今も確認されている。下山の道が北東側と北側にあり，どちらの道も相当に傾斜している。

　山頂から北東側の道をくだると，中腹に岩屋があり，ここに岩殿権現社がまつられている。ここは平安時代に，この地方に盛んであった修験道の道場の1つであったともいわれている。

円通寺跡 ⑫

〈M ▶ P. 2, 19〉大月市賑岡町岩殿
JR中央本線大月駅🚌日影行岩殿上🚶1分，または畑倉経由上和田行岩殿山登り口🚌10分

（関東一円を支配　わずかに残る礎石と石段）

　岩殿山には，創建は明らかでないが，10世紀初め頃に建立されたといわれる円通寺跡（天台宗，本山は修験聖護院宮家 住心院配下）がある。今は廃寺で，933（承平3）年建立とされる三重塔の礎石と石段が当時の名残りをとどめている程度で，不明な点が多い。常楽院・大坊の両文書によると，その規模は七社権現堂・観音堂・三重塔・別院常楽院・別当大坊・新宮・不動堂，そのほか，これに付属する諸施設の大伽藍が備わり，その支配は関東一円におよんでい

大月駅周辺の史跡

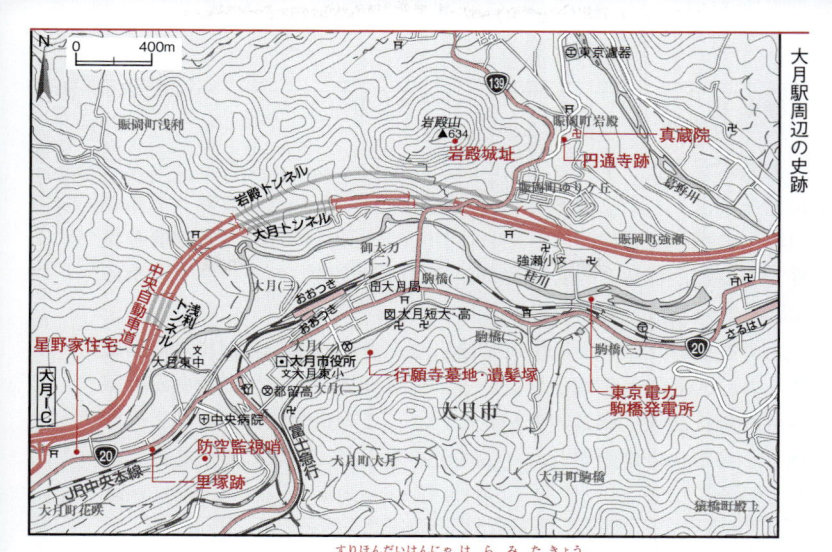

たという。また円通寺旧蔵の摺本大般若波羅密多経535巻が現存していて、大月市の指定文化財となっている。

円通寺跡より坂を50mほどくだると真蔵院(真言宗)がある。由緒などは不明であるが、円通寺の別当常楽院(現在廃寺)の内庵といわれている。1645(正保2)年、賢弘法印によって中興されている。本尊は千手観世音菩薩である。ここには円通寺の堂宇の1つである七社権現にまつられていたという七社権現立像(県文化)が安置されている。16世紀の造像で、すべてヒノキの一木造であり、像高の平均は200cm、これだけ大きな神像が7体揃って現存している例は県内でも珍しい。また十一面観音像2軀(円通寺の本尊ともいわれる)なども安置されている。

七社権現立像

旧甲州道中と大月周辺

遺髪塚 ⓭
0554-22-1780(行願寺)

〈M ▶ P. 2, 19〉大月市御太刀1丁目
JR中央本線大月駅🚶10分

大月空襲の惨劇を今に伝える乙女たちの慰霊碑

　大月駅からまっすぐ林宝山に向かって坂をのぼって行き，五カ堰に沿って左に折れて進むと，行願寺墓地に着く。ここの一番高い所に，スギ林を背にして，1945(昭和20)年8月13日の大月空襲の犠牲となった，都留高等女学校(現，県立都留高校)の生徒を弔うために建立された遺髪塚がある。

　大月空襲は，県内では甲府空襲につぐ多数の犠牲者が出たことで知られ，50人以上が死亡している。都留高等女学校では校舎が直撃され，生徒20人・職員4人が死亡した。この遺髪塚は，このような地方小都市までが爆撃され，犠牲者を生んだ，戦争の歴史を今に伝えている。

星野家住宅 ⓮
0554-22-0006

〈M ▶ P. 2, 19〉大月市大月町花咲193
JR中央本線大月駅🚌ハマイバまたは新田行下花咲🚶すぐ

敵機の侵入を監視今も残る聴音壕

　大月駅からハマイバまたは新田行きのバスに乗り，大月市立中央病院前で降りて，通称おむすび山の山頂にある展望台に向かってのぼって行くと，10分ほどで到着する。ここから南側には富士山が望まれ，周囲を一望できる対空監視には絶好の地点である。かつて，ここには防空監視哨がおかれ，米軍機の侵入を24時間休むことなく監視していた。現在も直径約4.5m・深さ1.5mの聴音壕が，そのままの姿で残っている。戦争遺跡として貴重である。

　大月市立中央病院入口から街道沿いに進んだ下花咲地区に，一里塚跡がある。塚自体は，道路や鉄道工事のため破壊され原型をとどめておらず，その場所だけが残っている。なお，ここには庚申塔・道祖神・馬頭観音などとともに，「しばらくは　花の上なる　月

本陣星野家住宅

20　富士北麓と桂川に沿って

夜哉」という松尾芭蕉の句碑がある。

　下花咲の一里塚跡から国道20号線を300mほど進むと、星野家住宅がある。星野家は、江戸時代には甲州道中下花咲宿の本陣で、問屋も兼帯し、下花咲村の名主でもあった。また星野家は郡内屈指の豪農で、養蚕・織物・醸造・金融などを手広く営んでいた。主家と籾倉・味噌蔵・文庫蔵の3棟と家相図（嘉永五年歳次壬子秋八月吉日作成）1枚が国の重要文化財に指定されている。また所蔵している古文書は2万点を超え、県内でも最大の地方文書群といわれる。これらは江戸時代中期から明治時代までのものが中心で、大月市の文化財に指定されている。現在は木曜日をのぞき、建物の内部を見学することができるようになっている（有料）。

　家の前には、1880（明治13）年の天皇行幸のとき、明治天皇が星野家で休憩したことを記念した行幸碑が立っている。

法雲寺 ❶❺
0554-22-6355
〈M ▶ P. 2, 21〉大月市初狩町下初狩1450
JR中央本線初狩駅🚶大月駅行法雲寺前🚶5分

鎌倉時代の板碑 最近欠けていた部分が発見される

　法雲寺前バス停で降りて、法雲寺橋の手前を右に100mほど行くと法雲寺（曹洞宗）がある。当寺には、弥陀三尊迅来迎板碑が所蔵されている。上部が欠損し、残存しているのは79cmほどである。また風化も進んでおり、肉眼では図柄を読み取るのはやや困難であるが、画面の左上から右下に向かって、阿弥陀三尊が斜めに降りてくる様子を描いたもので、すぐれたものである。しかし、板碑によくみられる紀年銘などの文字は一切みられず、図柄や技法から、鎌倉時代中期のものと推定されている。最近、近くの土中より欠けていた部分が発見され、あわせて本堂に安置されている。

　法雲寺前のバス停から新田行きバスに乗り、初狩小学校前で下車すると初狩小学校の入口で、歩道橋の登り口に、芭蕉の句碑がある。高さ2.2mの葎塚とよばれるもので、「山賊の　頤おとがい登づる　葎かな」という句が刻まれている。1896（明治29）年に初狩村の古池連中が諸国の

初狩駅周辺の史跡

旧甲州道中と大月周辺

弥陀三尊迅来迎板碑

俳人によびかけ，甲州道中の端にこの句碑を立てたが，戦後，路面拡張のため，現在地に移された。

矢立のスギ ⓰

〈M ▶ P. 2〉大月市笹子町黒野田1924-1
JR中央本線笹子駅🚌新田行笹子新田🚶150分

　笹子駅で下車すると，桂太郎揮毫の巨大な中央線笹子隧道記念碑が目に飛び込んでくる。これは，1905（明治38）年に建碑されたもので，裏面には若尾逸平揮毫の碑文がみられる。この碑文から笹子隧道工事が，軍事的・経済的に官民ともにいかに重要な意味をもっていたかが，うかがわれる。

　バスの終着笹子新田から，旧甲州道中を笹子峠に向かって山道を2.7kmほどのぼり，道路からそれて谷沿いの自然遊歩道を800mほどのぼると，矢立のスギがある。出陣する兵士がこの木に矢を射立て，戦勝を祈ったといわれ，また旅人が，旅の安全を祈願した所ともいわれている。幹は空洞化しているので，その中に入ることもできる。幹の中が炭化しているのは，焚き火による火災のためという。

　笹子新田バス停から山道を1時間50分ほどのぼると，笹子峠に着く（矢立のスギから30分）。笹子隧道（国登録）は，旧甲州道中の笹子峠に開削された隧道で，両脇の2本並びの柱形装飾など，建築的な装飾を用いたトンネルポータル（トンネル入口）のデザインに特徴がある。1938（昭和13）年に完成して以後，1958年に国道20号線新笹子隧道が完成されるまでは，幹線として使用されていた（現在は県道212号線〈日影笹子線〉のトンネルとなっている）。

富士北麓と桂川に沿って

③ 城下町都留市の史跡

かつて郡内の中心地として栄えた都留市は，城下町の名残りを伝える史跡が数多い町である。

城下町谷村 ⓱　〈M▶P.2〉都留市 中央・上谷付近
富士急行線谷村町駅🚶3分

各所に城下町の名残り歴史散歩には格好の町

　谷村町駅を下車して都留市街を歩くと，城下町の名残りが各所にみられる。道路は狭く，格子状に交差している。谷村が城下町の体裁を整えたのは，秋元氏が居城を定めてからである。秋元但馬守泰朝は，1633（寛永10）年に上野国（現，群馬県）から移封となった。その子越中守富朝，その養子摂津守（のち但馬守）喬知の3代72年間にわたって，秋元氏は，谷村城主として多くの事績を残した。

　代表的な事績は，谷村大堰の開削である。泰朝はこの開削に1636年から約3年の歳月を費やした。田原の滝の上流に堰をつくり，桂川の水を引き入れたのである。堰は城下町に入って，家中川・寺川・中川とに分流し，そのほか多数の分流となって，再び桂川に流れ込んでいる。これらの分流は，各村で灌漑用水として利用され，新田開発と収穫量の増大をもたらした。また，水量が豊富で，しかも流れが急であったため，水車の動力源としても利用された。

　また，機織りの普及・発展があげられる。それが村々だけでなく，郡内全体の絹織物業の発展に与えた影響は大きい。1669（寛文9）年の検地，河口湖の水害防止と吉田の水田開発を図っての新倉掘抜なども，代表的な治績といえよう。

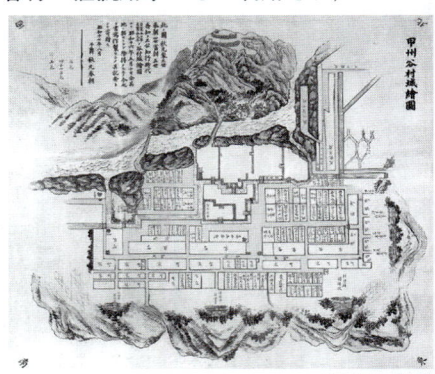

谷村城下絵図

勝山城跡 ⓲　〈M▶P.2, 24〉都留市川棚字城山，中央・上谷
富士急行線谷村町駅🚶15分（遊歩道入口まで），山頂まで🚶20分

桂川の渓谷による天然の要害

　小山田氏は坂東八平氏の1つ秩父氏の分流で，秩父重弘の子有重が，武蔵国多摩郡小山田荘（現，東京都町田市）を拠点にして，小山

城下町都留市の史跡　23

都留市中心部の史跡

田氏と称したことに始まる。その有重の子孫が都留に土着し、郡内小山田氏が誕生した。この小山田氏の居館の小山田氏館（中津森館）が火災に遭い、1532（享禄5）年、小山田越中守信有は屋敷を谷

谷村城跡　　　　　　　　　　　　　　　　　勝山城跡

24　富士北麓と桂川に沿って

甲斐絹と都留市商家資料館

コラム 産

江戸時代以来評判の絹織物 かつての郡内産業の中心

　郡内地方は，古くから織物の産地として知られていた。17世紀後半には井原西鶴の『好色一代男』や『日本永代蔵』に「郡内縞」が登場している。
　三宅也来の『万金産業袋』(1731〈享保17〉年刊)によれば，郡内地方で産出される織物として，郡内縞，白郡内，郡内太織，織色郡内，郡内平があげられている。このうち，織色郡内は郡内海気ともよばれ，おもに羽織の裏地などに使われていた。もともと「カイキ」とはオランダ人によってもたらされた舶載品であり，一説によると，ベンガル産の絹織物の名称であった。その織物に似ていることから，このようによばれるようになったという。
　明治時代になると，「甲斐絹」という字があてられるようになり，以後，郡内は甲斐絹の産地として発展していく。甲斐絹には無地甲斐絹，絵甲斐絹，縞甲斐絹などの種類があり，そのときどきの流行や新技法の開発によって，つぎつぎと新しい甲斐絹が生まれた。しかし，昭和時代に入ると服裏地，袖裏地の生産が中心となり，アジア・太平洋戦争の勃発とともに，甲斐絹の歴史は幕を閉じるのである。しかし「先染め・細番手・高密度」という甲斐絹の伝統は今に受け継がれ，全国有数の高級織物産地として知られている。
　現在，都留市商家資料館となっているのが，明治時代から昭和時代にかけて営業していた甲斐絹問屋仁科家住宅である。建物は土蔵造，瓦葺き2階建ての町屋で，1921(大正10)年頃に建造され，その後の数々の災害を免れて，当時の甲斐絹問屋の繁栄ぶりを現在に伝えている。また，仁科家は通信販売をいち早く手がけたことでも知られている。

村に新築した。以後，小山田氏は50年にわたって谷村に居館を構えた(谷村城・谷村館)が，1582(天正10)年に武田氏滅亡とともに，小山田氏も滅んだ。この居館があった場所については，遺構などが発見されていないので特定できないが，近世の城下絵図などにより，市役所・谷村第一小学校付近だと推定されている。
　谷村町駅の北側の城山(571m)に築城されたのが，勝山城である。谷村町駅を出て右へ進み，踏切・城南橋を渡り，15分ほど歩くと勝山城南口遊歩道の入口に出る。
　浅野氏重が，1594(文禄3)年に築城したものだとされているが，小山田氏の時代からのものであるという意見も残っている。

城下町都留市の史跡　25

勝山城は自然の谷が切れ込み、北・東・南は桂川の深い渓谷によって天然の要害となっている。山頂には本丸があったと考えられ、150mほどの方形になっており、現在は東照大権現社殿が立っている。この本丸を中心に二の丸・三の丸が配置され、櫓跡や見張台、竪堀跡も残っている。また、遺構は確認されていないが、お茶壺蔵があったと伝えられている。将軍家飲料用の、京都宇治の新茶をこの蔵で保管・熟成させて、江戸まで運んだとされている。

谷村陣屋跡 ⑲

〈M▶P.2, 24〉都留市中央2-1-2
富士急行線谷村町駅 ⧖ 5分

代官の役宅
郡内政治の中心

谷村陣屋跡

　谷村町駅を出て、市役所・谷村第一小学校を過ぎると、都留簡易裁判所に着く。ここが谷村陣屋のおかれていた場所である。現在は道路脇に「谷村陣屋跡」の石柱が立っている。秋元喬知が川越(現、埼玉県)に転封後、郡内は幕領となり、谷村に代官所が設けられた。陣屋には秋元氏の家臣高山甚五兵衛の旧宅があてられた。のちには石和・甲府・伊豆韮山(現、静岡県)代官所に預けられて出張陣屋となったが、郡内の政治・訴訟・年貢の取立て・会計を司っていた。代官のなかには馬鈴薯栽培を奨励し、「セイダイモ」として名を残した中井清太夫や砲術家江川太郎左衛門もいる。1842(天保13)年、代官佐々木道太郎は、陣屋内に教諭所を設けて、庶民の子弟の教育にあたった。その後、1851(嘉永4)年、教諭所は谷村興譲館となり、郡内教育の発展に寄与した。

生出神社とお八朔 ⑳

0554-43-2419

〈M▶P.2, 24〉都留市四日市場1066
富士急行線赤坂駅 ⧖ 5分

　毎年9月1日は生出神社の八朔祭りで、大名行列と豪華な4台の屋台(早馬町・新町・仲町・下町)の巡行が見物である。それら屋台

八朔祭りの屋台

飾幕

の舞台では囃子が演じられ、地元では「おはっさく」の名で親しまれている。八朔とは、旧暦8月朔日のことで、実りの秋を迎え、神に豊作を祈年・感謝する祭りである。

八朔祭りの屋台は、江戸時代を代表する浮世絵師である葛飾北斎や鳥文斎藤原栄之らの手による飾幕によって彩られている。

ミュージアム都留（都留市上谷1-5-1、富士急行線谷村町駅徒歩1分）では、屋台と飾幕が展示されている。また国道139号線沿いの屋台展示庫には、ミュージアム都留に展示されている以外の3台が並んで保管されている。

豪華絢爛の屋台巡行と大名行列の「おはっさく」

長安寺 ㉑
0554-43-0850

〈M ▶ P. 2, 24〉都留市上谷3-6-30 Ⓟ
富士急行線谷村町駅 🚶 5分

陣屋跡から国道139号線に出て右側に歩くと、一般住居脇に細い参道がある。参道を抜けると長安寺（浄土宗）がみえてくる。長安寺の本堂は市内最古・最大のものである。寺の前を流れている川は寺川である。1582（天正10）年、徳川家譜代の家臣鳥居元忠が谷村領主となった。1585年、元忠は感貞生誉上人と対面し、小山田氏の別荘地をそのまま寺とし、みずから開基となり、上人を開山とした。1646（正保3）年の火事で全焼したが、1725（享保10）年に再建、1983（昭和58）年に修復された。1990（平成2）年に、本堂（附 棟札1枚・経石2個）が県指定文化財となった。また、同寺には徳川家康より拝領したと伝えられている茶壺がある。

小山田氏の別荘地 伝徳川家康拝領の茶壺

城下町都留市の史跡

満州南都留分村殉難の碑 ❷ 〈M ▶ P. 2, 24〉都留市中央3-9
富士急行線谷村町駅🚶10分

満州開拓団悲劇の刻印

　長安寺を出て右方向にまっすぐ歩いて行くと，男女参画推進センターに出る。その脇にある仲町大神宮境内児童公園内に，満州南都留分村殉難の碑がある。1941(昭和16)年，道志村前村長佐藤傳長は，満州・朝鮮へ視察旅行に出発。帰国とともに，南都留全郡に開拓団の結成を訴え，満州移民をよびかけた。

　1942年には先遣隊を送り出し，入植が本格的にスタートした。1944年から翌45年5月までに本隊がつぎつぎに渡満。現地では診療所や国民学校も開設され，開拓団の人口は156戸・620人におよんだ。

　敗戦とともに帰国のため現地を出発するが，この際に，現地人の襲撃や寒さ・栄養失調によって，多数の死者が出た。1946年9月末ようやく第1陣が帰国。帰国した元団員たちは，1962年に慰霊祭を行い，あわせて慰霊碑の除幕式を行った。この碑には碑文とともに，確認できた死者264人の名前が刻まれている。

田原の滝 ❷ 〈M ▶ P. 2, 24〉都留市田原・十日市場
富士急行線十日市場駅🚶5分

芭蕉の句碑と柱状節理の景観

　谷村町駅に戻り，十日市場駅まで乗車する。十日市場駅を出て国道139号線を谷村方面に300mほどくだると，桂川(相模川)に架かる新旧の佐伯橋がある。旧佐伯橋からは田原の滝が眺められる。滝の

蒼竜峡　　　　　　　田原の滝

富士北麓と桂川に沿って

桃林軒・月待ちの湯

コラム

芭蕉の仮住まい 市民憩いの温泉

　1682(天和2)年12月28日、江戸駒込から出火した大火により、芭蕉庵が類焼した。焼け出された松尾芭蕉はその後、甲州谷村藩主秋元喬知の国家老高山傳右衛門繁文(俳名藥爾)のすすめで、谷村を訪れることになった。

　高山家は代々秋元家の家老職で、繁文は幼少より江戸定府の家臣として秋元喬朝に仕えていた。繁文と芭蕉は俳諧の師弟関係にあり、江戸秋元家屋敷と芭蕉庵が近くにあることからも、かなり以前から交流があったと考えられる。このような関係から、大火で焼け出された芭蕉が、谷村に5カ月間滞在することになったのである。この期間、芭蕉は繁文の屋敷の離れを「桃林軒」と名づけて仮住まいし、郡内各地をめぐり句を詠んでいる。2004(平成16)年5月に桃林軒は、都留市中央の男女共同参画推進センターの脇に復元された。

　また芭蕉は、戸沢の宝池山正蓮寺(浄土真宗)を訪れ、「名月の夜やさぞかしの　宝池山」と詠んだと伝えられている。これにちなんで2000年7月に、二十六夜山の麓に「芭蕉　月待ちの湯」がオープンし、地元だけでなく、県内外からの観光客に好評を博している。

様相と、富士山の溶岩が急激に冷却凝固してできた柱状節理が織りなす景観は、美しいものであった。現在は補修工事が行われて、滝の両側に柱状節理の一部が残るのみで、当時の面影は失われている。

　この橋のたもとに立っているのが、松尾芭蕉の句碑である。1682(天和2)年、江戸深川(現、東京都江東区)の芭蕉庵が火災で焼失したため、松尾芭蕉は約5カ月間、この谷村の地に滞在していた。このおりに「勢ひあり　氷消えては　滝津魚」と詠んだといわれている。現在の句碑は、昭和20年代に再建されたもので、書は明治～昭和時代に活躍した、「ホトトギス」の代表的俳人である飯田蛇笏である。

　また、滝の上流の蒼竜峡団地裏手まで、蒼竜峡とよばれる桂川の渓谷が広がっている。1934(昭和9)年、この地を訪れた徳富蘇峰が、その美しさに魅せられて名づけたといわれ、桂川の浸食作用により、両岸の溶岩が魚の鱗のような奇異な景観を生み出し、地質学上からも貴重である。

城下町都留市の史跡

小山田氏館(中津森館)跡 ㉔

かつての郡内領主小山田氏の居館

〈M ▶ P. 2, 24〉都留市中津森地内
富士急行線都留市駅🚌つるぎ行・宝鉱山行金井入口🚶5分、または中央自動車道(以下、中央道と略す)都留ICから1.5km

　谷村町駅に戻り電車に乗り、都留市駅で下車し、バスに乗りかえる。金井入口バス停の右手に用津院(曹洞宗)と、さらに北西坂道を200mほどのぼると桂林寺(臨済宗)がある。この辺りが、400年近く郡内領主として支配を続けた、小山田氏館(中津森館)の中心地域である。

　小山田氏館跡については、明確な遺構がみつかっていないことから、居館の位置を特定することはできない。しかし、『甲斐国志』に用津院と桂林寺の両寺院名も記されていることから、この地域が小山田氏館跡であることは間違いないであろう。

　武田信虎が甲斐国内の鎮定を終えた頃、信虎は小山田氏と姻戚関係を結んだ。越中守信有・出羽守信有・出羽守信茂と続く小山田氏は、武将としての活躍はもちろん、あわせて郡内領の政治的・経済的な支配力を発揮した。小山田氏の最期は、織田軍の甲斐攻めの際に、小山田信茂が武田勝頼に岩殿城への退去をすすめながら離反し、その後、信茂は妻子とともに信長側に捕らえられ、甲府善光寺で斬殺された。

石船神社 ㉕

ムササビの棲む神社護良親王の首級

〈M ▶ P. 2〉都留市朝日馬場433
富士急行線都留市駅🚌秋山釣場行神社前🚶すぐ、または中央道都留ICから7km

　都留市駅から上野原市秋山方面にバスで行き、神社前バス停で下車すると石船神社がある。当神社の神体は石船といわれ、護良親王のものと推定される復顔首級(県民俗)もまつられている。

　1335(建武2)年、後醍醐天皇の皇子護良親王は、鎌倉で殺害された。側室の雛鶴姫は、亡き親王の首級を抱いて、この地まで逃れて息絶え、重臣らが首級を神社に奉安したという伝説が残っている。また、この神社は「ムササビの棲む神社」としても知られている。

　隣の旭小学校には縄文時代の尾咲原遺跡がある。住居跡・集落跡が発掘され、現在、学校裏には縄文時代の住居が復元されている。

さらに秋山方面に車を進めると、雛鶴姫にちなんだ雛鶴峠や雛鶴神社があり、無生野地区に着く。ここには「無生野の大念仏」(国民俗)という行事が伝わる。護良親王の遺児が父母の供養として始めたのが起源とされる。小正月やお盆に行われ、鉦や太鼓に合わせて念仏や和讃を唱えながら、一本太刀・二本太刀・おはらいなどの踊りが繰り広げられる。

落合水路橋周辺の史跡

落合水路橋 ㉖

赤レンガの水路橋 多連式アーチ

〈M ▶ P.2, 31〉都留市古川渡字落合
富士急行線禾生駅 徒 7分

禾生駅から国道139号線へ出て、大月方面に500mほど歩くと、落合橋から右側に、レンガ造りの落合水路橋(国登録)をみることができる。1906(明治39)年、東京電燈(現、東京電力)駒橋発電所の送水路として建設された水路橋である。橋は延長56m・幅8.54m・高さ5.67m・水深2.72m・勾配2400分の1・水量毎秒15tと記録されている。この橋を印象づけているのは、赤レンガと7つの多連式アーチである。架橋後100年余り経過しているが、欠損はほとんどない。

落合水路橋

旧尾県学校校舎 ㉗
0554-45-0675

モダンな洋風校舎 地域教育の中心

〈M ▶ P.2, 31〉都留市小形山1565-1 P
富士急行線田野倉駅 徒 15分、または中央道都留ICから6km

田野倉駅を出て国道139号線を渡り、小形山方面に歩く。小形山に立つ旧尾県学校校舎(現、尾県郷土資料館)は、郡内に唯一現存す

城下町都留市の史跡　31

旧尾県学校校舎

る藤村式学校建築物である。開校当時の山梨県令藤村紫朗が、県内に洋風建築を奨励したので、「藤村式建築」とよばれている。尾県学校は、1878(明治11)年に開校し、1941(昭和16)年3月に廃校になるまで、地域教育の中心として、廃校後も公民館や養蚕の選定場として使用され、地域住民に親しまれてきた。

「藤村式建築」は擬洋風建築で、和風の建築技法を用いて、外観を洋風に真似た建物である。建物は方形の木造2階建て、ドーム屋根の車寄せ・ベランダ・塔屋つきの屋根が特徴である。外壁は白漆喰で、四隅には石積みの様相が表現されている。窓は両開きのガラス窓で、鎧戸との2重窓となっている。開校当初、1階は2部屋あり、奥側は大教室となっていた。2階もほぼ同じ間取りであった。現在は、教員室・事務室・裁縫室が復元され、そのほかは展示室となっている。1970(昭和45)年には市指定文化財となり、1973年には復元工事を完了。1975年には県指定文化財として登録された。

また、付近の山梨リニア実験線では、リニアモーターカーの走行試験が行われており、隣接する見学センターでは、試乗会や見学会を行っている。

❹ 富士北麓富士吉田市と山中湖周辺

富士山の恩恵を受けた富士北麓地域には多くの緑があり、古くからの富士山信仰によって、さまざまな史跡や風習を残す。

富士山㉘

〈M▶P.2〉富士吉田市・富士河口湖町・山中湖村・鳴沢村
富士急行線河口湖駅🚌富士山五合目行終点(7月〜10月は毎日、11月は土・日曜日のみ運行)、または中央自動車道河口湖IC🚙富士スバルライン(有料)経由20分

日本を象徴する山 伝説の多く残る山

　富士急行線の富士吉田駅や河口湖駅を下車すると、南に富士山(国特別名勝)の雄姿が目の前に展開する。富士山は、標高3776mのコニーデ火山で、小御岳火山・古富士火山を経て、約1万年前に現在の姿が出現したといわれている。噴火は何回となく繰り返され、もっとも近いものでは、1707(宝永4)年の宝永噴火がある。

　繰り返された噴火の際に流出した溶岩流を丸尾といい、裾野には青木ヶ原丸尾・剣丸尾・鷹丸尾・雁ノ穴丸尾が広がり、富士吉田市から25kmも離れた猿橋(大月市)にまで達するものもある。溶岩流の上は、富士山原始林(国天然)をなしており、そのなかには、国指定の特別天然記念物である鳴沢溶岩樹型を始めとした溶岩洞穴が約100カ所もある。また山腹には、大室山(1468m)や長尾山(1424m)などを始めとする寄生火山が50以上もある。

　富士山の植物では、吉田登山道の大石茶屋付近に群生するレンゲツツジ・フジザクラ(国天然)があり、また富士山中腹を一周する御中道付近には、ハイマツやコケモモなど高山植物が群生している。

　富士山麓で生活している人びとは、富士山に出る雲や雪の解け方などで気候の変化を予測したり、農鳥(富士山7合目付近に出る鳥の形の残雪)が出ると農作業に取りかかるなど、自然暦として利用している。一方、富士山は古くから信仰の山として人びとの生活と深い

開山祭

富士北麓富士吉田市と山中湖周辺

関係をもっていて,平安時代の僧末代上人が富士山頂に大日寺を建立してから大日信仰が広まり,密教修験道場として多くの道者が集まり,しだいに富士講(富士信仰の登拝寄進の組織)を生んだ。

金鳥居 ㉙　〈M ▶ P. 2, 37〉富士吉田市上吉田
富士急行線富士吉田駅 🚶 5分

御師の町の入口　富士登山の出発点

富士吉田駅から東に向かい,国道139号線に出ると,国道をまたいだ大鳥居が目に入る。この大鳥居を金鳥居といい,1572(元亀3)年富士講の御師たちが古吉田(北口本宮冨士浅間神社参道に面する地帯)から今の上吉田地区に移り住んだときに,木造の鳥居を建てたことに始まる。その後,明治時代に銅製の鳥居に建て替えられ,1955(昭和30)年に再建された。高さ9.7m・幅7.88m・柱の太さ88cmで,中央の扁額には「富士山」と書かれ,「献藤原朝臣　源　通純書」とある。金鳥居から富士山頂間は,約18.54kmである。

金鳥居

小佐野家住宅 ㉚　〈M ▶ P. 2, 37〉富士吉田市上吉田632
富士急行線富士吉田駅 🚶 15分

受け継がれる御師の家　富士講の伝統ある場所

金鳥居から富士山に向かって坂道を500mほど行くと,御師の町並みに入る。御師の家は立派な門構えで,50mほどの龍道(入口の道)があり,その奥に豪壮な構えの家がある。国道139号線の両側とも上方から下方の各御

小佐野家住宅

富士講と御師

コラム

富士山信仰の歴史　富士講と御師のつながり

　富士講の発達は，鎌倉時代以前は，富士山信仰の修験道場として集団も一般化していなかった。交通も盛んになり，信者も増加した室町時代に集団化し，藤原角行が出て富士信仰の教義の統一に尽くし，富士講の祖と仰がれるようになった。その後，江戸時代中期に食行身禄と村上光清の2人が富士講の教えを体系化し，講の組織を整備させたので，中興の祖と仰がれた。

　富士講の教義は，1733（享保18）年に身禄と光清によって確立されたもので，神道と儒教を取り入れて，一般の人びとにもわかりやすいものとなった。

　講社（富士山信仰を行う団体のことで，この集団をまとめて「富士講」とよぶ）の指導者を先達といい，先達は道者（富士講の構成員，信仰者のこと）を率いて，富士登山を計画・実施する。そのおり，登山の世話をし，同時に布教を行う職として，富士山に仕えるのが御師である。御師には，本御師と町御師とがあり，本御師は古吉田から1572（元亀3）年に今の上吉田へ移ってきた御師をさし，町御師はその後，御師の株を買った家をさす。富士講が盛んだった江戸時代末期から明治時代にかけて，80軒を超す御師の家があり，道者数は20万人を超え，関東一円を中心に，全国的な広まりを示した。

　御師は，冬季は檀家をまわって教化活動を行い，夏季は道者の登山の世話を行っている。明治時代になって，女性の登山禁止が解かれ，交通の便もしだいによくなると，登山者の数も激増した。

　昭和時代に入り，富士急行線が1929（昭和4）年に電化され，1964年に富士スバルラインが開通すると，バスや自動車が富士山5合目まで行くようになった。登山が大衆化・観光化されるとともに，吉田口登山道も利用されなくなったため，御師はしだいに衰退していった。現在，残っている御師は十数軒で，民宿を営んでいる家もあるが，かつての面影は薄らいでいる。

師の屋敷に流れている川があり，どの家でも1mほどの滝（「お滝」という）がつくられていて，宿泊した登山者はこの滝で身を清めて登山をした。御師の家の構造を伝える貴重な建物の小佐野家住宅（国重文）は，上吉田地区にある。

　小佐野家は，1572（元亀3）年に古吉田から移った本御師で，代々富士講の御師をつとめた家柄である。現在の建物は，1861（文久元）年頃の手法とみられる建築物である。母屋は，一部2階建ての

切妻造・妻入りで，屋根はもとは板葺きだったが，現在は亜鉛引き鉄板葺きである。部分的な改修はあるが保存状態はよく，御師の住宅形態をよく残している貴重なもので，全国でも数少ない社家造の遺構である。

西念寺 ㉛
0555-22-0847
〈M▶P. 2, 37〉富士吉田市上吉田7-7-1 P
富士急行線富士吉田駅🚶20分

一遍上人の教えを受け継ぐ時宗の寺

　小佐野家住宅から国道139号線を富士山側に向かって南へ200mほど行き，左に折れると，西念寺（時宗）に向かう参道になる。寺の始まりは，719（養老3）年に，この地を訪れた行基により富士道場が開かれ，富士山来迎の弥陀三尊像が安置されたこととされている。鎌倉時代後期の1297（永仁5）年に，武田氏の一族である一条吉積が，寺の諸堂を再建した。さらに1298年に，真教上人が甲斐国で布教したのち，相模国に向かう途中に立ち寄り，人びとに布教した記録が残っている。そののちに，真教上人の弟子真海上人を住職として，時宗の道場とした。室町時代には，郡内領主小山田氏や武田信玄から棟別諸役（家屋の棟の数に課せられた税）を免除されたり，寺領を

清凉寺式釈迦如来立像

寄進され，寺勢は盛んになった。
　この寺は，神奈川県藤沢の清浄光寺の末寺で，念仏根本道場の石標が門前に立っている。また，平安時代の作といわれる十一面観音立像と室町時代の清凉寺式釈迦如来立像（県文化）が安置されている。

北口本宮冨士浅間神社 ㉜
0555-22-0221
〈M▶P. 2, 37〉富士吉田市上吉田5558 P
富士急行線富士吉田駅🚌旭ヶ丘・忍野行浅間神社前🚶1分

吉田口登山道の起点富士山の鎮火祭

　西念寺を出て南へ100mほど行くと，国道138号線に出る。ここを左（山中湖方面）へ約200m行くと，北口本宮冨士浅間神社に至る。

富士北麓と桂川に沿って

北口本宮冨士浅間神社

ここは富士山登山の北口本宮として，身を清めて登山の第一歩を踏み出すところである。約8万2500m²の境内をもち，スギやヒノキの大木が森をなして，昼でも薄暗い。国道138号線から150mほど続く参道の両側には，富士講の人たちにより寄進された石灯籠が130基ほど立ち並び，こけむした姿に歴史を感じる。

石橋を渡り，木造の大鳥居（高さ18m・幅11m）をくぐり，随身門から中に入ると，正面に神楽殿，左側に水屋がある。水屋には，幅2mもある一枚岩を刻んだ水盤がおかれ，富士山からの清水が引かれている。神楽殿の後方には，拝殿と本殿（国重文）が立ち並ぶ。

神社の起源は，『古事記』にみられる，日本武尊が東征の際，神社裏手の登山道を200mほど行った所にある大塚丘に立ち寄り，富士山を遙拝したという言い伝えによって，この地に社を建てたのが始まりといわれている。祭神は，木花開耶姫命・天

富士吉田駅周辺の史跡

富士北麓富士吉田市と山中湖周辺

東宮本殿

津彦彦火瓊瓊杵命・大山祇命の3神である。788(延暦7)年に紀豊庭(甲斐国の国司)が、現在の地に社殿を造営した。

今の本殿は、1615(元和元)年に谷村藩(現、都留市)初代藩主鳥居成次が再建し、さらに1688(貞享5)年に鳥居氏が除封され、入封した秋元氏3代喬知が社殿を修復し、社宝である備前長船経家の太刀(国重文)などを寄進している。

その後、富士講信者らにより、本殿を始めとした社殿の修復が重ねられ、1733(享保18)年に江戸小伝馬町(現、東京都中央区)の村上光清(七右衛門)が大改修を行い、現在の幣殿・拝殿を建造した。本殿は桃山時代様式を取り入れたもので、一間社入母屋造で、向拝唐破風造・瓦棒銅板葺きである。

本殿の前両脇には2本の神木の大杉(県天然)がある。大きいほうは、高さ45m・目通り周囲9.7m・根回り23.6mである。

拝殿の脇を裏手に歩き、本殿を外側からみながら行くと、本殿の東側の東宮本殿、西側の西宮本殿(ともに国重文)を参拝することができる。東宮本殿の創建は、1223(貞応2)年と伝えられるが、1561(永禄4)年9月10日の川中島の合戦後、武田信玄が戦勝を祈念して再建したもので、規模は小さいが桃山時代様式の一間社流造である。構造形式は優美で、向拝に使っている蟇股形式もすぐれている。西宮本殿は、1594(文禄3)年に浅野左衛門佐が造営した一間社流造の檜皮葺きの建物で、桃山時代様式の特徴をよく残している。

北口本宮冨士浅間神社の例大祭は、毎年5月5日に行われるが、秋季大祭が吉田の火祭り(別名すすき祭り)として有名である。日本三奇祭の1つに数えられる富士山の夏山じまいの祭りで、祭り当日には、上吉田地区の国道139号線の約2kmの間に、高さ4mの大松

明と，各家々の井桁に組んだかがり火が焚かれ，町全体を松明で照らす見事なもので，全国からの観光客で賑わい，盛大なものである。

富士吉田市歴史民俗博物館 ㉝
0555-24-2411

〈M ► P.2, 37〉富士吉田市上吉田東7-27-1 P
富士急行線富士吉田駅🚌山中湖・忍野行サンパークふじ前🚶1分

郷土文化を伝える場所 移築された民家

北口本宮冨士浅間神社から山中湖・忍野行きバスでサンパークふじ前で下車すると，富士吉田市歴史民俗博物館がある。1979（昭和54）年に富士北麓地方の民俗資料の展示と保管を目的として開館し，館内には，富士山信仰・御師関係の資料をはじめ，吉田歌舞伎・郡内織物・新倉掘抜などの資料が展示されている。また，明治維新のときに上吉田地区の御師40人が蒼竜隊を編成して，明治天皇の江戸城入城に際して，二重橋の警護で活躍した様子などの資料を展示しているコーナーもある。ほかに，富士北麓地方出身の文化人の作品や関係資料も展示している。

敷地内には旧鎌倉街道が通っているので，これに沿って歩いていくと，復元と移築されているこの地方を代表する建物がみえてくる。1つは御師の小佐野家住宅で，小佐野家（34頁参照）所蔵の古図を参考に，御師の住宅としての形態をそのままに復元し，社家造の貴重な様式をみせている。移築されている建物は，富士吉田市内の代表的な農家の旧

旧武藤家住宅

旧宮下家住宅

富士北麓富士吉田市と山中湖周辺　39

武藤家住宅と旧宮下家住宅とである。旧武藤家住宅は，寛文～延宝年間(1661～81)に建てられたものと推定される家で，富士北麓の厳しい自然のなかで生活する人びとの様子を知る貴重な建物である。旧宮下家住宅は，江戸時代の名主の家の様子を伝えている。

西方寺 ㉞
0555-22-0299

〈M ▶ P. 2, 37〉 富士吉田市小明見2058 P
富士急行線富士吉田駅🚌 向原中宿 🚶1分

旧鎌倉街道沿いの寺 供養碑を残す場所

西方寺弥陀種子板碑

富士吉田駅から向原行きバスで約30分，中宿で下車し，寺の参道を100m行くと西方寺(浄土宗)に着く。この寺が保存している西方寺弥陀種子板碑(県文化)は2つあり，大きいものは高さ91cm，碑幅が上部29cm・下部33cmで，緑泥片岩でできている。鎌倉時代の「弘長元(1261)年九月二十二日」の銘があり，梵字蓮座にみられる薬研彫の刀法は，深く鋭い書体で刻まれていて，鎌倉時代初期の板碑の形態を示し，県内最古の資料として貴重なものである。

小さいものは高さ43cm，碑幅が上部16cm・下部15cmで，玢岩でできている。南北朝時代のもので，「延文六(1361)年二月十一日」の銘がある。2つの板碑は，ともに武蔵系板碑といわれ，関東一円にみられる一般的な供養碑と推定される。

　この板碑は，もともと向原の東側の旧鎌倉街道沿いにあった方山寺(臨済宗)に立てられていたものが，寺の廃絶とともに埋もれたものであると考えられている。1923(大正12)年の関東大震災のときに，山が崩れて一帯が埋もれてしまい，その土砂を取り除く工事の際に掘り出したものを，西方寺(16世紀末に廃絶された方山寺を武藤一族が再興し，その際に改宗されて名も西方寺と改められた)に安置したのだという。大きいほうの板碑は，方山寺開祖の三十回忌供養のためにつくられたものだと伝えられている。

忍草浅間神社 ㉟

〈M ▶ P. 2, 42〉 南都留郡忍野村忍草456
富士急行線富士吉田駅🚌忍野行忍草浅間神社前🚶1分

　富士吉田市歴史民俗博物館に戻り，サンパークふじ前バス停から忍野行きバスで忍草浅間神社前で下車すると，すぐに忍草浅間神社がある。同社は旧忍草村の産土神である。社記によると，807（大同2）年の創建とされ，祭神は木花開耶姫命・天津彦彦火瓊瓊杵命・大山祇命の3神である。ヒノキの一木造（高さ約40cm）である3神の坐像（県文化）があり，像には，1315（正和4）年丹後（現，京都府）の仏師石見浄観作の銘がある。銘のある神像としては県内最古のものといわれ，彩色はほとんどはげ落ちているが，衣装・結髪などに製作当時の風俗が偲ばれる貴重な神像である。

　同社は，忍野八海と並ぶ富士講道者の巡拝霊場の札所の1つであった。本殿は，三間社流造である。大鳥居の「富士大権現」の額は，1713（正徳3）年のもので，「中御門天皇正徳三年東国講 中 大僧正常然筆」と記されている。境内にはイチイ群（県天然）がある。これらのイチイは，目通しの太さ1.4～3.7mほどで，古いものは樹齢数百年といわれる。イチイは，富士山麓に自生する木で，燃えにくいので，北麓一帯の旧家では防火と防風をかねて，屋敷林とする家が多い。

　「忍草」という地名は，この辺りで咲いているフツキ草のことを，シボクサとよんでいたことに由来する。

忍草浅間神社

忍野八海 ㊱

〈M ▶ P. 2, 42〉 南都留郡忍野村忍草 Ⓟ
富士急行線富士吉田駅🚌忍野行忍草浅間神社前🚶3分

　忍草浅間神社前バス停で下車し，神社前を200mほど行くと，忍野八海（国天然）の1つ湧池に出る。忍野八海は，富士山の伏流水が湧き出ている大小8つの池の総称で，湧池・鏡池・濁池・底抜池・銚子池・菖蒲池・出口池・お釜池がある。

点在する富士山信仰

富士北麓富士吉田市と山中湖周辺　41

忍野八海周辺の史跡

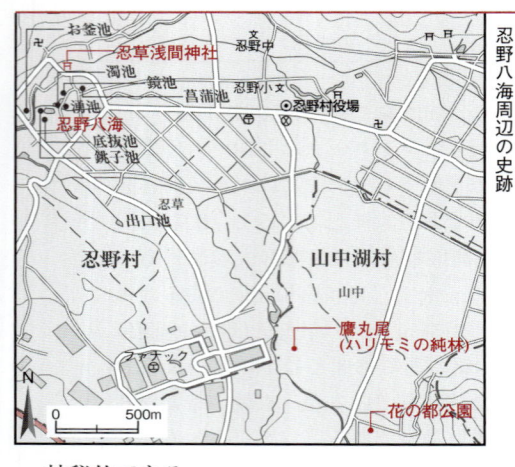

溶岩流で分かれた湖の跡
富士の雪解け水の湧く泉

八海のうち最大の湧池は，直径12m・深さ5mの逆さ円錐状で，北側に1mほどの穴があり，池底の溶岩の下から，透明度の高い多量の水がこんこんと湧き出して，池の中のセンショウモなどの水草の揺れ動く様子は神秘的である。

忍野村の各地区から珪藻の化石・木片が発見されていることから，かつてこの一帯は，大きな湖であったと考えられる。故事によると，忍草浅間神社の神が湧池から生まれたとされているので，毎年9月の祭りには，神輿をこの池で洗い清める行事が行われている。

ハリモミの純林と花の都公園 ㊲㊳

強く根を張る原生林
四季折々の花の名所

〈M▶P. 2, 42〉南都留郡山中湖村 **P**（有料）
東富士五湖道路山中湖IC🚗10分，または富士急行線富士吉田駅🚌旭ヶ丘行明神前🚶30分

　忍野八海から山中湖方面に向かって，南東へ約1.5kmほど行ったところを鷹丸尾という。この丸尾上に，ハリモミの純林（国天然）が形成されている。ハリモミの生育面積は74haで，本数は約3万本。胸高周囲2mを超え，樹高は24m前後である。樹齢は約270年といわれ，江戸時代には「御巣鷹禁伐林」として保護されてきた。1917（大正6）年にアメリカの植物学者ヘンリー・ウィルソンがこの純林を視察し，世界的にも珍しく貴重なものだと評価している。また，1957（昭和32）年に，天皇・皇后両陛下も巡行の際に視察されている。しかし，近年この純林も枯れ続け，すでに3割近くが枯れているといわれている。2001（平成13）年に山中湖村は，国から純林の土地を買い取り，同村・県・国の協力のもとに，接木による増殖を行うな

富士北麓と桂川に沿って

ど，純林の保護・育成を進めている。

　ハリモミの純林から湖畔に向けて400mほど進むと，山中湖村が運営する花の都公園がある。四季の花々が咲き乱れ，村の観光拠点の１つになっている。

山中湖 ㊴　〈M ▶ P. 2, 43〉南都留郡山中湖村 Ｐ
富士急行線富士吉田駅🚌旭ヶ丘行明神前🚶1分

文化人とゆかり深き場所
野鳥が多く生息する森

　山中湖は富士五湖の１つで，もっとも標高の高い所に位置している。1956(昭和31)年に湖の北岸近くで杉浦忠睦によってマリモが採集され，フジマリモ(県天然)として発表された。マリモは北岸の平野地区から長池地区にかけて，水深３～５ｍの所に生息している。直径１cmほどのものが多く，温暖な地域でマリモの生息が確認されたのは，大変貴重である。

　平野地区の国道413号線を，100ｍほど道志村方面に入ると，海雲山寿徳寺(臨済宗)がある。寺には紙本著色星曼荼羅(県文化)がある。星供養を通じて，天災を払う意味で描かれた桃山時代の作品である。湖の南岸の旭ヶ丘地区には，文学の森公園が整備され，徳富蘇峰記念館と三島由紀夫文学館がある。四季を通じて訪れる人が多い。

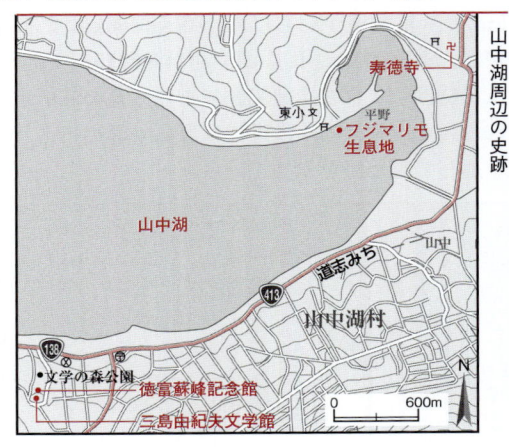

山中湖周辺の史跡

富士北麓富士吉田市と山中湖周辺

⑤ 河口湖から本栖湖へ

樹海の自然にはぐくまれた河口湖とその周辺地域は，古の記憶を残しつつも，避暑地として多くの観光客が訪れる

富士五湖 ㊵　〈M ▶ P. 2〉山中湖：富士急行線富士吉田駅🚌旭ヶ丘行 明神前🚶1分／河口湖：富士急行線河口湖駅🚶10分／西湖：富士急行線河口湖駅🚌西湖民宿村行西湖渡船場入口🚶1分／精進湖：富士急行線河口湖駅🚌本栖湖行精進湖入口赤池🚶1分／本栖湖：富士急行線河口湖駅🚌本栖湖行本栖入口🚶1分

富士山麓に点在する噴火によってできた5つの湖

　富士山の北麓に点在する山中湖・河口湖・西湖・精進湖・本栖湖の富士五湖（国天然）は，富士山の噴火により，御坂山地との間の谷が溶岩によりせきとめられてできた湖である。初め宇津湖と剗の海の2つの湖ができ，その後の噴火で分かれて，現在の5湖となったものだといわれている。面積がもっとも大きいのは山中湖の6.8 km^{2}で，精進湖がいちばん小さく0.86km^{2}である。深さでは本栖湖が最大深度126m，山中湖や河口湖が15mである。標高は800～1000mに位置して，寒冷地気候であり，夏の涼を求める保養地として訪れる人たちを始め，最近では温泉の湧出により，観光地として年間を通して賑わいをみせている。

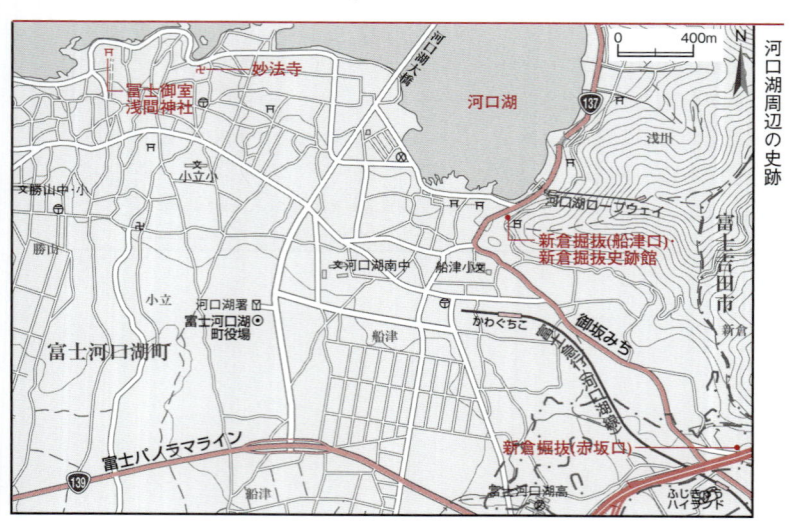

河口湖周辺の史跡

富士急行線河口湖駅を下車して、北へ向かって道なりに10分ほどくだっていくと、河口湖畔に出る。河口湖には、5湖で唯一の島である鵜の島がある。縄文時代と弥生時代の土器が出土し、考古学上貴重な島である。交通の便のよい河口湖は、比較的早くから観光地として開け、ホテル・旅館や売店も多く、富士五湖のなかではもっとも賑わいをみせている。湖上祭は毎年8月5日に行われ、花火見物と涼を求めて多くの観光客で賑わう。河口湖北岸(河口・大石地区)には、美術館などが建設され、訪れる人びとも多い。

　河口湖から静岡方面に西へ進むと、西湖がある。北岸にある西湖地区と根場地区は、1966(昭和41)年9月25日におそった台風26号で、山津波が発生して集落が押し流され、大きな被害を受けた。地区の人びとは、対岸に移住して民宿村として再生を図り、現在は根場地区に、茅葺き屋根の民家を復元した施設「西湖いやしの里根場」として整備を進め、一部が2006(平成18)年7月に開設された。

　西湖南岸から精進湖にかけての青木ヶ原樹海(国天然)は、溶岩流の上に広がるブナやケヤキの原始林地帯である。鳴沢村にある紅葉台からみる西湖と青木ヶ原樹海の眺めは、素晴らしい景観である。精進湖は、湖の中に流出した溶岩流の状態を観察できる湖でもある。

　本栖湖は、5湖のなかでもっとも自然が残っている湖で、透明度は17mもある。本栖地区は、甲斐国と駿河国の国境で、番所がおかれていた所でもある。

新倉掘抜 ㊶　〈M ▶ P.2, 44〉富士吉田市新倉赤坂
富士急行線富士急ハイランド駅 🚶 5分

手掘りのトンネルでは日本一長い掘抜

　富士急ハイランド駅で下車して、国道139号線を河口湖方面に200mほど行くと、赤坂の三差路に出る。ここを右に曲がり200mほど坂をくだると、高架の中央自動車と交差する地点がある。ここから左に山裾を入った所に、新倉掘抜(赤坂口)がある。

　一方、船津口は、富士急行線河口湖駅を下車し、河口湖畔を目指して駅前の道を直進すると、国道139号線に出る。ここを左に曲がって坂をおりると船津交差点に出る。これを道なりに右に曲がると、100m先に新倉掘抜史跡館(有料)がある。1985(昭和60)年に売店工事が行われたときに、坑道が発見された。

河口湖から本栖湖へ

新倉掘抜は，1690(元禄3)年，谷村藩5代藩主秋元喬知が，河口湖畔の水害除去と新倉村(現，富士吉田市下吉田地区の旭町・浅間町・新町)と周辺の新田開発のために，船津口から赤坂に至る約4kmの坑道を掘らせたものであった。工事は，1701年まで続けられ，費用は1200両・米2500俵・人夫延べ4万人を費やした大工事であった。しかし，船津口からの坑道と赤坂口からの坑道がくいちがって，ついに通水せずに工事は中止された。

　その後，享保年間(1716～36)に再び掘抜工事が計画されたが実施されず，1847(弘化4)年におきた暴風雨によって，旧坑道が一部発見されたのをきっかけに，再度掘抜工事に着手した。工事は1853(嘉永6)年に，7年の歳月・巨費と大変な労力をかけて，ようやく通水に成功した。その後も，1863(文久3)年には第2期工事が行われ，通水量は倍増した。このようにして，1918(大正7)年に東京電力の河口湖畔の放水路から，県営のトンネルを使っての通水が開始されるまでの間，水田開発に使用された。

妙法寺 ㊷
0555-72-1542

〈M ▶ P. 2, 44〉南都留郡富士河口湖町小立692　Ⓟ
富士急行線河口湖駅 🚶 20分

戦国時代の様子を伝える日記伝承の寺

　河口湖駅から西へ800mほど行くと，河口湖大橋に出る。その手前の交差点を左へ入り700mほど行くと，湖畔沿いの丘の上に妙法寺(日蓮宗)がある。この寺は，岡宮光長寺(現，静岡県三島市)の末寺で，開基は妙法入道，1295(永仁3)年に堂宇を建てたのが始まりだという。今の建物は1892(明治25)年の再建である。

　寺には『妙法寺記』が伝えられている。1466(文正元)年から1561(永禄4)年までの間の，この地方の気象や災害・事件を始め，当時の領主や人びとの動向・事業の様子，また経済や文化など，多方面にわたる記録が記されている。研究書や写本が多く出版されており，郷土史研究に欠かすことのできない貴重な資料である。また，寺の前庭にある村芝居の建物は，床下で人力によって回転させる回り舞台が備わったもので，江戸時代の姿を残している。

冨士御室浅間神社 ㊸
0555-83-2399

〈M ▶ P. 2, 44〉南都留郡富士河口湖町勝山3951　Ⓟ
富士急行線河口湖駅 🚶 20分

　冨士御室浅間神社は，妙法寺から河口湖岸を西へ1kmほどの所

妙法寺山門 冨士御室浅間神社

で，鵜の島の対岸にある。ここは里宮とよばれ，本宮は富士山2合目の飛地（富士河口湖町勝山3953）にある。

　本宮は，富士山中でもっとも古くからまつられた神社で，由緒書によれば，699（文武天皇3）年の創建と伝えられる。たびたびの噴火などで焼失し，その都度再建された。古くは『甲斐国社記・寺記』に807（大同2）年，『日本三代実録』には865（貞観7）年に，2合目に社殿が造営されたという記録が残っている。その後，戦国時代から江戸時代にかけて，武田氏・小山田氏・秋元氏の篤い保護を受けた由緒ある神社である。

　一方，里宮は，船津・小立・勝山・大嵐・鳴沢・長浜・大石の大原七郷（現，富士河口湖町・鳴沢村）の産土神だったが，しだいに勝山地区だけの神社となっていった。祭神は，木花開耶姫命で，国鎮め・鎮火・安産の神として信仰されてきた。境内には，富士山2合目にあった本宮本殿（国重文）が解体・修理されて移築されている。この本宮本殿は，1612（慶長17）年に谷村藩初代藩主鳥居成次が建立したもので，桃山時代の様式をもつ，一間社流造で唐破風つきの向拝をもつ建築物である。

　神社には，武田信玄の願文（県文化）や，戦国時代の日記『勝山記』（県文化）が保存されている。毎年4月の例大祭には，武田流流鏑馬が奉納されて，観光客や地元の人びとで賑わいをみせる。

華麗な社殿　勇壮な春の流鏑馬祭

鳴沢溶岩樹型 ㊹　〈M▶P.2, 48〉南都留郡鳴沢村　P
富士急行線河口湖駅🚌本栖湖行溶岩樹型前🚶1分，または中央自動車道河口湖IC🚗西へ20分

　溶岩樹型前バス停で下車すると，国道139号線脇に溶岩樹型の記

河口湖から本栖湖へ　47

富士北麓の史跡

溶岩流で消えた森の記憶 噴火でできた多くの洞穴

念碑がある。その奥20mほどから，付近一帯に合計12個の溶岩樹型（国特別天然）がある。一帯は青木ヶ原溶岩流（青木ヶ原丸尾）の末端部にあたり，樹型の形状はほとんどが縦穴で，最大は口径1.8m・深さ4.6m，一部傾斜または水平（横洞）のものがみられる。傾斜洞最大のものは斜度35度，真北より10度西に向いている。

ここから国道139号線を本栖湖方面に約1.2km行くと，鳴沢氷穴（ひょうけつ）（国天然）がある。長さ約52mで，内部はほぼ原形が保存されている。内部には2つの広間があり，天井には完全な溶岩鍾乳石面（しょうにゅうせきめん）や溶岩樹型もあって，天然氷もみられる。

洞穴（どうけつ）は鍾乳洞（しょうにゅうどう）と火山性洞穴に大別され，火山性洞穴は数も少なく，全国的には富士山麓に集中している。富士山麓（さんろく）には，約100個の火山性洞穴が発見されているが，そのうちの56個は，青木ヶ原丸尾内にある。青木ヶ原丸尾にある国の天然記念物に指定されている洞穴は，鳴沢村には，鳴沢溶岩樹型，鳴沢氷穴，神座風穴（じんざふうけつ）・附蒲鉾（つけたりかまぼこ）

鳴沢溶岩樹型

48　富士北麓と桂川に沿って

穴・眼鏡穴，大室洞穴があり，富士河口湖町足和田地区には，西湖蝙蝠穴・竜宮洞穴，同町富士ヶ嶺地区には，富士風穴・富岳風穴・本栖風穴がある。

洞穴内は真夏でも温度14度・湿度98％ほどで，この条件をいかし，明治時代から養蚕用の蚕卵紙や植林用の種の貯蔵に利用されていた。

河口浅間神社 ㊺

〈M ▶ P.2〉 南都留郡富士河口湖町河口1 Ｐ
富士急行線河口湖駅🚌甲府行・大石行河口郵便局前🚶
1分

河口郵便局前バス停で下車し，甲府方面へ1分ほど行くと河口浅間神社入口に着く。河口浅間神社(祭神木花開耶姫命)は，865(貞観7)年に富士山噴火を鎮めるために，清和天皇の勅命によって建てられたといわれる。代々の領主の保護を受けて発展し，本殿は1607(慶長12)年に造営された。江戸時代初期の秋元氏ら寄進の大鳥居銅額や，1703(元禄16)年の狩野絵馬など，珍しいものも残されている。

毎年4月25日の孫見祭(めまき祭り)や7月28日の太々神楽祭のおりに，河口の稚児の舞(県民俗)が奉納される。舞に参加するのは，「おちいさん」とよばれる氏子中の7〜12歳までの少女である。襅の上に陣羽織，緋のたすき，さしぬきをつけ，髪にはのし紙と瓔珞をのせた姿で，初めに数人で「御幣の舞」「扇の舞」を，つぎに2人ずつで「剣の舞」「八方の舞」を，最後に全員で「宮めぐりの舞」を舞う。下方(囃子方)は，太鼓1人・鼓1人・笛3人で，ともに中老(中年層)男

稚児の舞が伝承される浅間神社

河口の稚児の舞

河口浅間神社の七本杉

河口湖から本栖湖へ　49

子が奉仕する。神楽としての稚児の舞は，県内に純粋に伝えられている唯一のものといわれ，貴重な民俗芸能（神事芸能）である。

境内の本殿右手前には，七本杉（県天然）が聳え立っている。スギは，目通り周囲6.8m〜8.7mで，樹齢1000年以上といわれている。

かつて河口地区には，富士吉田市上吉田地区のように御師が存在した。江戸時代初期には100軒以上を数え，富士登山道者も2000人を超えたとする記録も残されている。上吉田地区の御師をしのいだこともあったというが，交通の便が悪く，衰退していった。

天下茶屋 ㊻

〈M ▶ P.2〉南都留郡富士河口湖町河口　P
富士急行線河口湖駅🚌甲府行三ッ峠入口🚶60分

河口浅間神社から甲府行きバスで5分ほど進み，三ッ峠入口バス停で下車し，御坂峠を約6kmのぼると旧御坂トンネルに着く。そのトンネル脇に天下茶屋がある。文豪太宰治が一時逗留した所で，そばには「富士には月見草がよくにあう」と書かれた文学碑もある。

茶屋近くの旧御坂トンネル左脇にある登山口を1時間半ほどのぼりおりを繰り返した，御坂山の高い尾根一帯（1570m）に築城されたのが御坂城である。日本の山城のなかでは最高所に築かれたもので，戦国時代に武田氏の拠点が石和から甲府に移るまで，隣国の侵入を監視する重要地としての役目をになった。また，この周辺には赤坂地区の鐘撞堂，天上山（嘯山）の烽火台，富士吉田の鐘山など，鐘や烽火台の遺構がみられる。山頂から鐘撞堂を見下ろし，鐘山からつながる烽火台・砦のようなものがあったと考えられている。

『甲斐国志』によれば，1582（天正10）年に北条氏政の弟氏忠が甲斐国都留郡に侵入し，この城を修築して徳川軍に備えたとある。城は，南北に続く尾根の鞍部に築かれ，自然の地形を利用して細長く，土塁と塀で囲まれた郭は狭小であったと思われる。

天下茶屋

太宰治ゆかりの茶屋

笛吹川に沿って

Kōshū Yamanashi Fuefuki

モモの花と笛吹川流域（春）

ブドウ棚と南アルプス（冬）

笛吹川に沿って

◎笛吹川沿岸散歩モデルコース

勝沼ぶどう郷と武田終焉の地コース　　JR中央本線甲斐大和駅_30_棲雲寺_60_景徳院_20_大善寺_10_勝沼氏館跡_10_勝沼宿_10_JR中央本線勝沼ぶどう郷駅

甲州の鎌倉「塩山」コース　1.JR中央本線塩山駅北口_1_旧高野家住宅（甘草屋敷）_10_向嶽寺_10_恵林寺_10_放光寺_15_JR塩山駅北口

2.JR中央本線塩山駅南口_15_於曽屋敷跡_15_菅田天神社_20_熊野神社_20_JR塩山駅南口

3.JR中央本線塩山駅北口_20_慈雲寺（樋口一葉の文学碑）_20_雲峰寺_30_JR塩山駅北口

山梨市内中心コース　　JR中央本線山梨市駅_10_万力公園（万葉の森・根津嘉一郎銅像・雁行堤）_5_差出の磯_10_ナウマン象化石出土地_15_窪八幡神社_30_連方屋敷_5_清白寺_10_JR中央本線東山梨駅

石和温泉郷・春日居コース　　JR中央本線春日居町駅_15_笛吹市春日居郷土館・小川正子記念館_3_寺本廃寺跡_20_山梨岡神社_15_大蔵経寺・物部神社_15_JR中央本線石和温泉駅_15_石和八幡宮・仏陀寺_10_石和本陣跡・石和陣屋跡_5_遠妙寺_10_八田家書院_15_JR石和温泉駅

一宮・御坂コース　　JR中央本線勝沼ぶどう郷駅_15_釈迦堂遺跡博物館_10_浅間神社_5_慈眼寺_5_甲斐国分尼寺跡_3_甲斐国分寺跡_5_経塚古墳_10_山梨県立博物館_5_姥塚_5_美和神社_10_JR中央本線石和温泉駅

御坂・八代・中道コース　　JR中央本線石和温泉駅_15_福光園寺_20_八代ふるさと公園（岡・銚子塚古墳，盃塚古墳）_20_山梨県立考古博物館_3_銚子塚・丸山塚古墳_3_上の平遺跡（方形周溝墓群）_20_JR中央本線甲府駅

①景徳院
②棲雲寺
③大善寺
④勝沼氏館跡
⑤勝沼宿
⑥旧高野家住宅
⑦於曽屋敷跡
⑧菅田天神社
⑨熊野神社
⑩向嶽寺
⑪恵林寺
⑫放光寺
⑬慈雲寺
⑭雲峰寺
⑮連方屋敷
⑯清白寺
⑰窪八幡神社
⑱天神社
⑲万力林・差出の磯
⑳永昌院
㉑中牧神社
㉒大蔵経寺
㉓遠妙寺
㉔八田家書院
㉕山梨岡神社
㉖笛吹市春日居郷土館
㉗寺本廃寺跡
㉘浅間神社
㉙慈眼寺
㉚甲斐国分尼寺・国分寺跡
㉛釈迦堂遺跡博物館
㉜山梨県立博物館
㉝姥塚
㉞美和神社
㉟福光園寺
㊱岡・銚子塚古墳
㊲山梨県立考古博物館，銚子塚・丸山塚古墳

① 勝沼ぶどう郷と武田終焉の地

日本一のブドウの産地である勝沼には大善寺が，武田氏哀史を秘める日川渓谷には景徳院などがある。

景徳院 ❶
0553-48-2225
〈M▶P.52, 54〉甲州市大和町田野389 P
JR中央本線甲斐大和駅🚌天目行景徳院入口🚶1分

武田氏終焉の地
武田勝頼の墓

　大菩薩連嶺に源を発する日川の渓谷は，武田氏終焉の地として知られている。甲斐大和駅から県道大菩薩初鹿野線を日川に沿ってのぼり，水野田・林バス停を過ぎると，武田軍と織田・徳川軍による激戦が行われたという四郎作跡・鳥居畑古戦場跡がある。さらに北上すると，天童山景徳院(曹洞宗)がある。

　武田氏が滅亡した1582(天正10)年，入峡した徳川家康が，武

景徳院周辺の史跡

景徳院山門

武田勝頼の墓

笛吹川に沿って

武田勝頼

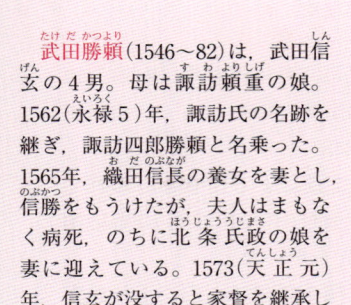

コラム

信玄の後継者 悲劇の最期

武田勝頼(1546〜82)は、武田信玄の4男。母は諏訪頼重の娘。1562(永禄5)年、諏訪氏の名跡を継ぎ、諏訪四郎勝頼と名乗った。1565年、織田信長の養女を妻とし、信勝をもうけたが、夫人はまもなく病死、のちに北条氏政の娘を妻に迎えている。1573(天正元)年、信玄が没すると家督を継承したが、1575年の長篠の戦いの敗北以後、衰勢へと向かっていった。

1582年、勝頼軍は新府城(現、韮崎市)を去り、岩殿城(現、大月市)を目指した。しかしながら、小山田信茂の離反によって、織田軍との挟撃にあい天目山の麓、田野(現、甲州市大和町)で最期を迎えた。このとき、勝頼37歳であったという。ここに新羅三郎義光以来、約500年にわたって甲斐に君臨した、甲斐源氏の主流武田氏は、滅亡した。

田勝頼主従の菩提を弔うためにこの寺の建立を命じ、1588年に伽藍が完成した。当初は地名にちなみ、田野寺ともよばれていた。

寺は2度の火災により、その堂宇のほとんどを焼失し、江戸時代後期に再建された山門だけが、往時の姿をとどめている。山門(付、扁額・棟札・十六羅漢像、県文化)は3間1戸の楼門で、入母屋造である。1978(昭和53)年に、本堂・庫裏・囲塀などが再建されている。境内(県史跡)には、武田勝頼の墓・霊廟なども残る。甲将殿(影殿)裏手には、勝頼の墓である宝篋印塔を中央に、向かって右に夫人の五輪塔、左に嫡男信勝の五輪塔と3基の墓が並んでいる。いずれも1775(安永4)年、200年遠忌にあたり造立されたと伝えられている。さらに、甲将殿前には、勝頼が最期を遂げたといわれる生害石も残っている。景徳院から北方の日川渓谷竜門峡入口付近に、勝頼の家臣土屋惣蔵昌恒が、主君のために奮戦したと伝えられる、土屋惣蔵片手斬跡もある。

甲斐大和駅前から県道甲斐大和停車場線を西へ約100m行くと、大和小学校東隣に諏訪神社本殿(県文化)がある。さらに国道20号線を西に進んで、大和橋西詰交差点を左折し、県道日影笹子線を笹子峠の方向へ約2km進むと、甲州道中駒飼宿本陣跡、また、甲斐大和駅から国道20号線を東に約1km進み、丸林橋西交差点を右折すると、キリシタン大名有馬晴信謫居の跡がある

勝沼ぶどう郷と武田終焉の地

栖雲寺 ❷
せいうんじ
0553-48-2797

〈M▶P. 52, 54〉 甲州市大和町木賊122 [P]
JR中央本線甲斐大和駅🚌天目行終点🚶1分

国重文の普応国師坐像
多数の寺宝・雄大な庭園

　景徳院から県道大菩薩初鹿野線を北東に，日川渓谷を遡(さかのぼ)ると標高約1000m辺りの山里に，中世禅文化の宝庫といわれる天目山栖雲寺(せいうんじ)(栖雲寺，臨済宗(りんざい))がある。栖雲寺は1348(正平3・貞和4)年，業海本浄(ごっかいほんじょう)が草創し，伽藍は武田信満の寄進(きしん)による建立といわれている。業海は鎌倉時代末期に元(げん)に渡り，天目山の中峰明本(ちゅうほうみんぽん)(普応国師(ふおうこくし))に参禅して印可(いんか)を受け，帰国後に当寺を開いたという。

　また，武田信満は，1416(応永23)年，関東管領(かんれい)であった上杉氏憲(ぜんしゅう)(禅秀)がおこした乱に与(くみ)するも敗れ，翌年，木賊山(やま)(現，甲州市大和町)に追いつめられて自害した。境内には「梓弓(あずさゆみ)　ひきそめし身の　そのままに　五十あまりの　夢やさまさん」の辞世を残してこの世を去った信満の墓である宝篋印塔がある。

　武田氏の菩提寺として隆盛を誇った寺は，数々の寺宝を有している。木造普応国師坐像(国重文)は，像高82.5cm，寄木造(よせぎづくり)玉眼彩色(ぎょくがんさいしき)の肖像彫刻である。本像は，胎内の朱漆(しゅうるし)銘から1353(正平8・文和2(ぶんな)2)年に，院廣・院遵によって制作されたことがわかる。木造業海本浄坐像(県文化)は，寄木造玉眼彩色で，「将軍家大仏師　伯耆法眼(ほうき ほうげん)慶□　文和二年癸巳十一月」の銘がある。当寺の本尊である木造釈迦如来坐像(しゃかにょらい)(県文化)は，宝冠(ほうかん)釈迦如来坐像で寄木造，脚部に「法橋(ほうきょう)院遵　法眼院廣」の銘をもつ。

　栖雲寺宝篋印塔・栖雲寺開山(かいさん)宝篋印塔(ともに県文化)はともに石造で，室町時代初期の造立(どうしょう)の，県内最古に属する在銘遺構である。銅鐘(どうしょう)(県文化)は，1359(正平14・延文(えんぶん)4)年の鋳造で，「甲斐の五鐘」の１つに数えられている。

　寺地の北東部に広

栖雲寺本堂・庫裏

56　笛吹川に沿って

がる庭園(県名勝)は，面積約2ha。山腹の急斜面に巨石群を配し，自然を取り込んだ雄大な庭園である。この庭には，「貞和四(1348)年戊子，開茲山建精舎」という銘とともに刻まれた地蔵菩薩磨崖仏や文殊菩薩磨崖仏(ともに県文化)がある。

大善寺 ❸
0553-44-0027　〈M▶P.52,58〉甲州市勝沼町勝沼3559 Ｐ
JR中央本線勝沼ぶどう郷駅 塩山行勝沼上町 15分

県内最古の和様建築物 武田氏の悲哀をみつめた寺

　勝沼上町バス停で下車し，大月方面に1kmほど東進すると，国道20号線沿いの左側に大善寺(真言宗)がある。この寺の開創縁起については，古代甲斐国の豪族である三枝守国にまつわる伝説と，718(養老2)年の行基による伝説があるが，1176(安元2)年と1270(文永7)年の2度にわたって災禍を経験したことが知られている。

　本堂(薬師堂，国宝)は，鎌倉幕府9代執権北条貞時が，後宇多天皇の勅を奉じて，甲斐・信濃の2国に棟別10文を徴収して再建費用にあて，1286(弘安9)年に立柱し，1290(正応3)年に竣工した，県内最古の和様建築物である。方5間(約9m)，単層寄棟造で，正面は中の3間を両開き桟唐戸，両端に連子窓を配し，両側面の前より1間と背面中央1間の出入口以外はすべて板壁で，四周に切目縁をめぐらせている。太い円柱上に，豪放な実肘木付き和様2手先の斗栱が組まれており，内陣の須弥壇には，厨子1基がおかれている。内・外陣とも虹梁を架す技法が用いられ，中央3間通りの柱を抜き，堂内を広く利用している。この本堂は，1954(昭和29)年に解体して復元・修補工事がなされた。

　本堂とともに国宝に指定されている内陣の厨子は，1473(文明5)年に造営されたもので，本尊の薬師三尊(国重文)が納められ，その左右には十二神将立像(国重文)が配されている。本尊仏3体は，いずれもサクラを用いた一木造の漆箔像で，翻波式の衣文，自

大善寺本堂

勝沼ぶどう郷と武田終焉の地　57

由な線条から、平安時代初期の雄渾な様相と密教的な雰囲気を偲ばせる弘仁仏である。中尊には豊満な顔面、切れ長の眉目、鋭く刻まれ締まった口唇などの特徴をもつ薬師如来像、脇侍には日光菩薩像・月光菩薩像が配されている。このほか、寛政年間(1789～1801)に再建された山門や、書院の北にある江戸時代初期の作庭となる、池泉観賞式蓬莱庭園も一見に値する。什物としては、鰐口・太刀(ともに県指定)などの文化財を有する。

大善寺に関する歴史的事項として、「康和の経筒」と『理慶尼記』をあげることができる。「康和の経筒」(東京国立博物館蔵)は、

勝沼周辺の史跡

藤切会式と鳥居焼祭り

コラム／祭

大善寺とともにブドウ祭りの夜空に

藤切会式は，1200年来の伝統を有する奇祭で，毎年5月8日に柏尾の大善寺境内で行われる。通称「藤切り祭り」とよばれ，役小角が大峰山（奈良県吉野郡）を開創する際にあらわれた大蛇を法刀で退治した，という故事に由来する。高さ3間半（約6.3m）の神木からつり下げた7尋（約13m）におよぶフジの蔓を修験者が切り落とし，近隣の若者がそれを争奪する，というもので，フジの蔓をもち帰れば，家運隆盛・無病息災，またブドウや蚕の豊作が得られるとされている。

鳥居焼祭りは元来，盂蘭盆会の最終日に精霊送りの燎火として行われた宗教上の遺風ともいわれている。柏尾の大善寺で行われる護摩法要が催される際の霊火を，数十人の青年の松明に灯し，その青年たちが町内をめぐったのちに，大善寺の裏山にある柏尾山の中腹（鳥居平）におかれた，長さ273m・幅182mの鳥居をかたどった薪に火を移す，というもので，京都の大文字焼と同じく，お盆の送り火として毎年10月1日の夜に，ブドウ祭りの一環として行われる奇祭である。

伝説では，平安時代後期，大善寺と菩提山長谷寺（笛吹市春日居町）の僧徒との間に，修験問答の相違から勢力争いが生じ，長谷寺の僧徒が大善寺から笈を奪って焼き払い，大善寺の僧徒が長谷寺に協力した山梨岡神社（笛吹市春日居町）の鳥居を奪って焼き払ったことが始まりとされている。

現在ではブドウの豊穣とブドウによる長寿・健康などを祈念するものとする一方，ブドウの害虫を焼き払って，翌年の豊作を祈る祭りとされ，2007（平成19）年以降は10月の第1土曜日に行われている。

63歳で出家した山城国（現，京都府）出身の寂円が，1100（康和2）年に甲斐国を訪れ，如法経を書写して満願を達成した1103年に，大善寺で大法要を行ったのち，白山平に埋納したものである。その経緯が経筒の銅身に，本文23行，追記4行で記されている。1962（昭和37）年に，発電所の水路取水口をつくる工事を行った際に，偶然発見されたもので，平安時代の経塚の遺物として貴重なものである。

また大善寺が所蔵する『理慶尼記』は，勝沼信友の女である理慶尼が記したもので，「武田滅亡記」ともよばれる。1582（天正10）年3月，郡内（都留郡）の小山田氏を頼った武田勝頼一行が，戦勝を

祈願して大善寺で一夜を明かした際の記録であり、滅びゆく戦国大名の悲哀を伝えた作品として知られている。

勝沼氏館跡 ❹

〈M▶P.52, 58〉 甲州市勝沼町勝沼2515-1　P
JR中央本線勝沼ぶどう郷駅🚌塩山行勝沼上町🚶3分

戦国武将の居館跡
武田氏親類衆筆頭の格式

勝沼氏館跡

　勝沼上町バス停で降りて交差点を右折し、南へ100mほど行くと、日川に架かる祝橋がある。この橋の手前左手一帯、日川右岸の急崖上に勝沼氏館跡（国史跡）がある。この地は、武田信虎の同母弟信友の嫡男勝沼信元の居館跡である。勝沼氏は、武田氏の親類衆筆頭として知られるが、1560（永禄3）年に北条氏と通じたとされて、信玄によって滅ぼされている。

　勝沼氏館跡は、『甲斐国志』に「村ノ南ニ在リ、御所ト呼ブ、荒塁残溝纔ニ存セリ」と紹介されており、また『東山梨郡誌』にも、「勝沼町の南方、日川に沿いたる懸崖十数丈の一耕地に、字御所と称する所あり、是れ勝沼五郎信友の城跡なり」と記されている。このことから、その存在が後世に語り継がれ、館跡一帯が御所とよばれていたことがわかる。

　1973（昭和48）年12月、山梨県と旧勝沼町が合同で学術調査を実施し、1977年には城跡の全容が解明された。館跡は標高約418mに位置し、総面積は約4万7000m²におよぶ。土塁に囲まれている内郭部は、東西約90m・南北約60mで、その内側下部には水路の跡も検出された。典型的な戦国時代の武将の居館として評価され、1981年には国史跡に指定された。現在、内郭部は保存・整備されており、堀・土塁・木橋・建物の礎石などが復元されている。

笛吹川に沿って

甲州ぶどうとワイン

コラム

産

ブドウとワインのふるさと

　山梨県のブドウとワインの生産量は，日本一を誇っている。なかでも，甲州市勝沼町はその中心地として発展してきた。

　今日，山梨県で栽培されているブドウには多くの種類がある。代表種の1つである甲州ぶどうは，1186(文治2)年上岩崎(現，甲州市勝沼町)の，雨宮勘解由が山ブドウの変生種をみつけ，改良の結果できたものといわれている。

　その後，特産品として有名になったのは，江戸時代に入ってからのことである。『本朝食鑑』では，ブドウの産地として「甲州を第一」としている。

　山梨県におけるワイン醸造の始まりは，明治時代初期に行われた試験的醸造にあるといわれている。その後，県の殖産興業施策として，1877(明治10)年に勧業試験場内に，葡萄酒醸造所が開設された。

　また，時を同じくして勝沼に，大日本山梨葡萄酒醸造会社(通称，祝村葡萄酒醸造会社)が設立され，高野正誠・土屋助次郎(龍憲)の社員2人がフランスに派遣された。彼らは，ブドウの栽培法やワイン醸造法を習得して，1879(明治12)年に帰国すると，同社において初めてのワイン醸造を行った。これが，勝沼におけるワイン醸造の出発点であったという。

勝沼宿 ❺

〈M ▶ P. 52, 58〉甲州市勝沼町勝沼　P
JR中央本線勝沼ぶどう郷駅　塩山行勝沼上町　3分

　勝沼は甲府盆地の東縁に位置し，甲州ぶどうの一大産地として，全国にその名が知られている。この地のブドウ栽培は，12世紀末頃から始まったといわれ，わが国最古で最大のブドウ生産地である。日川の扇状地に，盆地に向かって展開した斜面が，ブドウ畑で埋め尽くされている姿は圧巻である。松尾芭蕉によって「勝沼や　馬子もぶだう(ブドウ)を　喰ひながら」と詠まれているが，この一句からも勝沼のブドウ生産の歴史とその様子がうかがえる。

勝沼宿

勝沼ぶどう郷と武田終焉の地　61

芭蕉にも詠まれたブドウの里　甲州道中屈指の宿場町跡

　この地は，江戸時代を通じて甲州道中の主要な宿駅として栄えた。現在，往時を偲ぶものはあまりないが，本陣跡地にある槍掛けの松や旧仲松屋住宅などから，わずかに往時の宿場の風情をみることができる。

　勝沼宿は，明治時代以降も約30年間にわたって宿場町として賑わったが，1903年の中央線開通にともなって，衰退していった。

　その後，宿場とその周辺の人びとの生活は純農家へと移行し，特産の甲州ぶどうの栽培が発展していった。勝沼とブドウの歴史は，勝沼上町バス停から500mほど東の交差点を南に曲がり，川を渡った先にあるぶどうの国文化館に展示されている勝沼のぶどう栽培用具及び葡萄酒醸造用具(国登録)，その付近の旧宮崎葡萄酒醸造所施設(県文化)や葡萄酒貯蔵庫(龍憲セラー)(国登録)，ブドウ棚栽培を奨励した甲斐徳本の碑などから知ることができる。

　このほか，勝沼宿とその周辺には数々の文化遺跡をみることができる。明治30年代前半の擬洋風建築物としての旧田中銀行主屋・土蔵，日川流域の近代土木遺産としての勝沼堰堤，眼鏡橋の愛称をもつ祝橋(いずれも国登録)や，1868(慶応4)年に近藤勇が率いる甲陽鎮撫隊と官軍が激突した柏尾山麓の柏尾坂にある古戦場，勝沼ぶどう郷駅北方の三光寺庭園(県名勝)は，その一例である。

甲州の鎌倉，塩山

②

武田氏を始めとする中世武家文化の香りを残し，由緒ある神社仏閣を多数誇る地。

旧高野家住宅 ❻
きゅうたかのけじゅうたく
0553-33-5910

〈M ▶ P.52, 63〉 甲州市塩山上於曽1651 [P]
JR中央本線塩山駅 🚶 1分

塩山駅北口に出ると，甲州特有の突上げ屋根がみえる。旧高野家住宅(国重文)である。甲州を代表する民家で，古くから「甘草屋敷」とよばれてきた。高野家は江戸時代に，代々名主をつとめた家柄である。江戸幕府8代将軍徳川吉宗のときの1720(享保5)年に，幕府御用として薬用植物である甘草の指定栽培を命じられ，幕府に上納していたことからこの名がつけられた。1720年より明治時代初期に至る，甘草栽培関係などの所蔵文書をもとにした「甲州甘草文書」3巻(県文化)は，市の教育委員会の所蔵となっている。

甘草栽培で幕府御用達の高野家県内屈指の突上げ屋根

塩山駅周辺の史跡

旧高野家住宅

　旧高野家住宅は、19世紀初頭の建造と考えられ、東西24.8m・南北14.09mと大規模なものである。甲州の切妻造の特徴である突上げ屋根を、南面の中央部に2段設けてある。

　突上げ屋根は、この地方で盛んに営まれた養蚕と関係があり、屋根裏の2階と3階を作業室として利用するため、開口部から光と風を取り入れている。そのため古くから、この開口部分は煙出しなどとよばれてきた。

　玄関を入ると広い土間があり、田の字型4間取りのうち、仏間には作りつけの仏壇が設置してある。平素は仏間として使用するが、仏壇の前に襖を引くと床の間になり、奥座敷として使えるようになっている。これは甘草御用である幕府の役人を迎え入れる工夫であり、ほかにはみられないものである。大黒柱はクリの巨木で、2階の屋根裏まで通り、その一番上の部分は自然木の股を残したまま、3階の梁を支えている。

　1958(昭和33)年に茅葺きから銅板葺きに改修され、1996(平成8)年に、付属屋として巽蔵・馬屋・東門・文庫蔵・小屋の5棟、附として地実棚・裏門・座敷門の3棟、さらに井戸・池・石橋・石垣を含む邸跡が、国の重要文化財の指定を受けた。

　現在、甘草栽培の名残りを残す屋敷と、旧高野家の主屋と付属屋とが一体となり「薬草の花咲く歴史の公園」として活用されている。

於曽屋敷跡 ❼　〈M▶P.52,63〉甲州市塩山下於曽539 P
　　　　　　　JR中央本線塩山駅 🚶 8分

中世豪族の館跡の典型土塁や堀が印象的

　塩山駅の南口から、駅前の道路を右に行き、すぐの交差点を左折して、国道411号線を約150m行くと、左側奥に於曽屋敷跡(県史跡)がある。鎌倉時代から室町時代にかけての中世豪族の館跡として貴重な文化財であり、今は東半分が於曽公園として利用されている。

於曽屋敷跡

　於曽屋敷は東西90m・南北110mで，江戸時代の古地図では，二重の土塁と堀がめぐらされて，現在の土塁の規模は南側虎口付近で幅10m，高さ3mを測る。また，この付近の小字を「旗板」とよぶことから，屋敷を守るため，土塁の上に，さらに板塀があったのではないかと考えられている。この屋敷の周囲には，黒川金山の管理者である金山衆の住居が多くあったとも考えられ，金精錬の作業場の存在も推測される。

　『和名類聚抄』にみえる於曽郷は，古代有力豪族の三枝氏の支配下にあったが，鎌倉時代に甲斐源氏の加賀美遠光の4男光経，5男光俊がこの地を治め，於曽氏を名乗ったという。この於曽屋敷は光経，さらにその子の遠経の屋敷と伝えられ，のちに於曽氏数代の館となった。この古代の於曽郷の遺跡の一つケカチ遺跡から国内唯一の事例の平仮名31文字で和歌が刻まれた10世紀の「和歌刻書土器」が2015〜16（平成27〜28）年に発見された。

菅田天神社 ❽
0553-33-4006
〈M▶P.52, 63〉甲州市塩山上於曽1054　P
JR中央本線塩山駅🚶10分

武田氏ゆかりの国宝「楯無鎧」みそぎ祭りがある神社

　塩山駅から西へ向かい，市役所前交差点を右折すると，すぐ左奥に菅田天神社（祭神素盞嗚尊・五男三女神）がある。社記によると，842（承和9）年，甲斐国司藤原伊勢雄が，仁明天皇の勅命により建てたと伝えられる。

　その後，1004（寛弘元）年に，一条天皇の勅命で，菅原道真が相殿にまつられてから，菅田天神社といわれるようになった。また，新羅三郎義光が甲斐国に入国して以来，甲斐源氏武田氏の守護神として崇拝されてきた。

　拝殿前の石灯籠は，1409（応永16）年に武田氏が奉納したものである。当社には武田氏の重宝とされる小桜韋威鎧兜大袖付（国宝）があるが，矢や刀を防ぐにはこれだけで充分であり，楯はいらない

甲州の鎌倉，塩山

菅田天神社

という意味から「楯無鎧」(非公開)ともよばれている。大袖や草摺に,小桜の紋を施した革で小札がつづられていることから,小桜韋威と名づけられている。

　この鎧は,甲斐源氏の祖新羅三郎義光から武田氏に相伝され,信玄の代に,甲府の鬼門にあたる当社に,鬼門鎮護のため納められた。その後,一門の於曽氏に守らせたが,1582(天正10)年,武田家が滅亡する際,勝頼は嫡子信勝が鎧着の式(元服)をしていなかったため,陣中で着せ,その後,父子で自刃したという逸話がある。鎧はその後,家臣の田辺左右衛門尉によって,甲州市にある向嶽寺(臨済宗)の大スギの根元に埋められたが,後年,徳川家康が入国したおりに掘り出され,再び当社に納められたといわれる。

　神社の周囲はカシの群生で囲まれ,1963(昭和38)年に県の天然記念物に指定された。また,この神社に古くから伝わるみそぎ祭り(夏越祭)は,毎年6月30日に行われる年中行事で,随身門にかけた茅の輪をくぐって,門の周囲を八の字にまわり,身の汚れなどを払うための神事である。またJR塩山駅西の踏切を渡った北100mほどには,旧千野学校校舎(国登録)が,藤村式学校の面影を残し,区民会館として利用されている。さらに北東へ約500mの道路沿いに,千野六地蔵幢(県文化)もみられる。

熊野神社 ❾

〈M▶P.52,63〉甲州市塩山熊野174　P
JR中央本線塩山駅🚶25分

紀州熊野大社の様式を残す国重文の本殿・拝殿

　塩山駅より国道411号線を南に向かうと,道路に沿って右手に熊野神社(祭神速玉男命・伊弉諾尊・事解男命・忍穂耳尊・瓊々杵尊・彦火々出尊)がある。熊野神社は社記によると,平安時代初期の807(大同2)年に熊野権現を勧請し,その後,後白河法皇の勅願によって熊野大社の基準に従い諸殿が建立されたという。甲府市上小河原町・笛吹市八代町・大月市賑岡町岩殿にある熊野社と

笛吹川に沿って

熊野神社本殿

ともに，甲州の四大熊野とよばれる大社の1つである。

社域は小高い地にあり，鳥居をくぐると，右に太鼓楼，左の奥に社務所がある。正面には高さ2mの石垣があり，高低3段に区画され，中間部に拝殿（国重文），さらに上段に本殿（国重文）がある。

拝殿の造立は，社記および棟札によれば，1549（天文18）年頃とある。前面が5間（約9.1m），側面が3間（約5.5m），入母屋造で茅葺きの簡素な建物である。柱は面取り角柱で，出入口のほかの部分は，四方が吹き抜けの広い窓で，窓下が板張りになっている。全体的に木割が繊細で，簡素ななかにも優雅な趣をみせており，室町時代の様式がよくあらわれている。

本殿は，南面して東西に6棟が並列する。このうち西より3棟は，江戸時代の再建で元の姿を失い，その隣の1棟は小祠に改修され，東端にある2棟が国の重要文化財に指定されている。

本殿造営は，社記および棟札によると，1318（文保2）年とされ，様式から鎌倉時代後期の建立とされる。本殿東端2棟はいずれも規模・形式とも同じで，正面1間の切妻造，妻入りの社殿の前面に向拝として庇をつけ，身舎前面に隅木を入れた春日造である。屋根は檜皮葺きで，棟に千木と堅魚木をのせ，総体に木割が繊細で優雅な趣をみせている。特徴は，正面を嵌板壁として，その外側に格子組をつけていて，出入口が左側面にある点にあり，紀州（現，和歌山県）熊野大社の様式を残しているといわれている。

なお本社には武田家の宝物で，勝頼によって熊野神社に奉納されたと伝えられる紙本著色欹器ノ図や，信玄の奉納とされる紙本著色刀八毘沙門天像図・紙本著色飯綱権現像図（いずれも県文化）が所蔵されている。またすぐ北の道路沿いに，風間酒造主屋・酒造蔵・酒店・文庫蔵（国登録）などもある。

甲州の鎌倉，塩山

向嶽寺 ❿

0553-33-2090

〈M▶P. 52, 63〉甲州市塩山上於曽2026 Ⓟ
JR中央本線塩山駅🚌西沢渓谷行向嶽寺🚶1分

臨済宗向嶽寺派の大本山　南北朝時代を代表する名刹

　塩の山の南麓にある向嶽寺（臨済宗）は，臨済宗向嶽寺派の本山である。1380（康暦2・天授6）年，守護武田信成が抜隊得勝を招いて，塩山向嶽庵とし，現在地に建立したのが始まりと伝えられる。以後，代々の守護武田氏やその重臣らの保護を受け，武田信玄もみずからの祈願寺とし，寺領の寄進をした。

　壮大な伽藍は，1786（天明6）年と1926（大正15）年の2度の火災により失われたが，中門（国重文）は，室町時代中期に建立された四脚門で切妻造，屋根は檜皮葺きである。築地塀（県文化）とともに，中世建築様式の面影を残す遺構である。この築地塀は，小石を混ぜた土に，強度を増すために塩を入れてつくられたと伝えられ，塩築地とよばれている。

　塩の山を借景につくられた庭園（国名勝）は，1997（平成9）年の修復工事により，江戸時代中期の景観に戻った。

　寺宝は多数あるが，ほとんど公開されていない。おもな所蔵品をあげると，まず絹本著色達磨図（国宝）は，「八方にらみの達磨」とも，「朱達磨」ともよばれる。朱衣と頭巾をつけ，岩の上に坐している姿で，とくに顔の部分は精巧に描かれている。上部にある賛は鎌倉時代のもので，宋からの渡来僧蘭渓道隆が朗然居士のために書いたものである。

　ほかに開山の師の絹本著色三光国師像・絹本著色大円禅師像の頂相（ともに国重文）や，建長寺の画僧祥啓筆の紙本墨画梅図・絹本著色仏涅槃図（県文化）などが所蔵されている。また，塩山和泥合水集版木・抜隊得勝遺戒版木（ともに国重文）を始め，県指定文化財

向嶽寺築地塀

笛吹川に沿って

も含め110点も残されている。これらはほとんどが南北朝時代のもので、創建当初から普及活動を強化していたことを示す貴重な資料である。このほか、「文安五(1448)年」銘銅鐘(県文化)や「塩山向嶽禅庵小年代記」を始めとする県指定の向嶽寺文書があり、その中に「向嶽寺境内図」がある。この絵図は、武田信虎・信玄・勝頼3代と、武田氏滅亡後の領主加藤光泰の判がある中世の絵図である。

境内にある秋葉神社は、火伏せの神を勧請し、神仏習合の形をとる。秋葉神社の祭りは毎年4月18日で、向嶽寺の鎮守の祭りとして有名である。また、中門の近くには、童謡「花かげ」の詩碑がある。牧丘町(現、山梨市)出身の大村主計による昭和時代初期の作詞で、主計が嫁いでいく姉を見送ったときの心境を書いたといわれている。

恵林寺 ⓫
0553-33-3011
〈M▶P.52,70〉甲州市塩山小屋敷2280 P
JR中央本線塩山駅🚌西沢渓谷行恵林寺🚶1分

夢窓疎石による国名勝の庭園
武田信玄・柳沢吉保の菩提寺

向嶽寺から北へ約3kmの所に、武田信玄の菩提寺、乾徳山恵林寺(臨済宗)がある。1330(元徳2)年、牧荘(現、塩山・牧丘方面)の領主二階堂道蘊が、夢窓疎石を開山にして創建した。五山・十刹につぐ諸山に列せられ、南北朝時代には多くの禅僧が、京・鎌倉より入寺し、東国の臨済禅の中心として発展した。

戦国時代の1564(永禄7)年に快川紹喜が訪れた際に、信玄は、寺領約300貫文を寄進して自分の牌所と定め、興隆を図ったといわれている。1573(元亀4)年に死去した信玄の葬儀は、3年後に盛大に営まれ、当寺に葬られた。

1582(天正10)年3月、武田氏は滅亡し、4月には反織田氏の佐々木一族をかくまったとの理由で、織田信忠によって焼打ちされた。このとき、快川を始め百数十人の僧は、三門に集められ焼き殺された。楼上の快川は「安禅必ずしも山水を

恵林寺三門

恵林寺周辺の史跡

須いず,心頭を滅却すれば火も自ずから涼し」を遺偈とした。この偈は,三門(県文化)に掲げられている。同年,織田信長が本能寺の変で自刃したあと,1585年,徳川家康が甲斐国に入国し,多くの伽藍を再興した。四脚門(国重文)は,総門と三門の間にあり,「赤門」ともいわれ,「乾徳山」の扁額が掲げられている。切妻造・檜皮葺きで,1606(慶長11)年に再建された門である。

1905(明治38)年の大火で主要な伽藍を失ったが,三門・四脚門と,1740(元文5)年に柳沢吉保の子吉里によって造営された信玄霊廟明王殿や開山堂などは残った。霊廟に安置されている武田不動尊坐像は,信玄が自分の姿を模して制作させたものといわれ,信玄の毛髪を漆に混ぜて胸部に塗り込めたと伝えられる。また,この彫像とは別に,信玄の弟武田信廉(逍遙軒)筆の絹本著色鎧不動尊図もある。そのほか,絹本著色快川国師像図,絹本著色夢窓国師像図,伝信玄筆で,快川の賛がある紙本著色渡唐天神像図(県文化)などがある。

工芸品では,伝信玄所持の来国長銘太刀・備州長船倫光銘短刀(ともに国重文),伝信玄所用の兜・鞍・鐙・軍配団扇・食籠や,武田氏の軍旗「風林火山」や,諏訪神号旗(県文化)など信玄ゆかりのものが数多く残されている。霊廟の裏にある武田晴信(信玄)の墓(県史跡)は,五輪塔と宝篋印塔からなり,100年忌の1672(寛文12)年に造立された。恵林寺庭園(国名勝)は,夢窓疎石が創建当時作庭したと伝えられる。背後の乾徳山を借景にし,心字池に築山を配した池泉回遊式庭園となっている。

恵林寺は,江戸幕府5代将軍徳川綱吉の側近で,甲府城主となった柳沢吉保の菩提寺でもあり,吉保の墓は,甲府市岩窪にある永慶

寺から，1724（享保9）年恵林寺に改葬されている。柳沢家からの四花菱蒔絵膳・椀・香道具などの寄贈品も多数あり，貴重なものが多い。これらは，境内にある信玄公宝物館でみることができる。また，境内を出て東へ200mの所に，1857（安政4）年に建てられた旧武藤酒造主屋・酒蔵（笛吹川芸術文庫，国登録）がある。

放光寺 ⓬
0553-32-3340　〈M▶P. 52,70〉甲州市塩山藤木2438 P
JR中央本線塩山駅🚌西沢渓谷行放光寺入口🚶5分

安田義定創建による寺　国重文4像を所有

　放光寺入口バス停の北にあるガソリンスタンドを右に入ると，放光寺（真言宗）がある。1184（寿永3・元暦元）年，甲斐源氏の武将安田義定により，賀賢上人を開山として，一之瀬高橋にあった法光山高橋寺を移して，高橋山法光寺として創建し，安田氏の菩提寺にしたとされる。放光寺と名を改めたのは，1589（天正17）年である。真言密教の道場として，近世には隆盛をきわめた。

　本尊の木造大日如来坐像（国重文）は，ヒノキの寄木造，全体が丸みを帯びた造形で，躰軀や面貌が繊細であり，優美な表現により，平安時代後期の作と考えられる。木造愛染明王坐像（国重文）もヒノキの寄木造で，平安時代後期の作であるが，作例の少ない天弓愛染像である。木造不動明王立像（国重文）はヒノキの一木造で，腰をやや右にひねった，すらりと腰の細い立ち姿である。いずれも定朝系仏師の作と伝えられ，本寺の収蔵庫に安置される（拝観時要予約）。また，仁王門にある木造金剛力士立像（国重文）は，ヒノキの寄木造で，おおらかでユーモラスな雰囲気があり，鎌倉時代初頭の南都系仏師の作といわれている。

　銅鐘（県文化）は，銘文に「甲斐国牧庄法光寺・奉鋳施鐘一口・建久二年辛亥八月廿七日・従五位下遠江守源朝臣義定」とある。1191（建久2）年に安田義定が奉納したもので，以後数回改鋳されて現在に至って

放光寺仁王門

いる。寺宝の紙本墨書大般若経589巻(県文化)には,1338(建武5・延元3)年から1388(嘉慶2・元中5)年までの奥書がある。

慈雲寺 ⓭
0553-33-9039

〈M▶P.52,63〉甲州市塩山中萩原352　P
JR中央本線塩山駅🚌二本木経由大菩薩峠登山口行大藤小学校前🚶5分

樋口一葉の文学碑がある禅寺
春は大木のイトザクラで有名

大藤小学校前バス停で下車して,大藤保育所の看板を南東に約400m進むと,慈雲寺(臨済宗)がある。暦応年間(1338〜42)に,夢窓疎石の開山と伝えられている。慶長年間(1596〜1615)に,雲山和尚によって再興された。寺には1692(元禄5)年に再建したことを示す棟札がある。

この寺では江戸時代末期に私塾が開かれ,それが里仁学校という私立学校として,明治時代になってからも受け継がれた。境内の東側入口に,大藤を父母のふるさととし,5000円札の肖像となった明治時代の女流小説家樋口一葉の文学碑がある。一葉は本名を奈津といい,『たけくらべ』『にごりえ』などの名作を残している。碑は1922(大正11)年に建てられたもので,幸田露伴が碑文を書き,坪内逍遙・与謝野寛・与謝野晶子・森鷗外らが賛助者に名を連ねている。また,当寺には,イトザクラ(シダレザクラ)の大木があり,春には美しい花を咲かせる。

慈雲寺から県道201号線を約1km西に進み,「三界萬霊等」と刻まれた石碑を左手に折れると,松泉寺(臨済宗)がある。この寺には,向嶽寺開山の抜隊禅師を描いた絹本著色大円禅師画像(県文化)や,1524(大永4)年に向嶽寺の寺僧たちが筆写した紙本墨書元亨釈書18巻(県文化)などがある。

松泉寺を出て県道201号線を約500m西に行き,下粟生野バス停を右に折れて進むと,大己貴命と素盞嗚命をまつる山王権現社がある。本殿

樋口一葉の文学碑(慈雲寺)

笛吹川に沿って

峡東の文学散歩

コラム

故郷の風土にはぐくまれ輩出した文学者たち

　しほの山　さしでのいそに　すむ千鳥　きみがみよをば　やちよとぞなく（読み人知らず）
『古今和歌集』の巻六賀歌である。「塩の山」や「差出の磯」は峡東地区に比定され，その代名詞になっている。峡東地区は，古代より甲斐文学の発祥の地といわれる。
　近代，峡東地区を有名にしたのは，中里介山の長編小説『大菩薩峠』（1913年）であろう。大菩薩峠は，甲州と江戸を結ぶ甲州道中の裏街道として，重要な道であった。
　大菩薩峠をおりた付近に，小田原橋がある。この一帯は大藤といわれ，樋口一葉の両親の出身地である。一葉は一度も山梨を訪れたことはないが，中萩原の慈雲寺には，一葉の二十七回忌に，ゆかりの人びとによって建てられた文学碑がある。
　「塩の山」の南麓の臨済宗向嶽寺派大本山の向嶽寺境内には，詩人大村主計の「花かげ」の詩碑がある。嫁いでいく姉を，向嶽寺まで送っていったときの風景をうたったといわれている。
　また，笛吹市の名前の由来は，笛吹川から名づけられた。笛吹川は秩父山系から峡東地区一帯をうるおし，富士川と合流する県内屈指の川である。
　この川を有名にしたのが，『楢山節考』（1958年）で文壇に出た，深沢七郎の『笛吹川』（1960年）であろう。深沢は，石和の出身で，アジア・太平洋戦争後故郷に戻り，長年温めてきたこの作品を発表した。
　万力公園内の山梨市民会館の前庭には，山梨市出身で，フランス文学の翻訳で活躍した前田晁の文学碑がある。碑文には「一人の心は万人の心　文化の根源はここにある」と刻まれている。
　また山梨市は，『葡萄が目にしみる』（1986年）で知られる作家林真理子の出身地である。林はコピーライターから出発し，直木賞・吉川英治文学賞など，多くの文学賞を受賞している。
　「芋の露　連山影を　正しうす」と，甲府盆地からみた南アルプスの雄姿を詠んだのは，俳人飯田蛇笏である。蛇笏は，「山廬」とよぶ境川村小黒坂（現，笛吹市境川町）の生家で，俳句雑誌『雲母』を主宰していた。『雲母』は，のち4男龍太に引き継がれ，地方文化の時代を築いた。『雲母』が1992（平成4）年に終刊した後，雲母の同人らにより『白露』が全国有数の規模で発行されたが，2012（平成24）年に廃刊となった。

（県文化）は，1698（元禄11）年に再建された二間社流造の建物で，一部に室町時代の様式がみられる。

甲州の鎌倉，塩山

雲峰寺 ⓮
0553-33-3172

〈M▶P.52,75〉甲州市塩山上萩原2678 Ｐ
JR中央本線塩山駅🚌大菩薩峠登山口行終点🚶5分

武田氏ゆかりの最古の日の丸
山懐の国重文建造物

　大菩薩峠登山口バス停から，東の大菩薩峠への登山道入口を少しのぼると，左手に裂石山雲峰寺（臨済宗）がある。坂道の石段をのぼり仁王門（国重文）を経て，標高800mの境内に入る。寺伝によると，745（天平17）年に行基が開いたといわれる。中世に，武田氏の祈願所として崇敬を集めた。天文年間（1532～55）に火災に遭い建物を焼失したが，武田信虎が印判状を与え，寺僧が勧進して再建した。

　本堂（国重文）は武田信玄の祈願文から，1558（永禄元）年頃完成したと推定される。方5間で円柱，屋根は檜皮葺き・入母屋造で正面に唐破風造1間の向拝がついている。庫裏（国重文）は，江戸時代前期の再建と考えられ，屋根は茅葺き・切妻造，南面向きの妻入りで，正面の妻飾は禅宗庫裏の特徴をもつ。書院（国重文）は，庫裏の西方に渡り廊下で接続している。1716（正徳6）年の建立といわれ，茅葺き・寄棟造で，書院造の伝統をみせている。仁王門は本堂と同時期の再建と考えられ，屋根は銅板葺き・入母屋造で，室町時代末期の特徴が認められる。上記4つの建造物は，1955（昭和30）～58年に解体修理されている。

　寺宝はいずれも，武田家歴代の家宝として伝えられたもので，1582（天正10）年，武田勝頼が天目山麓で自刃後，家臣が当寺に納めたものといわれる。武田信玄の軍旗孫子の旗（県文化）は6旒あり，紺地に金泥で『孫子』の14字「疾如風徐如林侵掠如火不動如山（疾

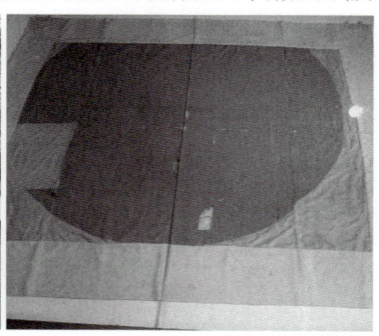

雲峰寺本堂・庫裏　　　　　　　　　　　　　　日の丸の御旗（雲峰寺）

笛吹川に沿って

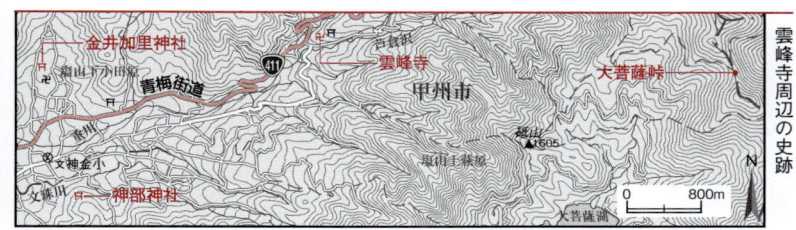

きこと風の如く，徐なること林の如く，侵掠すること火の如く，動かざること山の如し)」が配されている。

諏訪神号旗(県文化)は3種類の旗の総称で，13旒ある。なかでも諏訪法性旗は赤地の絹に金泥で，「南無諏方南宮法性上下大明神」と大書されている。日本でもっとも古いといわれる日の丸の御旗(県文化)は，甲斐源氏の嫡流を継いだ武田氏の重宝と伝える。また，武田信玄が出陣のおり使用した，馬標旗(県文化)もある。

以上の宝物は，本堂隣の宝物殿に展示されている。また本堂の前に，樹齢数百年と思われるエドヒガンザクラ(県天然)の大木がある。

雲峰寺前の道を東に約8km，車で約20分ほどで上日川峠に着く。ここから徒歩約1時間10分で，大菩薩峠に着く。中里介山の『大菩薩峠』によって名を知られた峠である。

雲峰寺から塩山駅に向かって国道411号線を約3km進み，ガソリンスタンドの先を右奥に進むと，丘陵上に，山王・白山・金矢大神・日本武尊をまつる金井加里神社があり，山王権現とも称していた。本殿(県文化)は檜皮葺き・二間社入母屋造で，棟札(県文化)から1668(寛文8)年に再建されたもので，正面に千鳥破風をつけ，その前に向拝1間をつけた神社建築である。

国道411号線に戻り，さらに500mほど行って，小田原橋から左に折れ，県道201号線を横切って進むと，小高い山の中腹に『延喜式』式内社の神部神社がある。本殿(県文化)は檜皮葺き・一間社流造で，1711(正徳元)年に再建された。神直日神を始め，祓戸の9神をまつる。境内に温泉が湧き出たことから，湯山大明神ともよばれていた。随身門(県文化)は1571(元亀2)年の再建で，蟇股の彫刻などに室町時代後期の特徴をもつ。また，本殿には，鎌倉時代後期作の金銅十一面観音菩薩坐像(県文化)も安置されている。

甲州の鎌倉，塩山

雁坂路と山梨市

③

笛吹川の源，中流域の，豊かな風土にはぐくまれた地。武家の活動が反映された，注目の史跡を訪ねる。

連方屋敷 ⑮　〈M ▶ P. 52, 76〉山梨市三ヶ所757
JR中央本線 東山梨駅 徒6分

広大な武家屋敷跡　土塁に囲まれ往時を偲ぶ

東山梨駅から東に約300m進むと，左手の案内標識で確認されるのが連方屋敷（県史跡）である。平坦地に一辺130mの規模をもつ不整方形居館で，周囲は高さ2～3m・基底幅4～5m・頂点幅1～1.5mの土塁が，北東隅と南側の一部をのぞいてめぐらされている。広大な敷地で，現在は土塁内に2軒の住宅があり，もと果樹園だった所は発掘整備中である。堀は東と北側のみを残すが，土塁外縁は堀で画されていた。

東山梨駅周辺の史跡

武田氏時代に，財政を司る蔵前の庁所で働く代官衆らを蔵前衆とよび，この連方屋敷は，蔵前衆頭である古屋氏の居館，または蔵前の庁所と推定されている。屋敷の西方約400mには，中世の峡東地方でもっとも栄えた市である八日市場跡もあり，蔵前衆との密接な関係がうかがえる。

一方で，13世紀末から14世紀初頭の常滑焼片や，内耳土器という中世の厚手の深鍋が出土していることから，当時から連方（蓮峯）とよばれ，武田時代以前の安田氏関係の屋敷跡であった可能性もある。北方約1.5kmの雲光寺（臨済宗）入口東側に，安田義定の墓標と伝わる安田氏五輪塔（県文化）がある。

周辺には，古代宮中の米粥の神事に由緒をもつ七日子神社（祭神木花

笛吹川に沿って

開耶姫命ほか3神）や，明治時代の料亭旅館であった飯島家住宅（旧飯島楼，国登録）も残されている。

清白寺 ⑯
0553-22-0829　〈M▶P.52,76〉山梨市三ヶ所620　P
JR中央本線東山梨駅🚶10分

　東山梨駅から連方屋敷前を経て，さらに東へ200m余りを，果樹に囲まれたやや狭い道路を進むと，清白寺（臨済宗）の入口に着く。境内へは，北の三門に向かって参道が約200m続き，沿道には甲州小梅の古木が立ち並んでいる。

清白寺庫裏

　伽藍は禅宗形式に則り，総門・放生池・三門・仏殿・法堂が一直線上に配置され，足利尊氏が夢窓疎石を開山として，1333（正慶2・元弘3）年に創建したという古刹である。仏殿（国宝）は1415（応永22）年に建立されたことが，1917（大正6）年の解体修理の際に発見された墨書から判明している。1682（天和2）年に火災に遭ったが焼失を免れ，鎌倉の円覚寺舎利殿に匹敵する禅宗様建築の代表的遺構である。割石積の基壇の上に，方3間・裳階付入母屋造・檜皮葺きの典型的な構造美を伝え，花頭窓や軒反りの美しい曲線は，非常に印象的である。木造夢窓国師坐像とともに，数少ない貴重なもので高く評価されている。

仏殿は禅宗様を代表する国宝
甲州小梅の古木が並ぶ参道

　仏殿の右手奥の庫裏（国重文）は，雄大な切妻造・茅葺きの屋根をもち，1689〜93（元禄2〜6）年に再建され風格がある。白壁と足利氏の家紋二つ引き両を入れた木組みも，注目される。

　また，南方約1.5kmにある一間社流造の大岳山本殿（県文化），さらに西南約2kmにある二間社流造の山梨岡神社本殿（県文化）は，盤座という古い石信仰の場でもある。

窪八幡神社 ⑰
〈M▶P.52,79〉山梨市北654　P
JR中央本線山梨市駅🚌戸市行八幡神社🚶すぐ

　笛吹川にかかる八幡橋の西正面奥に，窪八幡神社（祭神仲哀天

雁坂路と山梨市　77

峡東の国重文の宝庫　武田氏代々の祈願所

窪八幡神社本殿

皇・応神天皇・神功皇后）がある。859（貞観元）年，清和天皇の勅によって，九州の宇佐八幡宮を笛吹川沿いの大井俣に勧請し，大井俣神社と称したのが始まりといわれる『延喜式』式内社である。

　東の参道の，境内から約150m離れた所にある鳥居（国重文）は，武田信虎が，1535（天文4）年42歳の厄除けに建立したもので，高さ7.4m・幅5.9m，木造の鳥居としては日本最古である。鳥居を西へ進むと神門（国重文）がある。1511（永正8）年信虎の建立とされ，四脚門・切妻造・檜皮葺きの素木造である。神門前を流れる小川に架かる石橋（国重文）は，分厚い一枚石の反橋で，鳥居とともに建立された。

　本殿（国重文）は，十一間社・檜皮葺きの桁行11間（約22m）・梁間2間（各間1.68m）という日本最大の流造本殿で，地面まで続く丸柱に特徴がある。1410（応永17）年に武田信満が再建し，1531（享禄4）年に信虎が修理，1557（弘治3）年に晴信（のちの信玄）によって，金箔や八双金具が装飾されたと伝えられる。拝殿（庁屋，国重文）は本殿に対応し，間口11間の切妻造・檜皮葺きで，左右対称でなく，床が低いのが特徴である。1553（天文22）年に，信玄が信州（現，長野県）の村上義清を討って宿願を成就したため建立したという。軒にかけられた鰐口（国重文）も逸品である。

　本殿の右に並立している摂社若宮八幡神社本殿（国重文）は，祭神が仁徳天皇，三間社流造・檜皮葺きである。1400（応永7）年武田信満の再建と記されるが，建築様式から，15世紀後期の様式で，当社最古の建造物であることがわかる。摂社若宮八幡神社拝殿（国重文）は，入母屋造・檜皮葺きで，1536（天文5）年に武田信虎が建立したといわれる。本殿左側の末社武内大神本殿（国重文）は祭神が武内宿禰で，一間社流造・檜皮葺き，その斜め左手前にある末社高良神

笛吹川に沿って

山梨市駅周辺の史跡

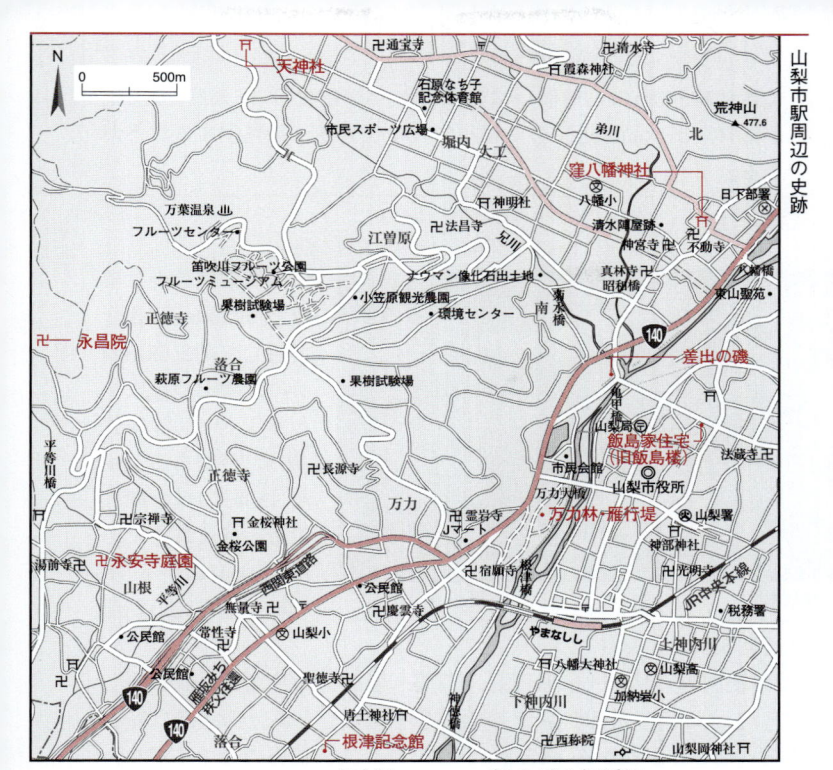

社本殿(国重文)は祭神が高良明神，一間社隅木入春日造・檜皮葺きで，ともに1500(明応9)年に信昌により再建されたという。末社比咩三神社本殿(国重文)は，田心姫命・湍津姫命・市杵島姫命の3神をまつる。一間社流造・銅板葺き(もとは檜皮葺き)で，唯一，江戸時代に徳川忠長が再建した建造物である。

ほかにも文化財は多く，1553(天文22)年信玄建立の重層寄棟造・檜皮葺きの鐘楼(県文化)，軒の反り方や屋根の勾配などに室町時代の特徴をもつ安山岩製の如法経塔(県文化)，1548(天文17)年晴信の武運を祈って奉納された木造狛犬(県文化)，1553年に描かれた紙本墨画淡彩窪八幡神社境内古絵図(県文化)などがある。周辺には別当上之坊跡地や坊・社家という神仏習合の名残りもある。

八幡神社の西約200mには木造阿弥陀三尊像(県文化)のある神宮寺(真言宗)や，1831(天保2)年に設置された清水陣屋跡がある。さ

雁坂路と山梨市

らに西に約500mの兄川沿いには、ナウマン象化石（県天然）の出土地があり、出土品は近くの八幡小学校に保管され、見学することができる。

天神社 ⑱

〈M▶P. 52, 79〉 山梨市大工1563
JR中央本線山梨市駅🚌切差方面行大工🚶15分

> 静寂なたたずまいのなか山間に隠れた中世末期造立の社

窪八幡神社から南西に約200m行き、右折して約2.6kmの所に、壇上の構成をとる天神社（祭神菅原道真）がある。本殿（国重文）は一間社流造・檜皮葺きである。1064（康平7）年、新羅三郎義光の創建

天神社本殿

と伝えられる。

『甲斐国志』には「三月三日、闘鶏、射的　九月九日、流鏑馬、大宮司、祠宮、社家、氏子等相会して祀る」とあり、往時は隆盛であったことがわかる。1522（大永2）年、武田信虎の命で本殿を再建した大工土佐守の子孫が、今も丸山家としてこの地に居住しているという。

1970（昭和45）年に解体修理され、朱と黒色が施された柱や長押・貫・梁・棰・破風板などが壁の白色にくっきり浮き出た、あざやかな社殿であることがわかった。形式は、窪八幡神社末社の武内大神本殿と類似している。天神社の東方約2kmには、保守的仏師の手になる鎌倉時代初期の木造釈迦如来坐像（県文化）の清水寺、中世武家屋敷を偲ばせる上野家住宅（県文化）や、中世末期～近世初期の木造四天王立像が安置される信盛院（曹洞宗）もある。

万力林と差出の磯 ⑲

0553-23-1560（公園管理事務所）
〈M▶P. 52, 79〉 山梨市万力1828 🅿
JR中央本線山梨市駅🚶10分

山梨市駅から西へ約500m、笛吹川に架かる根津橋からみえる見事な松林が万力林である。かつて、この地は釜無川の竜王の鼻、

甲州財閥

コラム

一代で築いた財　汗と努力の系譜

　明治時代以降，日本経済が発展するなかで，厳しい山国の風土に生まれ，不屈のたくましさで，一代で財をなした山梨県出身の実業家を，総称して甲州財閥とよんでいる。

　幕末期，横浜で初めて生糸輸出をした篠原忠右衛門と，彼の伝手で異国人相手の生糸や水晶などの行商から始めた若尾逸平は，700万町歩におよぶ全国屈指の大地主となり，第1回帝国議会の多額納税貴族院議員となった。文明開化の象徴の「乗り物」「明かり」に着目し，東京馬車鉄道・東京電燈を傘下に収め，若尾銀行の設立など，多面的経営を行った。

　同じく行商から横浜での投機相場で活躍した雨宮敬次郎は，「投機界の魔王」ともよばれ，軽井沢別荘地帯の開発や，新宿・八王子間の甲武鉄道，川越鉄道などの鉄道事業を始め，水力発電・製粉・製鉄・電気など，多くの事業をおこした。

　2人に続き，その薫陶を受けたのが根津嘉一郎で，東武鉄道・富国生命・帝国石油・日清製粉など，現在につながる有力企業の創設や，経営を行った。生家は山梨市正徳寺にあり，大きな門構えの屋敷内には，昭和時代初期の近代和風建物が残されており，市に寄贈され，現在，整備が進められている。

　万力公園内には根津の銅像がある。若尾逸平が釜無川に架けた開国橋，雨宮敬次郎が設けた重川の雨敬橋と同じく，根津も私財を投入して笛吹川の根津橋をつくった。また全県下の小学校へピアノを寄贈し，山梨市民会館などにそのピアノが展示され，その足跡が残っている。

　現在の阪急電鉄創業者の小林一三は，日本で最初の宣伝パンフレットの作成や，ターミナル駅における百貨店経営，沿線の新興住宅地の開発，遊園地・温泉などの娯楽文化施設や宝塚少女歌劇団の創設といった，独創的なアイディア経営を行った。一三の生家跡地は，現在，韮崎文化村となっている。

　また，アジア・太平洋戦争後に，政商として名をはせた小佐野賢治は，勝沼町山区(現，甲州市)の小作農の生まれで，国際興業グループをおこした。

笛吹川の近津の堤と並んで，三大水難所であった。
　1583(天正11)年の大洪水は，笛吹川下流の21カ村の家や田畑を流失させ，濁流は甲府まで達する被害をもたらした。武田信玄や徳川家康によって，クヌギ・ケヤキ・アカマツ・タケなどが植林され，水防林として伐採が禁止された。また，3基の雁行堤も構築され，

万力林・雁行堤　　　　　　　　　　　　　　　　　　　差出の磯

　第2基が，高さ3m・長さ32mの規模で，林の中に唯一残っている。万力という地名も，万人の力をあわせて強固な堤を，との願いで名づけられたという。現在，万力林は「万葉の森」として整備され，散策路に各種の歌碑や草花の紹介がなされ，動物園や人造湖，市民会館などの諸施設が，豊かな緑と静かな環境の自然林の中に設置され，県民憩いの場となっている。また，地元出身の実業家で，東武鉄道グループ創業者根津嘉一郎翁銅像もある。

　万力林（公園）は南北約1kmの範囲におよぶが，その北辺で笛吹川に奇岩が突き出た所が，差出の磯である。『古今和歌集』に，「しほの山　さしでのいそに　すむ千鳥　きみがみよをば　やちよとぞなく」（読み人知らず）と歌われるなど，古来から知られた名所で，松尾芭蕉の「闇の夜や　巣をまどはして　鳴く千鳥」の句碑もある。1876（明治9）年には笛吹川河岸が開削，新しい道路として利用され，翌々年には近代的な亀甲橋が架けられて，現在に至っている。

森林に囲まれた憩いの公園
笛吹の歴史の流れとともに

永昌院 [20]
0553-22-2179
〈M▶P. 52, 79〉　山梨市矢坪1088　[P]
JR中央本線山梨市駅🚶15分

盆地東部を一望できる高所
武田信昌開基の古刹

　山梨市駅から西方約3.6kmの高所にある，山腹の矢坪集落の最上部，甲府盆地とは標高差で約200mの高所に位置する古刹が，永昌院（曹洞宗）である。かつて真言宗だった寺が，文明年間（1469〜87）に武田信玄の曽祖父武田信昌が開基した。信昌は武田家発展の基礎を築いた人物で，1505（永正2）年に59歳で没した。五輪塔と宝篋印塔の墓が，本堂左奥の小堂に囲まれてある。銅鐘（県文化）には，1376（永和2・天授2）年に鋳造されてから，当寺がこれを所持する

永昌院本堂　　　　　　　　　　　　　　永昌院銅鐘

までの経緯が陰刻されている。甲斐の五鐘の１つである。
　開山は一華文英で，その頂相である1514(永正11)年作の絹本著色神嶽通龍禅師画像(県文化)と，1506(永正３)年に後柏原天皇から下賜された勅賜紫衣や２世菊隠瑞譚の法語集である菊隠録，全国的にも最古に属する五人組帳，黄檗版一切経1344冊が収納された経蔵，宋代の典籍，室町時代以降の古文書なども残っている。
　永昌院から坂道をくだり，南に1.4kmほど行った山麓の村落の中に，石組の妙で知られる永安寺庭園(曹洞宗，県名勝)がある。永安寺から東へ進み約２kmの所には，東武鉄道創業者の根津嘉一郎の生家が昭和初期の和風建築(国登録)を中心に根津記念館として2008(平成20)年に開館した。さらに笛吹川を渡って約3.5km東方には，1747(延享４)年に設置された田安陣屋跡がある。

中牧神社と牧丘町の文化財 ㉑

〈M ▶ P. 52, 84〉　中牧神社：山梨市牧丘町千野々宮576
JR中央本線塩山駅🚗10分

室町時代の建造美を誇る本殿　民間信仰を語る石像も点在

　塩山駅から北西に約７km進むと，中牧神社がある。中牧神社(祭神埴安姫)は，社記によると日本武尊東征の頃の創建といわれ，古来，牧荘(現，塩山・牧丘方面)の中央部にあたり，この地の総鎮守社として崇敬された。本殿(国重文)は1478(文明10)年の建立で，一間社流造の檜皮葺きであり，室町時代の上品で威厳ある建造物である。1478年から1798(寛政10)年に至るまでの棟札６枚も，国の重要文化財に指定されている。
　中牧神社から南へ約2.2km進み，窪平交差点に戻り，国道140号

雁坂路と山梨市

牧丘町の史跡

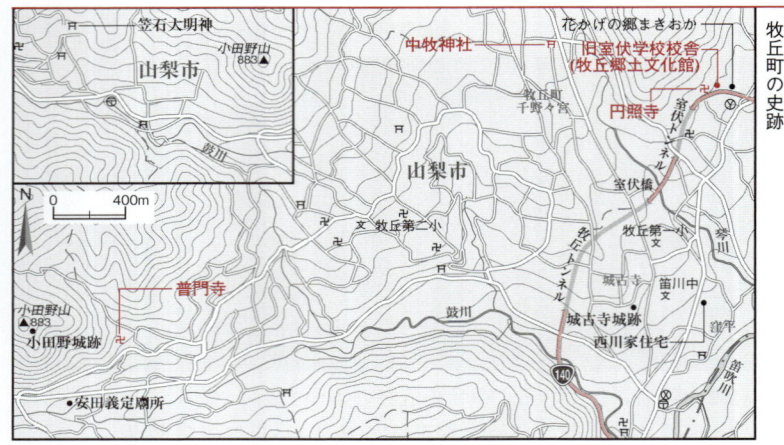

線の旧道を北に800mほど進むと、西川家住宅(県文化)がある。西川家は、鎌倉時代末期からの旧家で、江戸時代は名主をつとめた。住宅は切妻造・突上げ屋根の、江戸時代中期の民家である。西方の丘陵上には、徳川家康改修時の遺構が残る、城古寺城跡がある。

西川家住宅から約1km北に、道の駅「花かげの郷まきおか」があり、その西には、1876(明治9)年に開校された旧室伏学校校舎がある。正面にバルコニーを設けた西洋建築と、日本の寺院建築を取り入れた建物で、牧丘郷土文化館として移築し、使用されている。西隣の円照寺(曹洞宗)には、南北朝時代の銘をもつ室伏五輪塔(県文化)がある。

中牧神社から北へ約3.3km進むと金櫻神社がある。大国主命・

中牧神社本殿　　　　　　　　　　　　　　旧室伏学校校舎

84　笛吹川に沿って

甲州方言

コラム

おまんとう、ちょっくら読んでみろし（あなた方、ちょっと読んでください）

　四方を山で囲まれた山梨は、象徴的表現として「はんでめためたごっちょでごいす」が知られている。「甲州なまり」とよばれる、荒っぽい語調の独特の方言が特徴である。

　「いしっころ（石ころ）」「のっこむ（飲み込む）」などの促音が多く、「しゃら」などの接頭語や、「～づら」「～じゃんけ」などの語尾の用例も語気の荒さを感じさせる要因である。

- ももっちい（くすぐったい）
- ささらほうさら（滅茶苦茶）
- やなあさって（明後日のつぎの日）
- わにわにしちょ（ふざけるな）
- すっぽなげる（勢いよく投げる）
- ほこ（赤ちゃん、子供）
- ちょびちょび（ふざける）
- おわんなって（召し上がれ）
- ぶんだす（出発する）
- ぶっさらう（殴る）
- ぶちゃある（捨てる）
- だっちもねえ（どうしようもない）
- ほうけ（そうでしょうか）

などはよく知られる方言である。
　また、地域による差異として、大菩薩山系と御坂山系で大きく二分される。俗にいう「ズラ言葉」が国中方言で、「けえるずら（帰る）」「おまん（お前）」「たけーずら（高いでしょう）」と表現する。それに対し、「ニャー、ベー言葉」の郡内方言では、「きゃーるべえ（帰る）」「おみゃー（お前）」「たかかんべー（高いでしょう）」という用例の違いがある。
　さらに富士川流域の「ダラ言葉」の河内方言、「トードー言葉」の奈良田方言という、地域による用例も存在している。

　少彦名命などをまつる同社は、修験道の道場とされた金峰山の里宮で、南北朝時代作と伝えられる蔵王権現鏡像（県文化）がある。

　窪平から約3.5km西にある小田野山の山裾に、甲斐源氏の武将安田義定の開基とされる普門寺（曹洞宗）があり、ここには、藤原時代の作と考えられるサクラの一木造の木造薬師如来坐像（県文化）がある。また、義定とその一族の骨を埋めたという安田義定廟所も付近にある。西保中芦ノ沢には、室町時代後期の特徴を示す笠石大明神本殿（県文化）がある。

　窪平から国道140号線を山梨市駅方面に約2.5km進むと、道沿い右側には、室町時代の民間信仰を物語る六地蔵が刻まれた加治免石幢（県文化）がある。

雁坂路と山梨市

④ 石和温泉郷と春日居

笛吹川の流れとともに歩んだ，歴史と温泉の町。古代から近・現代に至る，広範な時代の文化を残す。

大蔵経寺 ㉒
055-262-2100
〈M▶P.52,86〉 笛吹市石和町松本610 P
JR中央本線石和温泉駅 大 15分

絹本著色仏涅槃図を所有
義民島田富重郎の墓も

石和温泉駅から，平等川に架かるループ橋を渡って，国道140号線（秩父往還・雁坂みち）を東へ折れ，ガソリンスタンドを左折すると，大蔵経寺山（715m）の麓に，大蔵経寺（真言宗）がある。養老年間（717～724）に，行基が創建したと伝えられる古寺で，1370（応安3）年に，甲斐国守護武田信成が伽藍を再興した。室町幕府3代将軍足利義満の庶子観道上人を中興開山とし，真言宗に改め，その後松本山大蔵経寺と改称した。

天正年間（1573～92）以降は徳川氏の祈願所となり，甲府城代が毎月17日に当寺の権現堂に参詣し，武運長久を祈願したという記録が残っている。伽藍は1688（元禄元）年と1805（文化2）年の2回の火災で焼失し，現在の建物は天保から安政年間（1830～60）にかけて再建されたものである。同寺の絹本著色仏涅槃図（国重文）は，縦約208cm・横約147cmで，1435（永享

86　笛吹川に沿って

大蔵経寺境内

7)年に、京都東福寺の画僧明兆の弟子霊彩が描いたと裏書にみえる。この涅槃図は、釈迦が80年の生涯を終え、今まさに死んでいく(涅槃)様子を描いたものである。沙羅双樹の下に横たわる釈迦、そのまわりに僧や弟子・庶民・動物などの悲しむ様子が、そして上空には、天上界から迎えにきた釈迦の母摩耶夫人が描かれている。

境内墓地には、大小切税法廃止に反対して発生した大小切騒動(1872年)の際、首謀者として死刑になり、のちに恩赦により名誉回復がなされた義民で、松本村名主の島田富重郎の墓がある。

また、境内墓地の北方の階段をのぼると物部神社がある。物部十社明神ともいい、物部氏の先祖である饒速日命の子可美真手命ほか10神をまつる神社で、『延喜式』神名帳にも記録されている。旧社殿は、1889(明治22)年に拝殿より出火して焼失している。

遠妙寺 ㉓　〈M▶P.52,86〉笛吹市石和町市部1016 P
055-262-2846　JR中央本線石和温泉駅 徒20分

石和温泉駅から南に約800m進み、国道411号線(甲州道中)を左折してすぐの所に、応神天皇・仲哀天皇・神功皇后の3神を祭神とする石和八幡宮と仏陀寺(臨済宗)がある。石和八幡宮は1192(建久3)年、石和五郎(武田信光)が建立したと社記は伝えている。現在の社殿は、1774(安永3)年に建立されたが、2006(平成18)年10月に不審火により焼失した。石和八幡宮の北隣にある仏陀寺は、1269(文永6)年に建立されたと寺記にある。

ここから市部通り沿いに

遠妙寺山門

石和温泉郷と春日居

東に進むと、約100mほどの所に、石和本陣跡と石和陣屋(代官所)跡がある。石和本陣は、1625(寛永2)年頃に、江戸幕府の命によりこの地におかれ、明治維新まで続いた。建物は、1880(明治13)年6月の大火により焼失し、土蔵1棟のみが現存している。

　道路を隔てた南側の石和南小学校が、石和陣屋跡である。石和陣屋は1661(寛文元)年につくられ、明治維新まで続いた。

　石和本陣跡からさらに東へ約100m進んだ、国道137号線(御坂みち)との分岐点に、遠妙寺(日蓮宗)がある。1274(文永11)年に、日蓮上人が弟子の日朗・日向両上人とともに当国巡化したおりに、鵜飼漁翁(平時忠)の亡霊を成仏させるため、河原の小石に法華経全8巻のすべての文字を、1石に1文字ずつ書写して鵜飼川の水底に沈め、施餓鬼供養を営んだ霊場である。このときの「七字の経石」は、寺宝として本堂に安置され、境内には鵜飼堂や供養塔がある。謡曲「鵜飼」はこの縁起によってつくられたともいわれる。

謡曲「鵜飼」発祥の地　石和宿の面影を残す

八田家書院 ㉔

055-261-3342(笛吹市教育委員会文化財課)

〈M▶P. 52, 86〉笛吹市石和町八田334　P
JR中央本線石和温泉駅 🚶15分

県史跡の御朱印屋敷　入母屋造・茅葺きの武家屋敷

　遠妙寺から国道411号線を東に進み、ガソリンスタンドを左折して、木立に向かって北に約200m進んだ所に、八田家書院(県文化)がある。

　八田家は武田氏の蔵前奉行として、年貢の収納・兵糧の輸送を司っていたため、1582(天正10)年3月、織田信長の軍により火がつけられ、一族が居住していた家々は、ことごとく焼失した。同年7月徳川家康が甲斐に入国した際に、家康から特別に万力林の材木を与えられ母屋を造立したが、この建物は1859(安政6)年7月に、笛吹川の洪水のために大破し、取りこわされた。また1601(慶長

八田家書院

6)年には,都留郡富士根の材木を使って書院を構築した。この書院は入母屋造・茅葺きで,安土・桃山時代末期の武家書院様式をよく残しており,当時の格調を保存している。

　八田家の表門は,1661年の石和陣屋(代官所)設置の際,代官の平岡良辰が石和陣屋表門として造立したものを,1874(明治7)年11月に八田家が払下げを受けて,当家の表門としてここに移築したものである。屋敷全体は八田家御朱印屋敷として県の史跡に指定され,その周辺は近年,八田家御朱印公園として整備された。

　旧石和町の南西部にあたる小石和に,成就院(浄土宗)がある。ここは室町時代の甲斐国守護である,武田信重の館があったと伝えられ,信重の死後,1451(宝徳3)年に子の武田信守が,ここに臨済宗の寺院をつくって父の位牌寺とした。のちに1610(慶長15)年頃,僧心誉円通が寺院を復興し,浄土宗に改めた。境内には武田信重の墓とともに,1660(万治3)年頃につくられた閻魔王像・十王像を安置する閻魔堂がある。

　成就院から県道甲府八代線沿いを西へ約150m進むと,河内宮久保の地に,岩裂・根裂の2神と天手力雄命を祭神とする佐久神社本殿(県文化)がある。雄略天皇の時代に創建され,現在の社殿は1862(文久2)年に,宮大工松木運四郎らによって改築された。桁行3間(約5.5m)・梁間3間の三間社流造で,総ケヤキ唐破風造・檜皮葺きであり,江戸時代末期の神社建築のすぐれた特徴をよくあらわしている。

山梨岡神社 ㉕

〈M ▶ P. 52, 86〉 笛吹市春日居町鎮目1692　P
JR中央本線石和温泉駅 🚶 20分

「やまなし」のルーツ　春をよぶ太々神楽

　石和温泉駅から国道140号線を北東に進み,春日居中学校手前を左に折れると,御室山を背にした山梨岡神社がみえてくる。崇神天皇のとき,疫病が流行し,厄払いのため勅命をもって創建されたと伝えられる『延喜式』式内社である。成務天皇のときに,麓のナシの樹を伐り拓いて社を遷し,「甲斐々根・山梨岡神社」と号したため,山梨郡の名がおこったといわれる。境内には,郡石という八代・山梨両郡の境界石もある。この地が鎮目といわれるのは,往古に軍団が群れ集った名残りと考えられる。

石和温泉郷と春日居

山梨岡神社

祭神は大山祇命・別雷神・高龗神である。本殿(国重文)は,一間社隅木入春日造・柿葺きである。神明造(切妻造)の妻に,向拝の軒がつながった形になっている。簡素な素木造で,蟇股の彫刻も見事である。室町時代末期の建立で,飛騨(現,岐阜県)の匠の造立といわれる。

当社で毎年4月4・5日に奉納される太々神楽(県民俗)は,宮中の舞楽に似た神楽である。背景の御室山での,笈形焼きの祭行事も近年復活している。当社を中心に裏山一帯は,県指定の歴史景観保全地区となっている。平安時代中期の歌人能因法師が詠んだ,「甲斐かねに 咲にけらしな 足引きの やまなし岡の 山奈しの花」は,この辺りの風景を詠んだ歌といわれ,県名の山梨も,このやまなしの花に由来するともいわれている。

笛吹市春日居郷土館 ㉖
0553-26-5100

〈M▶P.52,92〉笛吹市春日居寺本170-1 [P]
JR中央本線春日居町駅 🚶12分

春日居の歴史の流れ
女医小川正子の業績も

春日居町駅で降りて,東側の県道下神内川石和温泉停車場線沿いに南下し,笛吹市春日居支所入口を右折した左側に,笛吹市春日居郷土館がある。

笛吹市春日居郷土館は,甲斐国最初の国府がおかれた場所といわれる笛吹市春日居町に,1991(平成3)年に「古代甲斐の里かすがい」をテーマに開館した。館内には寺本廃寺にあったとされる甲斐

笛吹市春日居郷土館

国府の変遷

コラム

古代甲斐国最大の謎 国府の所在地はどこ？

姥塚（笛吹市御坂町）の西方に国衙の条坊跡が広がっており、国衙の地に、国衙跡と書かれた石碑が立っている。

平安時代中期の『和名類聚抄』には、「国衙在八代郡」と記されており、地名などから笛吹市御坂町の国衙の地が比定された。しかし、初期の国府は、白鳳時代の寺院である寺本廃寺や守宮明神などが残る笛吹市春日居町国府にあったといわれる。また、同市一宮町東原・金田付近も有力な比定地の1つである。

また、春日居町国府から、一宮町東原・金田付近に移り、さらに922（延喜22）年以降に、御坂町国衙の地に移ったとする三転説がある。しかし、春日居町国府から御坂町国衙に移ったとする二転説などもあり、いまだ明確になっていない。

律令制下における甲斐国の官道は、東海道から駿河国横走駅（現、静岡県御殿場市）で分岐し、水市、河口（現、富士河口湖町）から御坂峠を経て、加吉（加古）を通って国衙までと設定されていたとされる。しかし、水市駅は山中湖村付近、加吉（加古）駅は笛吹市御坂町上黒駒や同市一宮町市之蔵などが比定されているが、いまだ不明である。

また、甲斐国には4郡（山梨郡・巨麻郡・八代郡・都留郡）がおかれ、その下に31の郷がおかれた。近年、都留郡家の位置が、大月遺跡（大月市大月）であるとの説が出されたが、それ以外は郡家の位置はほとんどわかっていない。また、郷がおかれた地域には偏りがあり、開発地域に差異があったことが認められる。

以上のように、甲斐国の古代史は史料的制約から不明な点が多い。考古学の見地からも、いまだに国府および郡家を特定するような確証は得られておらず、今後の研究の進展が待たれるところである。

国最古の三重塔が、5分の1の縮尺で推定復元されている。総合展示室では、春日居の古代から現代までの歴史と文化の流れが、わかりやすく展示されている。

また特別展示室には、ハンセン病患者救済に生涯をかけた旧春日居町出身の女医・小川正子の業績を長く後世に伝えるため、また手記『小島の春』で文化人としても知られる小川正子の貴重な資料が展示されている。屋外には、晩年、正子が病気療養中に生活した家が、小川正子記念館として移築・復元されている。

春日居町駅周辺の史跡

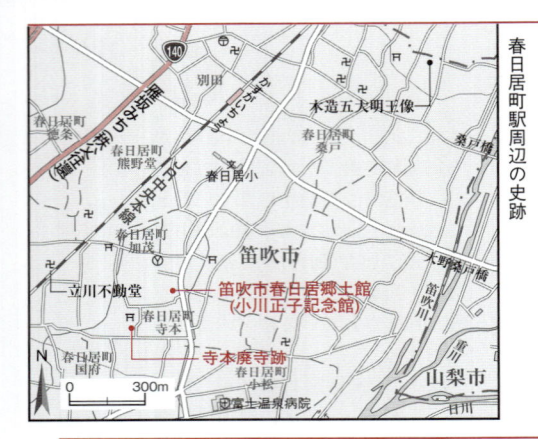

記念館の約450m西方には，木造立川不動明王坐像（県文化）を安置する立川不動堂，北東の桑戸地区には，木造五大明王像（県文化）を安置する桑戸不動堂がある。

寺本廃寺跡 ㉗

〈M ▶ P.52, 92〉笛吹市春日居町寺本256
JR中央本線春日居駅🚶20分

県内最古の古寺跡　巨大な礎石を残す

笛吹市春日居郷土館から南へ徒歩約5分の所に，寺本廃寺跡がある。およそ1300年前の白鳳時代（680年頃）に建立されたといわれる，法起寺式の伽藍配置をもつ，県内最古の寺院跡である。古代，朝廷権力のおよんだ国府寺，または地方豪族の氏寺などの説がある。

1981（昭和56）年からの発掘調査により，三重塔の基壇・金堂跡・講堂跡・南門および中門など，約130m四方の伽藍配置が確認されており，地上にあらわれている塔の心礎をみることができる。遺物として，布目瓦，塑像仏像の破片などが発掘され，出土品は春日居郷土館で展示されている。

寺本廃寺から2kmほど北西の山腹には，行基創設といわれる真言密教の寺院で，最盛期には僧坊千坊の修行僧を誇った長谷寺跡がある。周辺には積石塚など多くの古墳群も残る。山道なので，歩く場合は周到な準備をする必要がある。

寺本廃寺跡（塔心礎）

笛吹川に沿って

❺ 古代文化の宝庫，一宮御坂とその周辺

春はモモの花咲く桃源郷に，多くの古代旧跡が残る。県立博物館や考古博物館は，山梨県の歴史を探る拠点。

浅間神社㉘
あさまじんじゃ
0553-47-0900
〈M▶P.52,93〉笛吹市 一宮町 一ノ宮1684 🅿
ふえふき　いちのみやちょう いちのみや
JR中央本線山梨市駅🚌甲府行一宮経由浅間神社前🚶1分
ちゅうおう　　　やまなしし　　　　こうふ

平安時代創建の甲斐国一之宮
4月15日に例大祭「おみゆきさん」

　浅間神社前バス停で降りると，目の前に浅間神社（祭神木花開耶
姫命）がある。『甲斐国志』には，垂仁天皇8年に，現在の摂社山
ひめのみこと　　　　　　かいこくし　　　　すいにん　　　　　　　　　　せっしゃやま
宮神社の地に鎮座したのが始まりとある。
みや

　『日本三代実録』には，864（貞観6）年に富士山の大噴火があっ
にほんさんだいじつろく　　　　　　じょうがん
たが，これは富士山をまつる駿河国浅間神社の神職の怠慢であると
するが　せんげん
し，北側の甲斐国にも浅間明神をまつる旨の勅があり，翌年に甲斐
国八代郡に浅間神社の祠を建てて官社としたとある。
ほこら

　平安時代には名神大社に列し，『延喜式』式内社となった。なお，
みょうじん　　　　　　えんぎしき　しきないしゃ
『日本三代実録』には，山梨郡にも浅間明神をまつったと記されて
いる。当社はこの山梨郡にまつられた神社であり，のちに郡域の変
更にともない，八代郡になったとする説が有力であるが，異論も多

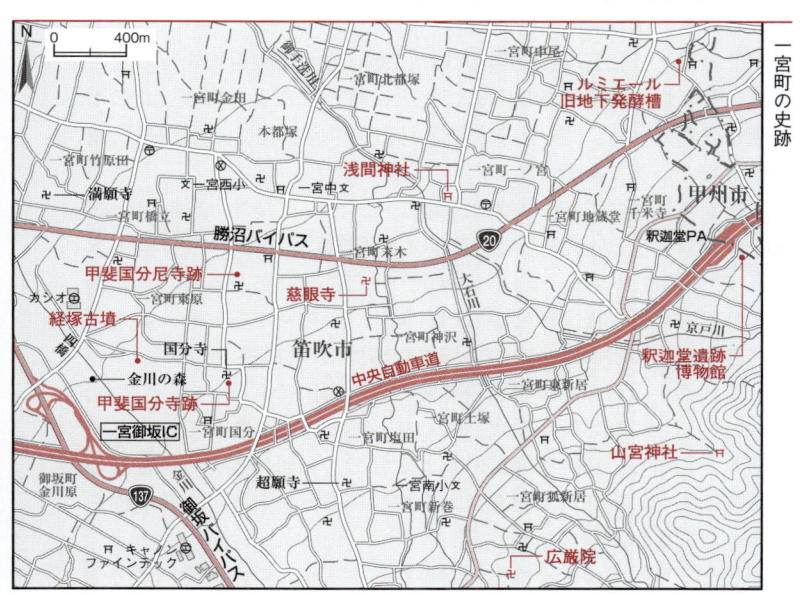

一宮町の史跡

古代文化の宝庫，一宮御坂とその周辺　　93

浅間神社拝殿・神楽殿

い。しかし，国分寺や国衙に近いことから，古くから当社が甲斐国一之宮であったことは，ほぼ間違いないとされている。

中世以降は武将の崇敬を深く受け，戦国時代には，武田信玄が社領・太刀などを寄進し，のちに徳川家康や徳川家光も社領を寄進している。現在の社殿は，宝永年間(1704～11)に造営されたものである。さらに，1871(明治4)年には国幣中社に列せられた。

後奈良天皇の宸翰とされる紺紙金泥般若心経(国重文)は，1550(天文19)年に武田晴信(信玄)が奉納したと伝えられている。ほかにも，国次銘太刀(県文化)などの社宝がある。当社の祭りとして有名な大御幸祭は，俗に「おみゆきさん」の名でよばれ，毎年4月15日に行われる。伝承として，『社記』には，825(天長2)年に淳和天皇が一之宮・二之宮・三之宮の3社に勅して水防の祈願を行ったとあり，それ以来川除け神事として盛大に行われるようになったのが，起源とされている。当社の神輿は，石和・甲府を経て，三社神社(現，甲斐市竜王)まで渡御する。

当社から南東約2kmの神山山麓に，摂社山宮神社(祭神大山祇命・瓊々杵尊)が鎮座している。本殿(国重文)は，一間社隅木入春日造・檜皮葺きで，1558(永禄元)年に武田信玄が再建した。毎年3月15日には，浅間神社から山宮神社への神幸が行われる。この山宮神社の石鳥居前に，かつて36枚の御供田(県民俗)が広がっていた。これは，山宮の清流を引いて耕作した棚田であり，「クナッタ」「ミズタ」とよばれる水田が，鳥居の上にあったとされているものである。しかし，1907(明治40)年の水害で，鳥居付近の古い社家の屋敷跡はすべて流され，現在はカラマツ林などになり，当時の面影はまったくない。

笛吹市一宮町には多くの古社寺が存在するが，町内循環バスの金

沢共選所前バス停で下車し，山に向かって15分ほど歩くと，広厳院（曹洞宗）がある。県内800余りの末寺を総括する甲斐曹洞宗の本山であり，武田氏や徳川氏の庇護を受けていた。「嘉暦二(1327)年」銘をもつ銅鐘（県文化）や，武田家の寄進状などを主とする広厳院文書36点（県文化）などが伝えられている。ほかには，竹原田の満願寺（曹洞宗）に木造十一面観音立像（県文化），塩田の超願寺（浄土真宗）に1580（天正8）年教如が発した矢文である超願寺文書（県文化）などがある。

慈眼寺 ㉙
0553-47-0915

〈M▶P.52,93〉笛吹市一宮町末木336 P
JR中央本線山梨市駅🚌甲府行一宮経由笛吹一宮支所🚶3分

美しい江戸時代初期の鐘楼門 堂宇はすべて国重文

笛吹一宮支所バス停から国道20号線を越えて南へ約200m行くと，慈眼寺（真言宗）がある。本尊に千手観音をまつっている。創建は明らかではないが，室町時代中期に，宥日上人によって中興され，武田家の祈願寺となって栄えた。武田信玄は十間四面の薬師堂を寄進し，仏像や具足などを奉納したとされるが，現存していない。

本寺は1582（天正10）年に，織田信長による兵火で焼失したが，慶安年間（1648〜52），宥真上人によって，現在の本堂・鐘楼門・庫裏（いずれも国重文）が再建された。

本堂は，当初は茅葺きだったが，現在は入母屋造・茅葺き形鉄板葺きの方丈型の建物になっている。本堂と渡り廊下でつながっている庫裏は，茅葺き形鉄板葺きで，正面は入母屋造，背面は切妻造である。鐘楼門は1間1戸の楼門であり，入母屋造・茅葺き形鉄板葺きで，上層に梵鐘を吊る形になっている。また本寺は，江戸時代に甲斐国真言七談林の1つにも数えられた。

ほかには，密教の星供（星祭り）の本尊として用いられた紙本著色星曼荼羅図（県文化），県内唯一の繍経である刺繍法華経（県文化），江戸時代初期に澄然によって描かれた紙本墨書梵字法帖（県文化）

慈眼寺鐘楼門

古代文化の宝庫，一宮御坂とその周辺

などがある。

甲斐国分尼寺跡・国分寺跡 ㉚
055-261-3342（笛吹市教育委員会文化財課）

〈M ▶ P. 52, 93〉 甲斐国分尼寺跡：笛吹市一宮町国分425／国分寺跡：笛吹市一宮町東原 P

JR中央本線山梨市駅🚌甲府行一宮経由笛吹一宮支所🚶10分

礎石が伝える古代のロマン珍しい八角形の経塚古墳

　笛吹一宮支所バス停から，国道20号線を越えて南へ1.5kmほど行くと，甲斐国分尼寺跡（国史跡）がある。国分寺の範囲は国道20号線にまで広がるが，広場として現在整備されている所に，北に講堂跡の礎石12個，南に金堂跡の礎石18個が残っている。南門と中門もあったと推定されているが，礎石はみつかっていない。かつては，堂宇の周囲に，東西約108m・南北約181mにわたって，土塁が築かれていたと伝えられている。

　そこから南へ500mほど行くと，国分寺（臨済宗）がある。寺記によると，甲斐国分寺は1255（建長 7）年に兵火にあって焼失し，永禄年間（1558〜70）に武田信玄が再建したと伝えられるが，それ以前に，すでに再興していたという史料も存在している。また，現在の建物は江戸時代中期のものである。

　この国分寺とその周辺が，甲斐国分寺跡（国史跡）である。寺の楼門の外に塔跡があり，礎石が14個現存している。心礎は東西218cm・南北194cmの巨石であり，柄穴が穿たれており，五重塔だったと推定されている。金堂跡は， 7 間（約13m）× 4 間（約7.3m）の建物だったとされているが，礎石はあまり残っていない。講堂跡には，自然石を調整した25個の礎石が現存している。伽藍配置は諸説あるが，東大寺式との見解が有力である。甲斐国分寺跡・国分尼

甲斐国分寺跡

寺跡ともに奈良時代の古瓦が出土しており，その一部は山梨県立博物館および山梨県立考古博物館に展示されている。なお，甲斐国分尼寺跡・甲斐国分寺跡ともに公園として本格的に整備中であり，今後，完成の予定である。

　国分寺から西に500mほど進んでいくと，森林公園金川の森の中に 経塚古墳（県史跡）がある。国分古墳群の1つであり，県内唯一の八角形の外護列石をもつ古墳である。横穴式石室をもっており，7世紀前半に築造されたと推定されている。

　ほかにも，この地域には四ツ塚古墳群や長田古墳群など，古墳時代後期の群集墳が多数残っている。

釈迦堂遺跡博物館 ㉛
0553-47-3333

〈M▶P.52,93〉笛吹市一宮町千米寺764　P
JR中央本線勝沼ぶどう郷駅🚌甲州市民バス釈迦堂入口🚶15分

縄文時代の大集落跡
日本有数の土偶出土地

　釈迦堂入口バス停で降りて中央自動車道に沿って下り方面へ進むと，釈迦堂遺跡博物館がある。自動車では，中央自動車道勝沼ICを降りたあと，国道20号線を甲府方面に向かって走り，下岩崎交差点を左折して5分ほど行くと，みえてくる。なお，博物館は釈迦堂PAと連絡通路で結ばれており，中央自動車道を降りなくても行くことができる。博物館を含む総面積約4.8km²で，京戸川扇状地のほぼ中央に広がっているのが，釈迦堂遺跡群である。

　この遺跡群は，1980（昭和55）〜81年に中央自動車道の建設に先立って発掘調査が行われた。塚越北A・塚越北B・三口神平・釈迦堂・野呂原の5地区で構成されており，総称して釈迦堂遺跡群とよばれている。旧石器時代・縄文時代・古墳時代・奈良時代・平安時代の遺構や遺物が発見されたが，なかでも縄文時代のものは全国的にも注目を集めた。釈迦堂遺跡出土遺物一括（国重文）は博物館に収

釈迦堂遺跡博物館

古代文化の宝庫，一宮御坂とその周辺

御坂町から八代町の史跡

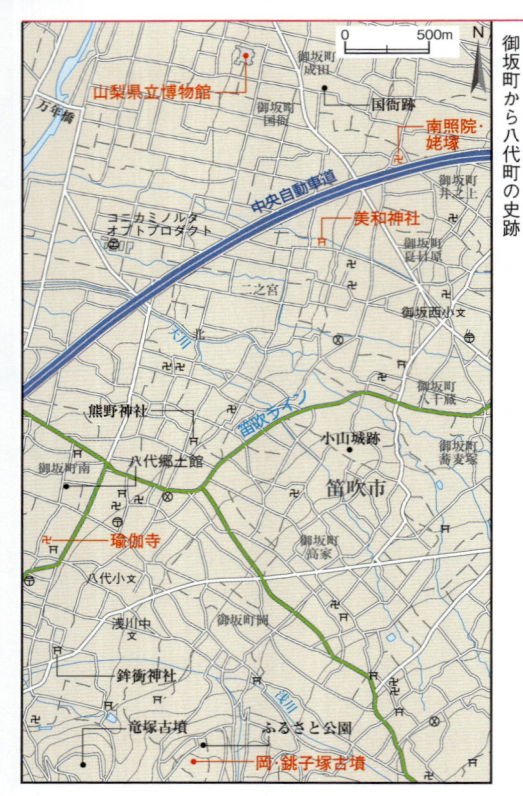

蔵されており、その一部を館内でみることができる。

縄文時代早期〜後期の遺構として255軒の住居跡が存在し、前期および中期の住居跡の一部が、博物館の屋外に復元されている。出土した土器のうち、約1200個が復元されており、とくに中期の土器は出土量が多く、全型式が揃っていることが注目される。

この遺跡群が全国的に有名になったのは、1116個におよぶ土偶(どぐう)が出土したことによる。これは、全国の約1割を占める数であり、ほとんどが中期のものである。製作方法が判明したり、遠く離れて出土した土偶が接合されたりするなど、研究のうえで欠くことのできない資料となっている。

この付近には、千米寺古墳群などの群集墳もあり、勝沼に向かって進むと、1901(明治34)年につくられたルミエール旧地下発酵槽(はっこうそう)(国登録、見学は要予約)や、鎌倉時代末期の作とされる石造地蔵菩薩坐像(さつぞうぞ)(県文化)をみることができる。

山梨県立博物館(やまなしけんりつはくぶつかん) ㉜
055-261-2631

〈M▶P.52, 98〉笛吹市御坂町成田1501-1(みさかちょうなりた) Ｐ
JR中央本線石和温泉駅(いさわおんせん)🚌山梨県立博物館行終点🚶すぐ

山梨県立博物館バス停で降りるとすぐ、山梨県立博物館がある。

98　笛吹川に沿って

山梨県立博物館(外観)と甲府城下町のジオラマ

2005(平成17)年に,「山梨の自然と人」をテーマにした総合博物館として開館した。愛称を「かいじあむ」という。

博物館に入ると,まず「地域インデックス」があり,県内各地の文化財や博物館などの情報が提供されている。さらに,「歴史の体験工房」として,資料を手にできたり,体験プログラムなどを通じて,山梨の自然と人の歴史を感じられるような展示の工夫がなされている。「新世代博物館」を標榜しており,参加体験・交流型の活動を取り入れていることが特徴である。

展示室では,「シンボル展示」「山梨の風土とくらし」「甲斐を行き交う群像」「共生する社会」などの項目ごとに展示がされており,大木コレクションや甲州文庫など,貴重なコレクションも所蔵されている。なかでも,甲州市塩山上於曽の菅田天神社に伝わる小桜韋威鎧兜大袖付(国宝)の複製は圧巻である。

参加体験型の歴史博物館 博物館ネットワークの中枢

姥塚(うばづか) ㉝ 〈M▶P.52, 98〉 笛吹市御坂町井之上941 P
JR中央本線石和温泉駅🚌下黒駒行二の宮🚶5分

二の宮バス停で降りて,東へ300mほど行くと**南照院**(曹洞宗)があり,その境内に**姥塚**(県史跡)がある。6世紀後半の築造と推定される横穴式石室をもつ円墳である。高さ約10m・基底周囲157mの広大な墳丘を有し,石室の長さ約17.5mという巨大な内部構造からも,この時期の古墳としては東日本有数の規模とされる。羨道入口付近の蓋石は何枚か転落したようであり,現在は羨門に1枚が垂直に

姥塚(南照院)

古代文化の宝庫,一宮御坂とその周辺

落ち込んでいる。入口付近の側壁の石も何枚か失われている。天井石は，8枚現存している。

この姥塚には厩戸王(聖徳太子)の伝説があり，王が入甲の際にこの地で愛馬が倒れ，それを葬って御馬塚とし，転訛して姥塚とよばれるようになったといわれる。3月の初午に，馬体安全のための観音祭りが催されている。

美和神社 ㉞
055-262-2618

〈M▶P.52,98〉 笛吹市御坂町二之宮617 P
JR中央本線石和温泉駅🚌下黒駒行夏目🚶10分

東日本屈指の後期古墳 南照院の境内に存在
甲斐国二之宮の名刹 4月3日に太々神楽

夏目バス停で降りて，西へ700mほど進むと二之宮の地域に入ると，甲斐国二之宮とされている美和神社(祭神大物主命)がある。社記には，日本武尊の命により，甲斐国造の塩海足尼が大和御室山(現，奈良県)の大三輪明神を勧請して創建したとある。平安時代初期の様式を備えた木造大物主神立像(国重文)をまつっている。像高約131cm，クスノキの自然木を利用してつくられた一木造の神像であり，写実的な作風が見受けられる。

当社は，886(仁和2)年に国司の橘良基が奏請して甲斐国二之宮の号を下賜され，一之宮の浅間神社(現，笛吹市一宮町)，三之宮の玉諸神社(現，甲府市国玉町)とともに，甲斐国の水防の祭儀を行った。南北朝時代には，一時，杵衝神社と称したこともある。

代々の国主の崇敬も篤く，「天正七(1579)年」銘の武田勝頼の制札や「天正十四(1586)年」銘の徳川家康の制札を始め，社宝も多い。武田晴信・義信父子が，1563(永禄6)年に奉納した板絵著色三十六歌仙図(県文化)，南北朝時代の制作とされる白糸威褄取鎧(残欠，県文化)，室町時代末期の制作とされる朱札紅糸素懸威胴丸佩楯付1領(県文化)などがある。

毎年4月3日に行

美和神社

100　笛吹川に沿って

侠客の系譜

コラム 人

江戸時代末期に侠客の嵐 竹居吃安・黒駒勝蔵らの跳梁

　講談の『天保水滸伝』に登場する黒駒勝蔵・竹居吃安らの侠客は，甲斐国出身の実在の人物である。江戸時代末期の政情不安定ななかで，上野（現，群馬県）の国定忠治や駿河（現，静岡県）の清水次郎長らの侠客が出現した。

　博徒の実像を掴むことは難しいとされるが，2002（平成14）年に竹居吃安といわれた中村安五郎の生家から，大量の古文書が発見され，飛躍的に研究が進展する端緒となった。

　安五郎は，1837（天保8）年におこした暴行事件を機に，博徒の道を進むようになり，博奕そのほかの累犯で，新島（現，東京都新島村）に流刑になった。しかし，2年後の1853（嘉永6）年，島抜けを敢行した。その成功の背景に，黒船来航があったことはいうまでもない。島抜け後，甲州に逃げ，かつての縄張りの地に復活を遂げることになった。堂々と島抜けに成功し，復活を遂げたのは史上で安五郎のみである。

　しかし，1861（文久元）年に捕縛され，その翌年に牢死した。

　なお，2002（平成14）年の史料の発見で，安五郎の識字力の高さが指摘されたことは，従来の博徒像をくつがえす事実であった。

　黒駒勝蔵は，1832（天保3）年に御坂町上黒駒若宮で生まれた。25歳頃から博徒となり，やがて吃安の後見のもと，一家を構えるに至った。

　近代につくられた勝蔵像は，清水次郎長の敵役とされるが，近年の研究で草莽の志を抱いた博徒として見直されつつある。

　勝蔵は黒駒村（現，笛吹市御坂町）の檜峯神社の神主であった武藤外記・藤太とともに，尊王攘夷運動の実行部隊として動き，江戸幕府の追究を受けるようになったものと思われる。戊辰戦争（1868～69年）では，奥羽戦争で活躍した様子などが伝えられている。明治時代になってからは，東京遷都の際に，明治天皇に供奉した。

　その後，兵籍のまま黒川金山（現，甲州市塩山）で，金鉱探しを行ったことで捕縛され，甲府の境町牢に送られた。取り調べの結果，1871（明治4）年に甲府山崎刑場で斬刑に処せられた。

　のちに，博徒は脚色されて民衆のヒーローとなっていったが，その実像は，究明が続けられている途上である。

われる太々神楽（県民俗）は，元禄年間（1688～1704）に始められた。舞は20座からなり，なかでも「大八州の舞」「天降の舞」が有名である。しかし，かつて行われていた潔斎は，現在は行われていない。

古代文化の宝庫，一宮御坂とその周辺

美和神社から下黒駒方面に向かって進むと，国道137号線(御坂路)に出る。その御坂路を富士河口湖町方面に約6km進むと，道場バス停から北300mの所に称願寺(時宗)がある。1292(正応5)年に，他阿真教上人が開創した県内最古の時宗寺院であり，木造他阿真教上人坐像(国重文)がある。

　さらに御坂路を約3km行くと，立沢バス停から北200mの所に，駒木戸口留番所跡があるが，その遺構は明確ではない。そこから約2km進んだ新田バス停から300mの所に，長さ15mほどの御坂路石畳が残っている。旧御坂峠をのぞいて石畳が残っているのは，ここだけである。さらに上黒駒の十郎橋から約5km隔てた神座山中に，檜峯神社(祭神 少彦名命・大己貴命・高皇産霊神・神皇霊神)がある。ここはコノハズク生息地(県天然)であり，環境も良好な神秘の地である。

福光園寺 ㉟
055-263-4395

〈M▶P.52〉笛吹市御坂町大野寺2027 P
JR中央本線石和温泉駅🚌奈良原行二階🚶15分

真言宗甲斐七談林の1つ　吉祥天像は鎌倉時代の傑作

　二階バス停から約1km南東に進むと，大野寺の集落の最奥部に，福光園寺(真言宗)がある。創建の時期は不明であるが，その後の寺の来歴は，『甲斐国志』に記載がある。それによると，1157(保元2)年，大野対馬守重包が賢安上人を開山に迎え，駒岳山大野寺と号したとある。さらに1574(天正2)年に，32世実恵が権僧正に任ぜられたとき，大野寺を山号に改めて，大野山福光園寺と称した。また，三枝氏・橘氏・武田氏からも篤い信仰を受け，江戸時代には，甲斐国真言七談林の1つに数えられる名刹となった。

　本堂に安置されている木造吉祥天及二天像(国重文)は，寺記には運慶の作とあるが，胎内銘には1231(寛喜3)年に，3世良賢を勧進と

福光園寺

して三枝氏や橘氏が中心になり，大仏子(師)蓮慶が造像したとある。座高112cm，内刳りのある寄木造の鎌倉時代の傑作である。脇侍の持国天と多聞天は，ともに像高117cmで，中尊と同じく内刳りのある寄木造である。

　木造香王観音立像(県文化)は，かつて寺門外の観音堂に安置され，本尊の不動明王像とともに行基の作と伝えられてきた。不動明王像は火災で焼失したため，現在は持物の剣のみが残り，観音像は，門外に安置されていたことで火災を免れた。平安時代初期の一木造であるが，宝冠・両手先・足先などを亡失しており，台座と光背は元禄年間(1688～1704)に後補されたものである。本寺の前の道を進むと，民家「荻野家」がある。元文年間(1736～41)に建てられた，甲州型民家とは異なる系統の民家遺構と考えられている。

岡・銚子塚古墳 ㊱

〈M▶P. 52, 98〉笛吹市八代町岡2223-1 ふるさと公園内 P
JR中央本線甲府駅🚌石和経由御所循環永井🚶50分

甲府盆地を望む大パノラマ　整備された古墳公園

　岡地区から銚子ヶ原へと入る道を南東方面へ進むと，八代ふるさと公園がある。現在，公園として整備されているこの丘陵上に，前方後円墳としては，県内でも有数の規模を誇る岡・銚子塚古墳(県史跡)がある。

　1763(宝暦13)年に，副葬品としての銅鏡や鉄刀・玉類が発見された記録がある。その後の発掘調査などで，鉄刀・鉄鏃・埴輪片が発見された。古墳の全長92m，後円部の径48m・高さ7.5m，前方部の幅41m・高さ4mで，周囲に濠がめぐらされ，墳丘上には埴輪が林立していた。粘土槨による竪穴式石室から，4世紀後半の築造で，被葬者はこの地域の支配者層と推定される。

　また岡・銚子塚古墳の北東約50mには，直径23mの盃塚古墳があり，現在は

岡・銚子塚古墳

古代文化の宝庫，一宮御坂とその周辺

この周辺が古墳広場として整備されている。どちらの古墳も墳丘上までのぼることができ，墳丘上からは，甲府盆地がパノラマのように一望できる。さらに岡・銚子塚古墳の西側約500mにある竜安寺山丘陵部には，方墳の竜塚古墳(県史跡)もある。近くの永井地区の古柳塚古墳出土品(県文化)は，6世紀末から7世紀にかけてのもので，武具・馬具などに高い水準の技巧が施されていて，この地方に首長層の勢力があったことが推測できる。

周辺には古くから集落が存在し，古寺も多い。永井地区の瑜伽寺(臨済宗)はもと真言宗で，8世紀の開創とされ，平安時代の様式をもつ木造如来形坐像(県文化)と，江戸時代初期の作と考えられる木造十二神将立像(県文化)が安置されている。北地区の熊野神社所蔵絹本著色熊野曼荼羅 附 桐箱(県文化)は，室町時代の古仏画である。米倉地区には，岡の式三番(県民俗)とよばれる人形芝居があり，明治時代末期に途絶えていたものが近年復活した。かつての人形芝居の用具は鉾衝神社に保存されている。

また，武田氏にゆかりの深い広済寺(臨済宗)のある奈良原地区を抜け，芦川・大石峠を経て，静岡へ通じる古道がある。この道は，日本武尊の子，稚武彦の名にちなんで，若彦路という。

永井地区から南西に行った境川町大坪の実相寺(臨済宗)には，鎌倉時代初期のものとされる版本大般若経(県文化)がある。

山梨県立考古博物館と銚子塚・丸山塚古墳 ㊲
055-266-3881

2基の古墳から古代の甲斐を探る山梨県の考古学の拠点

〈M▶P. 52, 106〉甲府市下曽根町923
JR中央本線甲府駅🚌中道橋経由豊富行県立考古博物館🚶1分

中央自動車道甲府南ICを降りて甲府方面に右折すると，左手に山梨県立考古博物館がみえてくる。山梨県埋蔵文化財センターも併設されており，山梨県の考古学研究の拠点である。ここに所蔵される，甲州市塩山の殿林遺跡から出土した深鉢土器(国重文)は，縄文時代中期の土器で，口縁部は連弧文を重ね，胴部は縦に条線が走り，その外側に曲線が弧を描いており，均整のとれた形である。

また，笛吹市境川町にある一の沢遺跡出土品(国重文)が，一括して所蔵されている。一の沢遺跡は，1982(昭和57)年以降の発掘調査

の結果，甲府盆地を代表する縄文時代中期のムラの跡を中心とする遺跡であることがわかった。ここで出土した縄文土器や石器などのうち，深鉢形土器・浅鉢形土器・有孔鍔付土器などの土器25個，土偶・耳飾などの土製品44個，磨製石斧・打製石斧・石鏃（矢じり）・磨石・石皿など，石製品107個の合計176点が国の重要文化財に指定された。縄文土器のうち，深鉢形土器は大きな把手と屈折した器体を特徴とする，いわゆる「トロフィー形」で，ほかにも，イノシシやヘビを立体的に抽象化した文様で装飾された土器などが多数ある。これらは，狩猟を中心とした当時の人びとの生活を推測できるところから，高く評価されている。

考古博物館の裏手には，前方後円墳の大丸山古墳，また西側には，巨大な2基の古墳がある。銚子塚古墳と丸山塚古墳である。銚子塚古墳（国史跡）は，4世紀後半に築造された県内最大の前方後円墳であり，全長は169m，後円部の基底径は85m・頂上径12m・高さは17mで，前方部は東端の幅63m・高さは7m。竪穴式石室で，木製の棺の周囲に割石を積み上げてある。副葬品は鏡5，硬玉製・碧玉製各1，水晶製4の勾玉計6，碧玉製管玉150，石釧6，杵形石製品2，鉄刀3，剣3，鉄斧3，鉄鏃片，貝輪などが出土した。

銚子塚古墳の北東約80mに，5世紀前半に築造された円墳の丸山塚古墳（国史跡）がある。直径71m・高さ11m，周囲に濠をめぐらし，墳丘などから埴輪が出土した。竪穴式石室で，割石・円礫材などを持送式に積み重ねてつくられている。1907（明治40）年に鏡などの副葬品が発見された。これら2基の古墳は，鏡・埴輪などの副葬品からみて，畿内のヤマト政権となんらかの関係があると推測できる。

古代文化の宝庫，一宮御坂とその周辺

考古博物館周辺の史跡

　さらに曽根丘陵とよばれるこの辺りには，数多くの遺跡がある。考古博物館の南の丘にある，弥生時代末期の上の平遺跡は，大小120もの方形周溝墓群で，東日本では最大規模である。現在は史跡公園「甲斐風土記の丘・曽根丘陵公園」として，整備されている。また近隣の米倉山には，県内最大とされる前方後方墳の小平沢古墳がある。

　山梨県立考古博物館から国道358号線を精進湖方面に進み，峠にさしかかる手前で右方向に進むと，右左口に入る。ここは中道往還の宿場の1つであった。

　中道往還は，甲府を起点として，右左口峠を越えて静岡へ至る古道である。山梨と静岡を結ぶ3つの道のうち，御坂を越える若彦路と，富士川沿いの河内路の間に位置するところから，右左口路は中道往還と称され，物資の輸送路であった。とくに高冷地で距離も短いことから，魚貝類の運搬がなされたという。

　中道橋から上曽根に入ると，中央自動車道の高架橋の南に一里塚があり，その先の右左口には宿という地名も残る。右左口村は武田氏滅亡後，甲斐に入国した徳川家康に協力したことから，朱印状が与えられ，免税の特権を得ている。宿の入口から峠をめざす旧道は，昔の面影をとどめている。宿区にあった右左口の人形芝居のかしらほか用具一式（県民俗）は，現在山梨県立博物館が所蔵している。

　なお，国道358号線を右左口と逆の左側に入った藤垈の智光寺（曹洞宗）には，木造虚空蔵菩薩坐像（県文化）が安置されている。また，右左口にある円楽寺（真言宗）には，サクラの一木造の木造役行者及び二鬼像（県文化），足利尊氏の弟直義による，国ごとの祈願所の旧跡である心経寺地区の安国寺（曹洞宗）には，鎌倉時代の寄木造の木造釈迦如来坐像（県文化）がある。

甲府市とその近郊

Kōfu

太良峠から望む甲府盆地

甲府駅前の信玄公像

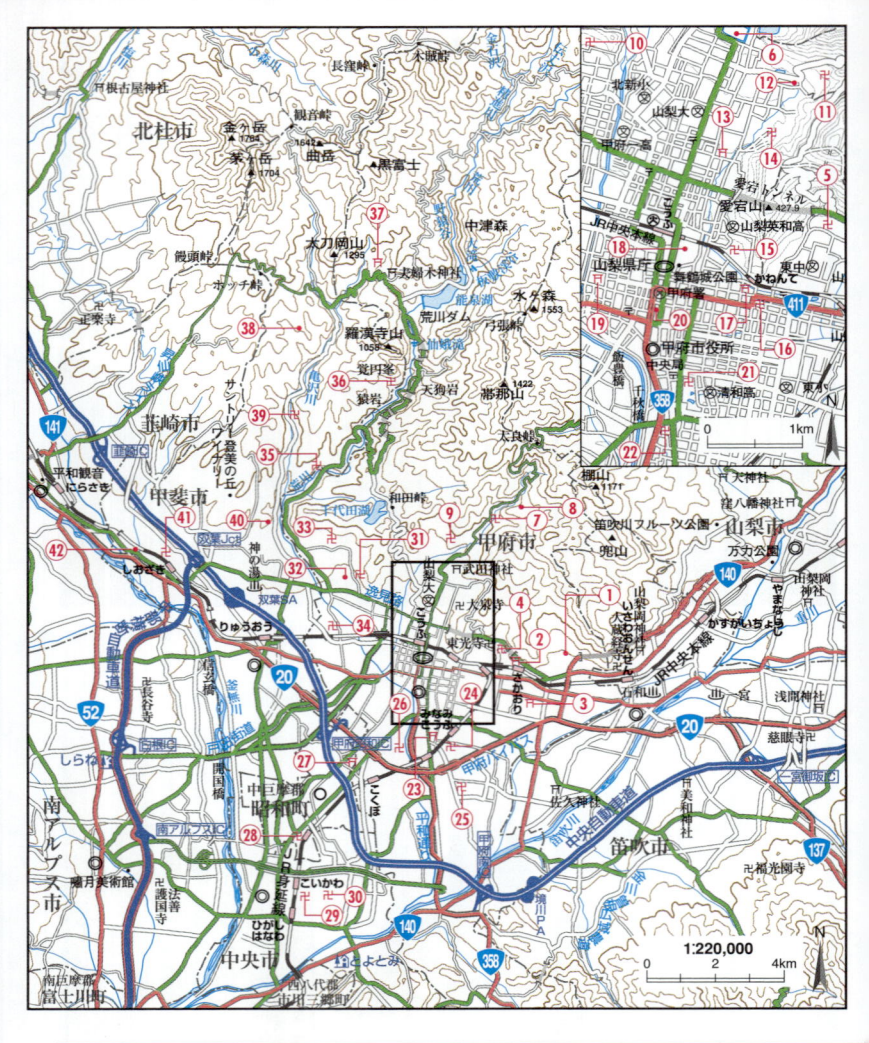

①横根・桜井積石塚古墳群	⑥武田氏館跡	⑫武田信玄火葬塚	⑱甲府城跡
②酒折宮	⑦積翠寺	⑬八幡宮	⑲穴切大神社
③玉諸神社	⑧要害城跡	⑭大泉寺	⑳徽典館跡
④善光寺	⑨恵運院	⑮長禅寺	㉑一蓮寺
⑤東光寺	⑩法泉寺	⑯尊躰寺	㉒遠光寺
	⑪円光院	⑰甲斐奈神社	㉓住吉神社

◎甲府市周辺散歩モデルコース

1. JR中央本線・身延線甲府駅_10_長禅寺_30_能成寺_15_東光寺_10_善光寺_15_酒折宮_5_JR中央本線酒折駅

2. JR中央本線・身延線甲府駅_15_武田氏館跡_15_円光院_5_武田信玄火葬塚・河尻塚_15_大泉寺_5_八幡宮_15_JR甲府駅

3. JR中央本線・身延線甲府駅_20_塚原バス停_10_恵運院_20_積翠寺_5_要害山登山口_30_要害城不動曲輪_10_要害城主郭_20_要害山登山口_30_武田氏館跡_15_JR甲府駅

4. JR中央本線・身延線甲府駅_3_甲府城跡_15_甲斐奈神社_5_尊躰寺_15_徽典館跡_10_穴切大神社_30_一蓮寺_15_遠光寺_15_JR甲府駅

5. JR中央本線・身延線甲府駅_20_湯村温泉バス停_3_塩沢寺_5_加牟那塚古墳_20_青松院_20_桜橋バス停_3_常説寺_20_天神森バス停_30_羅漢寺_20_御岳昇仙峡(覚円峰)_20_金桜神社_15_久保バス停_3_天沢寺_10_牛句バス停_10_旧金桜神社石鳥居_35_JR甲府駅

㉔入明寺
㉕仁勝寺
㉖義雲院
㉗義清神社
㉘妙福寺
㉙歓盛院
㉚永源寺
㉛塩沢寺
㉜加牟那塚古墳
㉝青松院
㉞立本寺
㉟常説寺
㊱羅漢寺
㊲金桜神社
㊳上菅口・下菅口の郷倉
㊴天沢寺
㊵旧金桜神社石鳥居
㊶光照寺
㊷船形神社石鳥居

① 甲府市東部を歩く

甲府市東部には，積石塚古墳群など古代史にかかわる遺跡，善光寺や東光寺など武田氏にゆかりの深い寺院がある。

横根・桜井積石塚古墳群 ❶

〈M ▶ P. 108, 112〉 甲府市横根町・桜井町
JR中央本線酒折駅🚌山梨英和大学方面行山梨英和大学🚶20分

渡来人の築造が推測される有数の積石塚古墳群

横根町積石塚古墳群第9号墳

酒折駅から国道411号線に出て，駅入口バス停からバスに乗り，山梨英和大学バス停で下車。きた道を3分ほど戻ると，道路脇に甲府市教育委員会設置の横根・桜井積石塚古墳群案内図がある。案内に従って7分ほど歩くと，八人山(572m)の麓に着き，ここから山腹に広がるぶどう園内の農道を5分ほどのぼると，雑木林になる。さらに進んで沢に架かる小さな橋を渡った梅林中に，4基の積石塚がある。横根・桜井積石塚古墳群142基のうちの，第9～11号墳・第80号墳である(標識あり)。人頭大の石を中心に，大小の礫を積み上げて墳丘とした，盛土墳とは異なる積石塚古墳の形態がよくわかる。標高300mを超す山腹に位置する積石塚の眼下には，甲府市東部から笛吹市石和町にかけての地域が広がる。そこは古代の山梨郡表戸郷の地である。

甲府市東部の北側山麓に点在する142基の積石塚。その数は長野市松代町の積石塚古墳群につぐといわれる。これまでの調査・発掘から，墳丘規模は直径10mを超すものが最大で，5～8mが平均的であること，円墳で横穴式石室が多数を占めることが明らかになった。また，金環・土師器・須恵器・鉄鏃・ガラス玉などが出土しており，出土品から，築造年代は6世紀に遡ることが判明している(5世紀との見解もある)。

積石塚が盛んに築造されたのは、朝鮮の高句麗である。古代の東国には朝鮮からの渡来人が多数生活し、文化や産業の発展に寄与したことが明らかにされている。表戸郷は、寺本廃寺や甲斐国分寺などの瓦を生産した場所であった。積石塚古墳を築造したのは、瓦の生産に従事した渡来系工人集団との理解が成立する。

以上の渡来人説に反対する見解が環境自生説で、積石塚古墳と渡来人との関係を否定する。安山岩の土石流が各所におびただしい数の礫を集積しているこの地域が、積石塚古墳の築造に適した場所であること、そして、より標高の低い地域に直径23mを超える規模の円墳の盛土墳が築造されていることから、積石塚古墳を、盛土墳被葬者に従属する形で墓域を営んだ人びとの墓と考えるのである。積石塚古墳を営んだのは誰なのか、その結論はまだ出ていない。

酒折宮 ❷

055-231-2690

〈M▶ P. 108, 112〉甲府市酒折3-1-13
JR中央本線酒折駅 🚶 5分

ヤマトタケルノミコトの物語の地

酒折駅を出て右に折れ、小道を線路に沿って西に進み、JR中央本線の踏切を渡った正面の森が、倭建命（日本武尊）を祭神とする酒折宮である。『古事記』と『日本書紀』が伝える倭建命（日本武尊）の東征経路や事績には異同があるが、甲斐国「酒折宮」に滞在したことは共通する。

倭建命の物語は、ヤマト王権による国内統一の過程を高貴な1人の英雄の悲劇に仮託した、『記紀』のなかでもっともロマンにあふれる部分である。「酒折宮」は命の行宮の地。命によせる人びとの想いが「酒折宮」を求めることになっても不思議ではない。

江戸時代に入って俳諧が隆盛すると、「酒折宮」はまず連歌濫觴の地として注目される。「酒折宮」における命と御火焼の老人との歌のやりとり（命が「新治 筑波を過ぎて 幾

酒折宮

甲府市東部を歩く　111

酒折駅周辺の史跡

夜か寝つる」と歌ったところ，火たきの老人が「かがなべて　夜には九夜　日には十日を」と下の句を詠み継いだ）が，筑波の道＝連歌の始まりとされたからである。1686（貞享3）年，俳人大淀三千風が鎌倉から富士山を経て甲斐に入り，酒折を訪れている。

『柳子新論』を著して尊王斥覇の立場から，幕藩体制を批判した山県大弐が，1762（宝暦12）年に師の加賀美光章らとともに社殿を造営し，「酒折祠碑」を建立した。碑文は，この地が「酒折宮」の旧址であるとし，「景仰の至りにたへず」と記す。山県大弐ら尊王論者が，弾圧・処刑された明和事件がおきたのは，それから4年後（1766〈明和3〉年）のことである。

1791（寛政3）年本居宣長は，甲州在の高弟萩原元克の依頼により「酒折宮寿詞」を撰文するが，のちに寿詞の碑を建立することを「何とやらん心よからず」として断る。それから40年以上ののちの1839（天保10）年に，「酒折宮寿詞」は平田篤胤の書による碑となり，庭前に立つ。

木立のなかのこじんまりした社は，地域の人びとの産土神としても信仰を集めている。なお，酒折宮の裏手には，甲斐国に春の訪れを告げる梅園として著名な不老園がある。

玉諸神社 ❸

〈M ▶ P. 108, 112〉甲府市国玉町
JR中央本線酒折駅 🚶 10分

甲斐国三之宮の伝統を伝える

酒折駅を出て国道411号線を東に100mほど進むと，山梨学院大学西の信号に至る。信号を渡り，大学に沿ってオクトーバー通りを南

112　甲府市とその近郊

玉諸神社

進，十郎橋を渡るとすぐに，右手にスギの木立がみえてくる。大国玉命を祭神とする玉諸神社である。

神社の由緒は，倭建命が「酒折宮」に滞在していたとき，甲斐国の中央に適地を選び，国の静謐のために神をまつり，1粒の宝玉を埋め，その上に1株のスギを植えた地と伝えている。1165(永万元)年の「神祇官諸社年貢注文」にも国玉社の名でみえ，甲斐国三之宮として，国司の勧農行事の一端をになったことが推定される。

そうした古代の行事を御幸祭りとして復活させたのが，武田信玄(幼名太郎，元服後は晴信，39歳で出家した以後は信玄と名乗る，本章では信玄で統一)である。

江戸時代の御幸祭りは春と冬の2度行われ，春の祭りは4月第2の亥の日に行われた。この日に，一之宮・二之宮の神輿と三之宮の神馬が，騎馬の神主を始めとする多数の供奉の者とともに，盆地を横断する。甲府の一蓮寺前には桟敷が設けられ，勤番士たちの歓待を受け，その後，竜王を経て釜無川に近い三社神社に至り，川除け(水防)の神事を行った。明治時代初期まで続いたこの行事は，祭りを境に御幸かたびら＝単物を着始める，蚊帳を吊り始めるといった形で，人びとの暮らしの節目となっていた。

社殿は武田氏滅亡の際(1582〈天正10〉年)の兵火で焼け，徳川氏によって再興された。以来，400年を経過した2004(平成16)年3月，拝殿・幣殿が改築された。

なお昭和時代初期には，市内荒川で行われるようになっていた神事も絶え，現在は玉諸神社のみで，毎年4月の第2日曜日に，例祭「おみゆきさん」として，地域の人びとによってとり行われている。

善光寺 ❹
055-233-7570

〈M ▶ P.108, 112〉甲府市善光寺3-36-1 P
JR身延線善光寺駅 🚶10分

善光寺駅から国道411号線に出て石和方面に向かい，善光寺入口

善光寺金堂

信玄の信濃攻略の歴史を映す寺

の信号を左折すると参道となり、JR中央本線のガード越しに善光寺(浄土宗)金堂の屋根がみえる。

　武田信玄の信州攻略も、1553(天文22)年の川中島の合戦以後、善光寺平をめぐる上杉謙信との激戦になるが、1557(弘治3)年の合戦で、武田方が善光寺および戸隠付近を掌握し、北信の大部分を支配下においた。翌年、信玄は善光寺の本尊阿弥陀如来を始め、寺宝・梵鐘、一山の僧俗を甲州に移し、参道と門前町まで信濃とほぼ同規模の地割りを行って、板垣の里に伽藍の造営を開始した。甲斐善光寺の始まりである。国中の貴賤・男女がこれを慶賀し、1565(永禄8)年には本尊が入仏、1568年には七堂伽藍が整ったという。

　しかし武田氏の滅亡が、甲斐善光寺に転機をもたらす。本尊阿弥陀如来は美濃(現、岐阜県)・尾張(現、愛知県)などへとめまぐるしく遷座し、1597(慶長2)年には、京都の豊臣秀吉のもとに送られる(慶長3年、信濃に帰座)。以後は、前立仏を本尊として法灯を守り、浄土宗甲州触頭、徳川家位牌所として勢力を誇るが、1754(宝暦4)年の大火で全伽藍を焼失した。

　現在の金堂(国重文)は、30年におよぶ工事の末、1796(寛政8)年に完成した。善光寺建築に特有の撞木造の屋根は、本堂の横棟に礼堂の竪棟が連結して撞木の形(丁字型)をしており、全面に裳階がある。桁行38.15m・梁間23.06m・高さ26.06mの東日本有数の木造建築物であり、堂々たる景観をみせている。

　金堂より早く完成したとされる山門(国重文)は重層の楼門で、桁行16.88m・梁間6.75m・屋根幅22.9m・棟高15m。和様と唐様を折衷した建造物で、正面は扉なしの通路、両脇には仁王像がまつられている。

　金堂正面の厨子(国重文)に安置されている本尊銅造阿弥陀如来及

甲府の地場産業

コラム

産

宝石の町甲府
類をみない皮革工芸品甲州印伝

　善光寺金堂を出て脇を通る道路を北に向かって歩くと、ほどなく左側に山梨県地場産業センター「かいてらす」がある。地場産業を代表する品々（研磨宝飾品・甲州印伝・ワイン・甲斐絹など）が展示・販売されており、2階にはレストランも併設されていて、歴史散歩の途中に立ち寄る休憩場所、みやげ品の購入場所として最適である。

　甲府の地場産業として、まずあげなければならないのは、研磨宝飾業であろう。甲府市北部の金峰山一帯は、古くから良質の水晶の産地として知られ、江戸時代には、近在の農民にとって、水晶が貴重な現金収入源となった。京都から水晶の買い付けにきていた玉屋弥助により、御岳村（現、甲府市）の金桜神社の神官に、研磨の技術が伝えられたのが天保年間（1830～44）のことであり、その後同村に玉磨きの職人集団が形成された。需要の増大とともに、甲府の商人も御岳から職人を雇い入れて加工するようになり、幕末期には3軒の水晶細工業者が知られる。

　明治30年代に入ると、御岳の職人があいついで甲府市内に移住し、製造戸数・生産価格が伸びた。その背景には、水晶行商人の活動とカタログを用いた通信販売があった。以後、つぎつぎと新しい加工技術が開発され、さらに水晶の研磨業と宝飾業が「水晶をくり抜いてつくった指輪の内側に、金の輪を入れる」といった形で結びつき、研磨宝飾業としてともに発展した。現在、山梨県の研磨宝飾品は全国シェアの30%余りを占める。

　シカのなめし革に漆で模様を施した細工品である甲州印伝は、甲府盆地の夏の高温多湿な気候条件が、漆の乾燥に好適であることと、甲州が漆・鹿革の産地であったことから成立したものである。19世紀を迎える頃には甲州印伝とよばれるようになり、1854（安政元）年刊の『甲府買物独案内』には、八日町印傳屋友七など3店と袋物細工所6店を載せている。

　ワインについては、1870（明治3）年頃、甲府の詫間憲久・山田宥教の2人により、大量のワインが醸造され、それが国産ワインの第1号であった。

び両脇侍立像（国重文）は、信濃善光寺の前立仏として参詣者の祈りの対象となってきた仏像であり、阿弥陀如来は像高147.2cmと等身大で、鎌倉時代の「建久六（1195）年」の銘をもつ。ほかに2組の木造阿弥陀如来及び両脇侍像（ともに国重文）が安置されている。浅野長政が甲斐国主のときに、国内2寺の本尊を動坐したものであり、

どちらも藤原時代末期の定朝様式の寄木造，漆箔を施した坐像である。所蔵する灯籠仏は，江戸時代初期に出現し，熱狂的な信仰の対象とされたが，1873(明治6)年県令藤村紫朗により，仏像をもって吉凶を卜するとして礼拝が禁じられた仏像である。

　善光寺には，1313(正和2)年鋳造の梵鐘，1319(文保3)年造立の源頼朝像など，信濃善光寺に由来するものを始め，国の重要文化財5件，山梨県指定文化財4件，甲府市指定文化財8件など多数の文化財を有し，その一部は宝物館で公開されている。また1591(天正19)年甲斐の国主となり，1593(文禄2)年，朝鮮出兵中釜山で病没した加藤光泰の墓が，金堂裏手の墓地の一角にある。

東光寺 ❺
055-233-9070
〈M▶P.108, 112〉甲府市善光寺3-7-37　P
JR身延線 金手駅 🚶20分

中世禅宗様建築の仏殿
諏訪頼重・武田義信最期の地

　東光寺(臨済宗)は善光寺から西へ約400mの距離にあり，愛宕山の東の裾に位置している。善光寺金堂前の駐車場から，道路を挟んだ反対側に西に入っていく道路がある。この道を西に住宅街を6分ほど歩き，案内板に従って右折すると東光寺である。

　寺伝は，新羅三郎義光により1121(保安2)年に開創された，興国院をその前身と伝える。仏殿に安置されている十二神将像のうちの毘羯羅神像の頭部内側に，「弘長二(1262)年一月五日」の墨書銘があり，鎌倉時代中期頃まで密教寺院として存続していたことが推測される。興国院が大きな転機を迎えたのが，北条時頼の下で鎌倉に宋朝禅の道場建長寺を建て，わが国における禅宗興隆の基を開いた蘭渓道隆(大覚禅師)の2度にわたる入峡である。1度目は，1268(文永5)年から1270年であり，禅を広める絶好の機会とした道隆により，このとき興国院は改宗され，興国禅寺として開創

諏訪頼重・武田義信五輪塔

甲府の戦後

コラム

甲府空襲
高度経済成長と甲府

　1945(昭和20)年7月6日深夜，131機のアメリカ軍機が甲府をおそった。2時間ほどの間に970t余りの焼夷弾が投下され，甲府市街はまたたく間に炎に包まれ，69％の家屋が焼失し，湯田地区の427人，琢美地区の191人など総計1127人の犠牲者が出た。城下町の風景は跡形もなく消え，焼け野原と化した。疎開していた太宰治もこの空襲に遭い，近所の小学校に避難している。

　空襲後，甲府を人口2～3万人の農耕都市とする計画が立てられ，市民はバラック小屋を建て，乏しい食料で飢えをしのぎつつ，焼け跡の片づけに汗を流した。野草を挽く製粉所が繁盛するほどであった食糧事情は，敗戦後さらに悪化し，人びとは深刻な食糧危機に直面した。衣食住のすべてが極限状態のなかで，戦後復興の歩みが始まった(1945年11月の人口，8万2515人)。

　それから75年。日本史上でも「激動の時代」とされる時間が経過した。とりわけ高度経済成長の時代は，弥生時代や南北朝時代と同様の，社会変動の激しい時代と評価される。甲府も激しい変動の波にさらされて，現在に至っている。工業の中心であった繊維・食品・家具といった軽工業は激減し，農業の衰退とあいまって，甲府市は物的生産都市としての性格を急速に失った。

　人口のドーナツ化現象が進み，昔からの市街地の人口は減少，1986年の20万1364人を最高に，甲府市の人口も減少に転じた。小売商業機能の県内各地への分散も手伝って，賑わった中心街の人通りは目立って減少した。景観的にも，市街地周辺に広がっていた桑園や水田が姿を消す一方，住宅地が広がり，周辺町村と甲府を隔てるものはない。

　高度経済成長のもたらした社会変動は，甲府に江戸時代以来保ってきた，盆地経済の中心としての高い拠点性の喪失をつきつけ，あらたなありようの構築を迫っているようである。そして，その課題にこたえようとする動きがすでに始まっている。

　2005(平成17)年6月，中心部の桜町通りに芝居小屋「桜座」が復活した。「活気溢れる文化薫る場所」の実現を目指す桜座は，甲府町人のはぐくんできた文化の伝統に連なる，あらたな市民の動きである。

されたのである。東光寺は，1271年のものと推定される蘭渓道隆書簡(県文化)を所蔵する。その後，七堂伽藍を備え本山級の寺観を整えた興国禅寺は，甲斐国禅界の中心的名刹として重きをなし，東光

甲府市東部を歩く

寺と改名、北条高時（たかとき）により五山十刹（ござんじっさつ）につぐ禅寺の位、諸山（しょざん）に列せられた。

その後、信玄は諸堂を再建するとともに、東光寺を甲府五山に列した。信玄は、諏訪（すわ）への進攻作戦で、和談に応じて開城した諏訪頼重（しげ）と、駿河進攻に反対して対立した武田義信（よしのぶ）の2人を東光寺に幽閉した。頼重・義信ともこの地で最期を迎えた。本堂裏手の墓地の一角に、2人の五輪塔が並んで立っている。東光寺はその後武田氏と運命をともにする。時の藍田和尚（らんでんおしょう）は、多くの僧とともに恵林寺（えりんじ）山門の火に焼かれ、東光寺の伽藍（がらん）は織田（おだ）軍により放火され、その大部分を焼失した。

江戸時代に入って、古くから信仰を集めてきた稲積国母地蔵堂（いなづみこくぼじぞうどう）が境内に移され、さらに柳沢（やなぎさわ）氏が甲府藩主になるにおよんで、復興が本格的に進んだようである。とくに、1710（宝永（ほうえい）7）年に国入りした柳沢吉里（よしさと）の帰依は厚く、男子2人の墓が東光寺にある。

本堂の北側に、県名勝に指定されている庭園がある。1986（昭和61）年に庭園の復元整備工事が行われ、その全貌が明らかになった。雄大な石組中心の池泉（ちせん）観賞式庭園で、最大の見どころである正面枯（かれ）滝（たき）は、鯉魚石（りぎょせき）が用いられた竜門瀑（りゅうもんばく）の石組で、3段からなる池泉は全体が統一されて、竜の形をした竜池（りゅうち）表現がとられている。作庭年代は興国禅寺開創期と推定され、江戸時代の改修も確認されている。

東光寺仏殿（国重文）は、織田軍放火の際に焼け残り、さらに1945（昭和20）年7月のアメリカ軍による甲府空襲で、本堂・書院・庫裏（くり）など中心部が焼けるなかで、再び奇跡的に難を逃れた建物である。中世の禅宗様建築の姿をとどめており、桁行3間（約5.5m）・梁間3間、一重裳階付きの入母屋造・檜皮葺（ひわだぶ）きである。堂内には、木造薬師（やくし）如来坐像（県文化）と木造十二神将像（県文化）が安置されている。

なお、東光寺を出て、きた道をさらに西に5分ほど歩くと、甲府五山の1つ能成寺（のうじょうじ）（臨済宗）に至る。能成寺は南北朝時代に八代村（現、笛吹市八代町）に創建され、信玄により西青沼村（現、甲府市）に移された寺である。

② 武田氏館跡を中心に

信虎・信玄・勝頼3代の領国経営の中心，武田氏館。館跡を中心に，武田氏にまつわる史跡・寺院を訪ねる。

武田氏館跡 ❻ 〈M▶P.108, 119〉 甲府市古府 中町2611 P
JR中央本線・身延線甲府駅🚌武田神社行終点🚶1分

武田氏の拠点 全国屈指の戦国大名館跡

　1492(明応元)年は，『勝山記』に「甲州乱国ニ成始ル也」と記され，守護の地位をめぐる武田信縄と弟の油川信恵の争いが，在地領主らを巻き込んで甲斐国争乱となった年である。この争乱の最中に武田信虎は川田館に生まれ，父信縄の死んだ1507(永正4)年，

甲府駅北部の史跡

武田氏館跡を中心に　119

わずか14歳で守護職を相続する。翌年、叔父の信恵を滅ぼすと、以後、一族や在地領主層の制圧に邁進し、26歳のとき領国統一の拠点を求めて、居館の移転を図った。その地が、甲府盆地の北端、相川扇状地の開析部に位置し、三方に山を負い、南に盆地を一望のもとに収める、躑躅ヶ崎であった。

1519年8月、この躑躅ヶ崎で館の築造にかかり、年末には移転した。以後、勝頼が新府城（韮崎市）を築造するまでの3代60余年にわたって、戦国大名武田氏の領国支配の中心となった。武田氏滅亡（1582〈天正10〉年）後、徳川家康は北条氏との緊張状態のなかで、家臣平岩親吉に武田氏館を修築・整備させているが（1590〈天正18〉年）、一条小山の地にあらたに甲府城が築造されるにおよんで、その役割を最終的に終えた（1600〈慶長5〉年）。

武田神社バス停で降り、横断歩道を渡ると武田神社（武田氏館跡）入口である。武田氏館跡（国史跡）の主郭部は、堀と土塁によって画された2町（約218m）四方の方形であり、東に大手が設けられ、土橋を渡った正面に馬出が築かれていた。ここには主殿・常の間などが建てられ、政庁として機能した。主郭の西に、堀を隔てて東西1町（約109m）、南北2町の西曲輪がある。信玄の嫡男義信が、今川氏の娘を娶るにあたって増設されたものと推定されており、後継者の居館としての役割をになう、南北に枡形虎口が整備されていた。

2つの郭の北側には、味噌曲輪、稲荷曲輪、御隠居曲輪など、軍事的性格の薄い曲輪がおかれていた。郭跡からは中国製磁器などが出土し、庭園跡も確認されている。史跡整備のための調査で、大手門外に三日月堀跡が発掘されるなど、その全容はいまだ明らかではないが、全国的にみても、最大規模を誇る館跡との評価はくつがえることはないであろう。

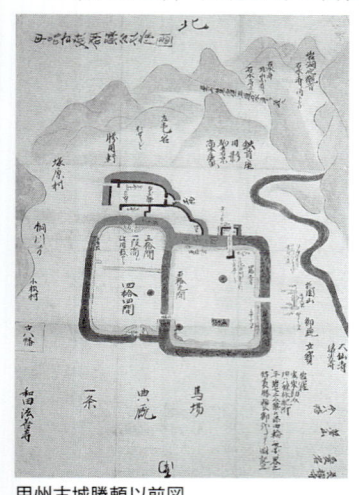

甲州古城勝頼以前図

藤村式建築

コラム

明治時代初期の擬洋風建築　山梨県では6棟が現存

　甲府駅北口の「よっちゃばれ広場」の一角に、白壁2階建ての洋風建築物が立っている。藤村記念館、旧睦沢学校校舎(国重文)である。1873(明治6)年から1887(明治20)年まで山梨県令をつとめた藤村紫朗は、明治政府の富国強兵・殖産興業政策を山梨県において強力に推進し、その象徴として学校や官公庁など100にのぼる洋風の建築物を県内各地に建てさせた。これが藤村式建築であり、日本人の宮大工や左官職人たちが、伝統的和風建築の技術を用いて、外観を西洋建築に似せてつくった擬洋風建築である。とくに藤村紫朗は教育普及のために学校建設に力を入れ、県下各地に擬洋風の小学校を建てていった。

　その先駆け的存在が1875(明治8)年に落成した旧睦沢学校である。黒塗りアーチ形の窓、バルコニーのついた2階、宝形造の屋根の上に作られた太鼓楼、ルネサンス風の円柱、漆喰塗りの外壁など、イタリア風石造建築を木造で模倣したもので、以後の藤村式学校建築の模範となった。1966(昭和41)年からは武田氏館跡である武田神社の境内に移築され保存されてきたが、甲府駅周辺区画整理の拠点形成事業に伴って2010(平成22)年に現在地に移築復元された。現存する藤村式建築は、富士川町春米の旧春米学校校舎(県文化)、都留市小形山の旧尾県学校校舎(県文化)、北杜市須玉町の旧津金学校校舎、山梨市牧丘町の旧室伏学校校舎がある。そのほか、愛知県犬山市の明治村には、官公庁建築物で唯一現存する東山梨郡役所(国重文)が保存されている。

旧睦沢学校校舎(藤村記念館)

　武田氏館の南には城下町が建設された。5本の主要街路が南北に走り、これと直交する東西街路を軸に、家臣屋敷や商・職人居住地が設けられ、南端の東西出入口には、三日市場・八日市場が設けられた。在地領主層を城下へ集住させ、甲斐国の中心都市を建設しようとした信虎の意図は鮮明で、「甲斐府中」はここに始まったといえる。その後、甲府城が築かれ、城下町がその南に展開すると、家臣の屋敷や寺社の跡は開墾されて、1000余石の古府中村となる。17世紀後半に館跡を訪れた俳人が、「昔の形まさしくのこり」としつつ、「かばかりあせはてにし事の悲しさ」(大淀三千風『日本行脚文

武田氏館跡を中心に

武田氏略系図（『日本史広辞典』による）

義清―清光―信義―信光…信武
　　　義定〔安田〕
　　　　　　　　　　　信成―信春―信満―信重―信守―信昌―信縄―信虎―晴信（信玄）―勝頼
　　　　　　　　　　　　　　　〔安芸武田〕信元　信長　信介〔穴山〕　　　　　　　信繁
　　　　　　　　　　　氏信―信在　　　　　　
　　　　　　　　　　　　　信守―信繁　　　　　　　　　　　　　　
　　　　　　　　　　　　　　　信賢
　　　　　　　　　　　　　　　〔若狭武田〕国信―元信―元光―信豊―義統―元明
　　　　　　　　　　　義武〔穴山〕

集』）と記していることに、江戸時代の様子が推察できよう。

　明治時代に入り、民間に払い下げられた館跡は、県令藤村紫朗により公有地に差し戻された。藤村は、信玄を祭神とする武田神社をつくり、公園として永久に保存したい旨を内務省に具申している。自由民権運動の高まりが、明治政府に地方の偉人・遺跡評価を転換させたのである。

　以後、県を中心に神社建設が何度か試みられ、1919（大正8）年に、知事を総裁とする武田神社奉建会により武田神社が造営された。県内の市町村から献木された、ザイフリボクなどの珍種の樹木が植えられ、信玄の命日である4月12日に、例祭が華やかにとり行われるようになり、県民に広く親しまれて現在に至っている。

　武田神社の社宝の1つに、信玄の正室三条夫人の縁故によって、京都の三条家より寄進された銘「一」を有する太刀（国重文）がある。なお、境内西側に甲府市藤村記念館がある。1968（昭和43）年、旧睦沢学校校舎（国重文）を移築したもので、内部は民俗資料館になっている。

積翠寺 ❼
055-252-6158
〈M ▶ P. 108, 119〉甲府市上積翠寺町984
JR中央本線・身延線甲府駅🚌積翠寺行終点🚶10分

要害城に近接
風流接待の場

　武田神社からおよそ3km北に積翠寺（臨済宗）がある。積翠寺バス停でバスを降り、上積翠寺の集落を道路に沿って北へのぼっていくと、積翠寺参道入口に着く。さらに行くと、太良峠へ向かう県道31号線との合流点で、山側に産湯天神がまつられており、そこからは、積翠寺とその斜め後方に聳える丸山（要害城跡）が一望できる。
　寺伝は、行基を開山とし、夢窓疎石の弟子竺峰禅師を中興開山とする。『高白斎記』は、身重であった信虎の正室大井夫人の要害城への避難（125頁参照）を、1521（大永元）年9月16日と伝え、11月3日には男子が誕生、そして同月27日に「御曹司殿が積翠寺より府

武田信玄の民政と民衆

コラム

「男女生取数を知れず」「皆々所をあけもうす」

　富士河口湖町および富士吉田市に位置した日蓮宗寺院の僧侶によって書き継がれた『勝山記』は、甲斐国戦国時代史の基本史料である。そしてこの時代に生きた庶民の立場から叙述されていることにおいて、稀有の史料でもある。史料中にある「男女生取数を知れず」とは、武田信玄が行った戦争で人の略奪が行われたこと、「皆皆所をあけもうす」とは、増税にたまりかねた人びとが、逃散したことを知らせている。頻出する餓死の記事は、甲州の人びとにとって信玄の戦争とはなんであったのか、との問いを不可避にする。

　信玄の民政については、信玄の戦争を支えた条件整備の視角から語られてきた。戦争の成功（四方への雄飛）は、すぐれた民政があったからこそというわけである。その代表例が、水害から甲府盆地の人びとを解放し、農地を沃土にかえたとされる信玄堤であろう。しかし、当時の記録に堤の建設に関するものはなく、技術的にも無理であったとの指摘がある。

　戦国時代の社会や村落を視野に入れた研究が進展し、あらたな戦国時代像が描かれつつある。1547（天文16）年に定められた『甲州法度之次第』には、「郷中」「郷」の記事がみえ、村の動きが垣間見える。甲州の戦国時代像の究明は、緒に就いたばかりである。

中に下った」と記している。寺伝は、積翠寺を信玄誕生の地とし、本堂裏手の産湯の井戸、前述の産湯天神などを今に伝えている。

　武田氏一族のなかでも、とくに多くの文芸作品を残している信玄は、館に近い積翠寺を歌会の会場として利用することがあった。駿河（現、静岡県）に長く在国して、甲斐を訪れることの多かった冷泉為和の歌集（「為和集」）に、積翠寺の名がみえる。1546（天文15）年7月、信玄は当時流行していた和漢連句の会を、勅使三条西実澄・四辻季遠を主客として積翠寺で催している。寺が所蔵するこの

積翠寺と丸山

武田氏館跡を中心に　　123

ときの「倭漢連句」によると,信玄による発句は「心もて 染めず はちらじ 小萩原」であった。なお,積翠寺には,1643(寛永20)年に甲斐国に配流となった,後陽成天皇第8皇子良純親王にまつわる品(煙草盆・硯箱)が残されている。下積翠寺町の興因寺(曹洞宗)に長く滞在していた良純親王が,積翠寺をたびたび訪問したことによるものである。

要害城跡 ❽　〈M▶P. 108, 119〉甲府市上積翠寺町
JR中央本線・身延線甲府駅🚌積翠寺行終点🚶15分

武田氏築城術を示す躑躅ヶ崎居館の詰城

　積翠寺を出て,太良峠へ向かう県道31号線をのぼっていくと,仲川を挟んだ対岸に,積翠寺温泉がみえる。ホテル入口と分岐するように,要害城(要害山,国史跡)主郭への登山道(麓からの比高差250m)があり,かたわらに案内板が立っている。つづら折りの急登を経て,曲輪跡がみえるようになると,道は比較的なだらかになり,歩きやすくなる。江戸時代後期に設置された,武田不動尊の立つ不動曲輪まで30分,頂上(775m)の主郭までさらに20分ほどである。

　斜面での敵の横移動を困難にするため,等高線に直角に掘られた竪堀跡(標識あり)を確認すると,まもなく門となり,それからは土塁,曲輪,門と連郭式の構造をみせ,主郭部に至る。眺望が開けた所では,眼下に武田氏館跡一帯が見渡せ,居館の詰城として築かれた要害城の意味を実感できる。

　主郭は東西73m・南北22mの長方形を呈し,周囲を土塁で囲んでいる。主郭の搦手口を出ると,堀切・土橋となる。これらの諸施設には,武田氏の築造技術の特徴(効果的な竪堀・台形の馬出など)が示されているという。

　要害城は,武田氏館築造の翌年,1520(永正17)年に築かれ

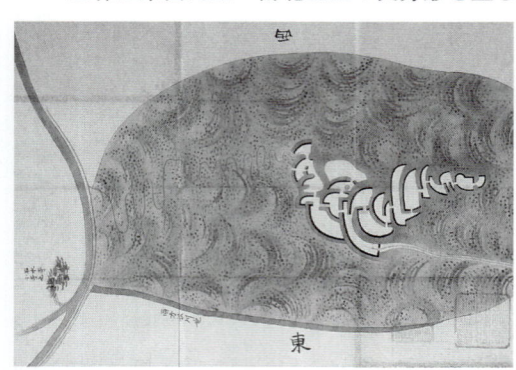

浅野家絵図「甲斐　石水寺」

た。府中を引き払い、所領に立てこもって抵抗する栗原・大井・今井氏らの有力国人との戦いに全面的に勝利した信虎は、それからまもなく築城に着手した。甲斐の争乱に乗じた駿河勢の侵攻に対処するためであった。実際、翌年2月に河内地域に侵攻した駿河勢が、秋には1万5000の軍勢で城下西方に迫る事態となる。このとき、身重であった信虎の妻大井夫人が難を避けたのが、完成してまもない要害城であった。信虎が、飯田河原で2度にわたる合戦に勝利して駿河勢を撃退し、国主としての地歩を固めたとき、大井夫人が生んだ子がのちの信玄である。

要害城が実戦に際して使用されたのは、このときのみである。しかし、その後も城として維持され、修築が重ねられた。長篠の戦いに敗れて、国内での防戦を覚悟しなければならなくなった勝頼は、要害城を拡張し防備を強化するため、帯那郷の人びとに毎月3日間の普請役を命じている。要害城も武田氏館と同様に、甲府城完成後、城としての使命を終えた。なお、要害城の東北東約400mの尾根上に、支城熊城がある。

恵運院 ❾

〈M▶P. 108, 119〉甲府市塚原町828 P
JR中央本線・身延線甲府駅🚌塚原行終点🚶10分

信虎の父武田信縄の菩提寺

武田神社から県道31号線を北に向かい、下積翠寺バス停を過ぎてまもなく、左手に赤坂橋の標識がみえる。橋を渡ると相川地区樹園地農道となり、農道を1.8kmほど行くと、恵運院(曹洞宗)の山門前に出る。徒歩の場合は、塚原バス停でバスを降り、集落を北にのぼっていくと山門前に出る。
金峰山(2595m)から南に連なる山々は、いくつかのピークをみせつつ高度を下げ、甲府盆地北部に至る。そうした山塊の一端が、比較的ゆるやかに盆地に落ち込んでいる所に塚原町はある。恵運院はその高台に位置し、眼下には武田氏館跡や相川

恵運院

の扇状地が広がる。

　真言宗の寺院であった恵運院を，甲斐国主武田信縄はみずからの菩提寺とし，一族の僧清遠を住持として再興した。ここから曹洞宗寺院としての恵運院の歴史が始まる。つぎの信虎は，1523（大永3）年，信州祢津（現，長野県東御市）の定津院から雪田宗岳を恵運院の住持として迎える一方，塚原山・権現山・鐘撞堂山を恵運院に寄進している。恵運院には，雪田宗岳の画像が残されており，信玄の弟信廉（逍遙軒信綱）が1563（永禄6）年に描いたもので，秀作として名高い（非公開）。信玄・勝頼の寄進状からも，武田氏による厚い外護が続いたことがうかがわれる。

　江戸時代の恵運院は，ウメの名所として親しまれており，『裏見寒話』は，その様子を「一山仲春には梅風薫し，紅白色を争ふ」と記している。境内には，1802（享和2）年に建てられた甲府勤番支配滝川利雍撰文，甲府学問所（徽典館）教授富田武陵筆による「梅樹碑」がある。

　なお，恵運院裏手の鐘撞堂山には，住職夫妻が不戦の誓いと永久平和を願って，建築家黒川紀章の設計のもとに，1982（昭和57）年に建立した平和観音像（15mの台座と12mの観音像）が立っている。

法泉寺 ❿

055-252-6128

〈M▶P. 108, 119〉甲府市和田町2595　P
JR中央本線・身延線甲府駅🚌山宮・敷島方面行塩部🚶15分

武田氏中興の祖　武田信武の菩提寺

　塩部バス停でバスを降り，緑が丘スポーツ公園に向かって北に進む。10分ほどで公園に着き，野球場の正面入口を目指して行くと，道路を挟んで反対側に法泉寺参道の看板がある。住宅街を抜け，県立体育館の裏手に出ると，湯村山の山裾に立つ法泉寺（臨済宗）がみえる。

　承久の乱（1221年）は，武田氏の安芸（現，広島県）進出

法泉寺

の契機となった。東山道軍の大将軍として，甲斐・信濃(現，長野県)出身の御家人を率いて戦った武田信光が，恩賞として安芸国守護に任じられたからである。信光の勢力が扶植され，その孫信時も守護となっている。それから100年余りのちの鎌倉幕府の滅亡から南北朝時代に至る動乱は，武士団の勢力図に大きな変動をもたらした。甲斐国でも南朝方で戦った石和流武田氏は没落。反対に勢力を拡大したのが，内乱を北朝方で戦った安芸国守護武田信武であった。甲斐国守護の地位も手にした信武は，一族を甲斐国内の各所に配する。そしてその子孫が，甲斐国主の地位を継ぐことになる(信時流武田氏，信玄はその9代目)。こうして信武は武田氏中興の祖とされる。

信武の甲斐における事績の1つが，夢窓疎石を開山とする法泉寺の創建である。それは元徳・元弘年間(1329〜34)のこととされ，疎石の高弟月舟周勲の協力があったという。以後，法泉寺は信武の位牌所として武田氏の厚い外護を受け，信玄は寺領を寄進し，甲府五山に列している。

法泉寺はまた，勝頼の菩提寺ともなっている。その由来について，つぎの話が伝えられている。天目山で自害した勝頼父子の首は，織田信長によって京都市中にさらされた。京都妙心寺の南化玄興は，その首を引き取って妙心寺で葬儀を行った。かつて甲州に遊び，恵林寺において快川紹喜に学んだ縁があったからである。ちょうどそのとき，法泉寺の僧侶が妙心寺にいた。僧侶は父子の歯髪をもらい受け，甲州に帰り寺内に埋め，その場所にサクラの木を植えた。こうして法泉寺には，武田家中興の祖信武と，最後の国主である勝頼の宝篋印塔の墓がおかれている。

円光院 ⓫
055-253-8144

〈M ▶ P. 108, 119〉甲府市岩窪町500 P
JR中央本線・身延線甲府駅 🚌 武田神社行護国神社入口 🚶10分

信玄の正室三条夫人の菩提寺

護国神社入口バス停でバスを降り，東に向かう。護国神社前を通過して5分ほど行くと，道路は直角に曲がって愛宕山への登り口となる。そこから東に進む道が分岐しており，少し行くと坂の上に円光院(臨済宗)がみえる。

信玄は，八代郡小石和郷にあった成就院(臨済宗)を，1560(永禄

円光院　　　　　　　　　　　　　　　　　　　　　三条夫人の墓

　3）年に現在地に移し，京都妙心寺から説三恵璨を招いて開山とし，みずからが開基となった。成就院は4代前の国主武田信守が，諸国流浪の生活を20年余りも続けた，父武田信重の位牌所として，1451（宝徳3）年，信重館跡に建てた寺である。信玄の正室三条夫人は説三に深く帰依し，ここを菩提寺とした。夫人の死後，その法名により，成就院が円光院と名を改めたのである。

　三条夫人は左大臣三条公頼の娘で，1536（天文5）年頃，信玄の正室として迎えられた。夫人の姉は細川晴元，妹は本願寺門主顕如の妻となっており，この姻戚関係が信玄の西上計画の大きな拠り所となったといわれる。夫人は信玄との間に，長子義信を始め竜宝（信親）・黄梅院・見性院らをもうける。義信は，信玄の後継者として駿河の今川義元の娘を娶り，黄梅院は相模（現，神奈川県）の北条氏政のもとに嫁した。いずれも，甲斐・駿河・相模の三国同盟を確かなものとするため，外交の道具としてであった。

　1560年，桶狭間の戦いで今川義元が織田信長に敗れると，義元亡き後の駿河へ進出を図る信玄と，今川氏真を義兄とする義信の対立は抜き差しならぬものとなる。結局，義信は父の命により，1565年東光寺に幽閉され，その2年後，同寺において死去する。さらに1568年，信玄が駿河に侵攻すると，黄梅院は3人の子どもを残して甲斐に送り帰され，翌年27歳で病没する。三条夫人は娘の死を看取った翌年の1570（元亀元）年，50歳で没した。宝篋印塔の墓は境内の西に位置し，両側の石灯籠は柳沢吉保が寄進したものである。

　円光院には，武田氏の旧臣で，徳川氏に仕え代官をつとめた平岡

128　　甲府市とその近郊

氏代々の墓がある。平岡和由のときには富竹新田（現，甲府市），良辰のときには浅尾新田（現，北杜市）を開発している。

円光院に伝わる武田家系図は円光院本として知られ，また，刀八毘沙門と勝軍地蔵の2像は，信玄の陣中守護の本尊であったが，信玄の遺命により円光院に納められたといわれる。

武田信玄火葬塚 ⑫

〈M▶P. 108, 119〉甲府市岩窪町
JR中央本線・身延線甲府駅🚌武田神社行護国神社入口🚶10分

円光院を出て，きた道を戻り，愛宕山にのぼる道とは反対の南にくだる道をたどる。50mほど歩くと，甲府市北部幼児教育センターがある。センター駐車場の道路を挟んだ北側が，武田信玄火葬塚である。

1572（元亀3）年10月，信玄は大軍を率いて遠江（現，静岡県）に侵攻する。近江（現，滋賀県）の浅井長政，摂津国石山の本願寺など，反信長勢力と連絡を取ったうえでの軍事行動であった。12月に三方ヶ原で徳川家康を撃破し，信長の援軍も敗走させる。翌正月には三河（現，愛知県）に進出，野田城（愛知県新城市）を包囲した。しかしながら信玄は，この陣中で持病（胃がん，地方病など諸説がある）を悪化させ，帰国を余儀なくされる。そして，帰国途上の伊那の駒場（現，長野県下伊那郡阿智村）で，不帰の客となった。1573年4月12日のことで，53歳であった。死に際して勝頼を枕元によび，その死を3年間秘すこと，国内の備えをかため，兵士たちを撫育すべきことなどを遺誡したという。勝頼は父の指示を守り，祖父信虎の葬儀（132頁「大泉寺」の項参照），高天神城（現，静岡県掛川市）の攻略，長篠の戦いなどを経た1576（天正4）年4月，父の葬儀を恵林寺において盛大にとり行った。

密かに甲斐国に送られた信玄の遺骸は，葬儀まで塗籠の中に納められていたと信玄

武田信玄火葬塚

武田氏館跡を中心に

の最期を伝える手紙は記している。一方，伊那の駒場で荼毘に付されたとの説もあり，遺骸がどのように処置されたかは不明である。この場所を信玄の墓所として公認したのは，信玄を崇敬した柳沢吉保であった。

　火葬塚に立つ「法性院大僧正機山信玄之墓」の石碑は，1779（安永8）年のもので，中郡・西郡を中心とする地域の住民が協力して建てたものである。甲州枡通用差止めに反対する，在方の武田信玄顕彰熱の高まりを反映しているとの指摘がある。

　火葬塚からセンターに戻って，西側のフェンスに沿って歩くと，フェンス越しに，民家の敷地内に人知れず立つ小さな碑がみえる。それが河尻塚である。1582（天正10）年3月，織田・徳川軍により甲斐国が蹂躙されるなかで，勝頼は田野（現，甲州市大和町）で夫人や長子信勝とともに自刃した。論功行賞で，信長は穴山梅雪領をのぞく甲斐一国を河尻秀隆に与えた。しかし同年6月の本能寺の変での信長の横死により，国主河尻秀隆の地位は暗転する。秀隆に対する怨嗟は一気に爆発し，武田遺臣らに率いられた一揆の攻撃により，各地で河尻軍は討たれ，秀隆自身もこの地で殺され，埋められた。秀隆の遺骸は逆さに埋められたとも伝えられ，「逆さ塚」ともよばれている。

八幡宮 ⓭　〈M▶P. 108, 119〉甲府市宮前町6
JR中央本線・身延線甲府駅 🚶15分

武田氏の氏神／甲斐国惣社

　甲府駅北口から武田通りを北にのぼり，武田2丁目の信号を右折する。最初の四つ角を左折し，北に100mほど進んで右折すると，まもなく八幡宮の鳥居がみえる。

　八幡宮は，承久年間（1219～22）に武田信光が，鎌倉の鶴岡八幡宮を石和館に勧請し，国衙八

八幡宮

幡宮と称して，武田家代々の鎮守氏神としたことに始まる。信虎は武田氏館の西に，あらたに社壇を造営して国衙八幡宮を移した。そして信玄は，1560(永禄3)年に条目を発し，武田八幡宮(現，韮崎市)など10の有力大社をのぞく国中地方の神社の神官が，2人ずつの組となって八幡宮に勤番すべきことを定め，翌年には82組の勤番帳をくだし，1組が2日2夜つとめるべきことを指示した。武田氏の氏神である八幡宮が，甲斐国惣社と位置づけられたことを示し，信玄の神社統制策として重要である。

天正壬午の乱(1582年)で，甲府盆地を支配下においた徳川家康も，八幡宮に参詣している。文禄年間(1592〜96)，甲府城築造にあたって浅野長政は八幡宮を現在地に移した。以後も甲斐国惣社，徳川氏の祈願所，甲府城鎮守の役割をはたし，江戸時代も160社の神主が順次参籠して国家安泰の祈禱をつとめた。毎年8月15日の流鏑馬と，5月と9月の三日神楽は重要な神事としてとり行われ，参詣人が群集したと『裏見寒話』は伝えている。

大泉寺 ⑭
055-253-2518

〈M▶P.108, 119〉甲府市古府中町5015　P
JR中央本線・身延線甲府駅🚶25分

武田信虎の菩提寺

八幡宮を出て東に100mほど進み左折。藤川沿いの道を北に進むと，甲府市斎場へ向かう道(看板あり)が分岐する。分岐点のそばに大泉寺の碑が立っている。碑の脇に入り，民家の間を抜けて行くと総門前に出る。夢見山の山裾に位置し，周囲は鬱蒼とした森である。総門から本堂へと向

大泉寺　　　　　　　　　　武田信虎画像

かう道を歩くと，古刹の雰囲気が漂う。

　大泉寺(曹洞宗)は，武田信虎が大永年間(1521～28)にみずからの位牌所として創建し，天桂禅長を招いて開山とした寺である。信虎はさらに，大泉寺を甲斐の曹洞宗全寺院を統括する僧録所に定めたといわれる。

　信虎は国主の地位に就いてから25年，武田氏館の造営から13年が経過した1532(天文元)年，今井信元を降服させて甲斐国の一円支配をようやく実現した。その後は，今川氏との甲駿同盟を実現して北条氏に備えつつ，信濃への侵攻を図る。

　1541年6月，信州佐久郡の大部分を制圧して凱旋した信虎を待っていたのが，信玄と有力国人による信虎排斥であった。48歳の信虎は甲斐国を追われ，娘婿にあたる今川義元のもとに身を寄せる。この政変について『勝山記』は，「地下・侍・出家・男女とも，喜び満足いたしそうろうこと限りなし」と記す。度重なる戦争のための負担増大，国人に対する支配の強まりが，信虎への不満を強めていたのであった。信虎は義元の死後は京都に入り，さらに高野山(和歌山県)や諸国を30年余りにわたって流浪する。信玄の死後，帰国をはたそうとし信州高遠(現，長野県伊那市)に至り，孫勝頼との対面をはたす。しかし帰国の願いはかなわず，1574(天正2)年3月，故郷の土を踏むことなく同地で病没する。81歳であった。

　勝頼により，信虎の葬儀が大泉寺でとり行われた。その2カ月後に，信虎の第4子で武人画家としてその名が知られる武田逍遙軒信綱は，父の肖像を描いた。大泉寺が所蔵する絹本著色武田信虎画像(国重文)がそれであり，迫真的な個性描写で，信虎の人となりを彷彿させる(非公開)。

　本堂横の霊屋裏に3基の石塔がある。中央の五輪塔と左の宝篋印塔が信虎の墓として，県史跡に指定されている。

　大泉寺は，中国元代の呉太素の手による絹本墨画松梅図(国重文)を所蔵し，ほかに，信虎・信玄が戦陣で使用した笈，大泉寺文書など寺宝も多い。なお，屋根中央を1段高くした珍しい形の総門は，1724(享保9)年に甲府藩主柳沢吉保の菩提寺永慶寺を取りこわしたとき，移築したものと伝えられている。吉保は黄檗宗の信者

甲府連隊糧秣庫(山梨大学赤レンガ館)

コラム

旧甲府連隊唯一の遺跡
明治時代の重要洋風建築

甲府市北新の山梨県福祉プラザからほぼ北側一帯、現在の山梨大学附属小・中学校から北新小学校にかけての広い地域に、旧甲府連隊の兵営があった。甲府連隊は、1909(明治42)年にここに誘致・開設された陸軍歩兵第49連隊と、その後、49連隊の満州(現、中国東北部)移駐にともない開設された149連隊・210連隊・220連隊などの総称で、1945(昭和20)年にかけて、この地に山梨・神奈川県出身の将兵約3000人が常駐していた。

甲府連隊は二・二六事件(1936年)の鎮圧に出動したり、日中戦争に参加し、アジア・太平洋戦争末期には、レイテ島やグァム島の戦いに参加して、多くの犠牲者を出した。

戦後、旧兵舎は取りこわされ、連隊の糧秣庫であった赤レンガ倉庫のみが残され、附属中学校の倉庫・部室として使用されていた。この赤レンガ造倉庫は、建坪330m², 1908(明治41)年に建設された平屋建て建築で、オランダ積みの組積造、甲州煉瓦製造の赤レンガ壁や、アーチ式の戸口・窓・日本瓦葺きの屋根をもつ明治時代の洋風建築で、県内に現存する最大規模のレンガ造り建物である。1996(平成8)年、山梨県教育委員会の山梨県近代化遺産総合調査の重要遺構に調査選定され、国の登録有形文化財候補となった。

その後、老朽化していたが、山梨戦跡ネットや山梨郷土研究会など、多くの団体・県民の保存要望が通り、2002年1月、山梨大学赤レンガ館として修復・保存され、2006年には国の登録文化財となった。旧甲府連隊唯一の遺跡として、附属中学校の東門近くに立っており、館内は、資料室・ホールとして活用されている。見学も可能である(事前連絡が必要)。

ほかに甲府連隊を物語るものとしては、福祉プラザ内の駐車場に「旧歩兵第49連隊営門跡」の石の標柱があり、北新通りに面して、「歩兵第49連隊跡」の石碑も立っている。

であり、永慶寺は黄檗宗建築であった。

長禅寺 ⑮ 〈M▶P. 108, 119〉甲府市愛宕町208 P
JR中央本線・身延線甲府駅🚶10分

信玄の母大井夫人菩提寺
甲府五山の筆頭

甲府駅南口を出て東に向かい、舞鶴陸橋下を通る。線路沿いの道を甲府城跡を右手にみながら約200m進み、突き当りを左折して踏切を渡り右折する。さらに100mほど行くと、長禅寺(臨済宗)の大きな山門前に出る。甲府五山の筆頭長禅寺は、信玄の母大井夫人の生涯と密接に関わる寺院である。夫人は、巨摩郡大井(現、南アル

武田氏館跡を中心に

武田信虎夫人像　　　　　　　　　　　　長禅寺

プス市)の領主大井信達の娘で、信虎との間に、信玄・信繁・信廉と今川義元室となった定恵院をもうけた。

夫人は、巨摩郡鮎沢(現、南アルプス市鮎沢)の長禅寺住持岐秀元伯に深く帰依し、長禅寺を菩提所にすると同時に、嫡子信玄にも岐秀について、儒学・禅・治国の法を学ばせた。信玄の人間形成にとって、長禅寺は恵林寺に劣らない役割をはたしたとの評価がある。

信玄が父信虎を駿河に追放したとき、44歳の夫人は国に残り、剃髪して武田氏館の北の郭に隠居した。その後は御北様と称され、1552(天文21)年、55歳で死去した。

大井夫人の死後、信玄は亡き母を開基、岐秀を開山とする長禅寺を現在地に建てた。長禅寺は府中に移ったことになり、鮎沢の長禅寺は、古長禅寺として存続する。この長禅寺で、信玄は1559(永禄2)年、岐秀を導師に出家の儀式を行い、岐秀から機山信玄の法号を贈られた。以後、信玄を名乗ることになる。

愛宕山の山裾に、五重塔・三重塔・鐘楼などを配して広がる長禅寺境内。法堂左手の一段と高い所に大井夫人の墓がある。寺宝に、信廉(武田逍遙軒信綱)が母の一周忌法要のために描いた、絹本著色武田信虎夫人像(国重文)がある(非公開)。法衣姿で座し、合掌する大井夫人。画像上部の夫人自詠の和歌は、「春は花　秋は紅葉の色々も　日数つもりて　ちらばそのまま」である。ほかに、「逍遙軒信綱」の署名がある紙本著色渡唐天神像(県文化)を所蔵している。

3 甲府城とその城下町

甲府城築城に伴い，城の南から南東にわたって新城下町（下府中）が建設され，甲府は近世城下町として発展した。

尊躰寺 ⑯
055-232-8656

〈M▶P.108, 135〉 甲府市 城東1-13-7 Ⓟ
JR中央本線・身延線甲府駅🚌石和方面行城東1丁目🚶2分

近世文人らの墓がある浄土宗の名刹

　城東1丁目バス停で降りて東進すると，尊躰寺（浄土宗）の入口となる。入口からまっすぐに延びた参道の正面に客殿と庫裏があり，右側に鐘楼，左側に本堂が配置されている。1945（昭和20）年7月の甲府空襲ですべての建物を焼失し，現在の本堂は1954年に再建されたものである。尊躰寺の本尊は「真向三尊阿弥陀如来像」である。甲府空襲のときに，この本尊と過去帳が焼失を免れた。本尊は当初，禁中におかれていたが，石清水八幡宮（京都府八幡市）に遷され，その後，武田信虎に伝わったとされている。1521（大永元）年に信虎が寺をつくり，これを本尊としたのが開基の由来である。このとき建てられた場所は，古府中の緑町（現，甲府市武田）であった。

　1533（天文2）年には，功徳山尊躰寺の勅額（焼失）を後奈良天皇より賜わっている。武田氏滅亡後の1582（天正10）年8月から翌年3月にかけて，甲斐に入国した徳川家康が宿泊所にしたこともある。その後，甲府城築城に際して，現在地に移った。境内には，大久保長安・富田富五郎（武陵）・俳人山口素堂らの墓がある。大久保長安は，武田家に仕えた猿楽師大蔵式部大夫の2男で，天正壬午の戦い（1582年）ののち徳川家に

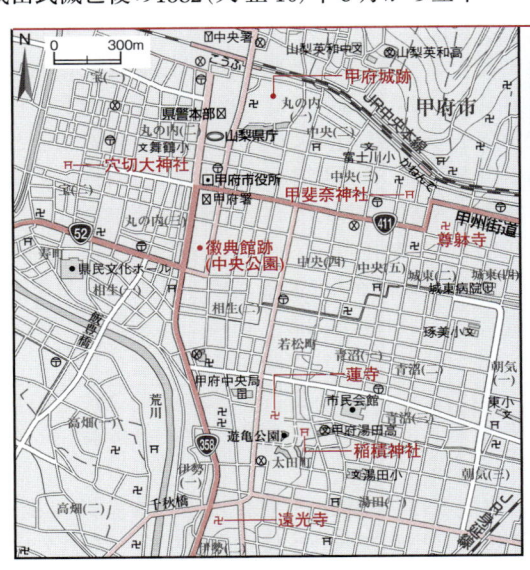

甲府駅南部の史跡

富田武陵の墓　　　　　　　　　　　　　　　　　尊躰寺本堂

召し出され，大久保忠隣より苗字を授かった。金山奉行として佐渡・伊豆・陸奥・石見などの金・銀山で増産を成し遂げたり，関東代官頭としてその手腕を発揮した。慶長年間（1596～1615）には従五位下に叙され，石見守に任じられた。1601年には甲斐の諸代官衆の司をつとめ，国奉行とも称された。1607年の徳川義直の国替え後は，もっぱら長安が国政にあたっていた。

　富田富五郎（武陵）は，1796（寛政8）年頃に創設された，甲府学問所を前身とする徽典館の教授である。徽典館は勤番の子弟を始め，近在の農民を含めた多くの人びとを教育した。富五郎は温恭・謙譲・敦厚で，博学多識，書を能くし，とくに剣槍に秀でていたとされている。徽典館はのちに開智学校，師範講習学校，山梨県師範学校となり，現在の山梨大学教育人間科学部の前身となった。

　山口素堂は，巨摩郡教来石（現，北杜市白州町）出身で，甲府で家業の酒造業を営んでいた。家督を弟に譲り，江戸に出て，文人生活に入り，松尾芭蕉らとも交流があった。1696（元禄9）年に甲府代官桜井政能から依頼を受け，甲府の濁川を改修したとも伝えられている。「目には青葉　山ほととぎす　初鰹」は素堂の句である。

甲斐奈神社 ⑰　〈M▶P.108, 135〉甲府市中央3-7-11
055-233-4742　JR中央本線・身延線甲府駅🚌石和方面行城東1丁目🚶5分

　城東1丁目バス停から西進し，信号を右折（北進）すると甲斐奈神社がある。甲斐奈神社へはJR身延線からのアクセスも可能である。

甲斐奈神社拝殿

JR身延線金手駅で下車し、国道411号線（城東通り）に出てすぐ左折すると、甲斐奈神社に至る。駅名にも使用されている金手は旧町名である。国道411号線の金手付近にはクランクがあり、このクランクは江戸時代につくられ、ここからが甲府城の城下町であるという意味と、甲府城への見通しを悪くし、敵からの攻撃を防ぐ防御的な性格が存在していた。このクランクが地名の由来で大工職人が使用する物差し「曲尺」の形に似ていることから、曲尺が「金尺」に転じ、さらに「金手」になったといわれている。

神幸祭（おみゆきさん）が行われる神社

甲斐奈神社の主祭神は、白山大神（菊理姫命）と浅間大神（木花咲耶姫命）である。甲斐奈神社は、甲斐奈山（愛宕山）の頂に白山大神をまつることに始まり、以来『延喜式』神名帳にも載るように、甲斐国鎮守の神とされてきた。1519（永正16）年に、武田信虎が石和から躑躅ヶ崎に居館を移すにあたり、現在地に遷座した。甲府城築城に際して、東青沼村（現、甲府市青沼町）に鎮座していた浅間大神を併祀し、両社ともに甲府城を守る東部守護神として尊崇された。

1727（享保12）年に社殿を焼失したため、両社相殿として復興され、左殿に白山大神、右殿に浅間大神をまつるようになった。江戸時代末期頃に、甲斐奈神社と称するようになったという。1927（昭和2）年の境内拡張事業により現在の規模に至るが、1945年7月の甲府空襲で社殿が全焼した。その後、復興が進められ、現在に至っている。毎年4月15日には例大祭として神幸祭（おみゆきさん）が、さらに6月の最終日曜日には大祓祭（おみそぎさん）が盛大に行われている。

甲府城跡 ⑱　〈M ▶ P. 108, 135〉甲府市丸の内1-5-1
JR中央本線・身延線甲府駅 🚶 3分

甲府城が築城された一条小山は、12世紀末頃には甲斐源氏であ

甲府城跡

石垣や建物が復元された都市公園

る一条忠頼の居館がおかれていた。忠頼の死後、忠頼夫人が館を尼寺とし、1312（正和元）年に僧寺に改め、一蓮寺（時宗）となった。

1582（天正10）年3月、武田氏が滅亡し、さらに同年6月の本能寺の変以降、武田遺臣の懐柔策に成功した徳川氏が、甲斐入国をはたした。その後、甲斐は徳川家康の家臣平岩親吉による支配が進められ、一条小山の地で築城が始められた。

1590年豊臣秀吉による小田原征討後、家康は関八州を得て甲斐を去り、家康による一条小山への築城は、計画段階で止まることになった。その後は豊臣政権下における、家康を意識した東の要としての築城が開始された。

まず、秀吉の甥羽柴秀勝が甲斐国を拝領し、続いて近江佐和山（現、滋賀県彦根市）の加藤光泰が跡を継いだ。光泰は秀勝の築城を引き継ぎ、さらに甲府城の基本的構造をつくっていった。光泰は1593（文禄2）年の正月に、朝鮮出兵の陣中から国家老に宛てた手紙に「ひかし（東）の丸石かき（垣）出来候や」とあり、甲府城の東の丸すなわち稲荷曲輪の石垣工事の進捗状況を尋ねている。この時期はこのような石垣工事のみならず、殿舎建築工事も同時進行で進んでいたようである。

その後、光泰は朝鮮出兵の陣中で病没するが、それに先立ち、浅野長政に宛てた遺言状には、「甲斐国之義」は「かなめ之所」であるとし、そのため若輩の息子作十郎には重責なので、移封して欲しい旨を懇願している。光泰の遺言状に記された「甲斐国之義、かなめ之所、其上御国はし」は、当時の甲斐の重要性を光泰自身が認識していたことをあらわしている。また「御国はし」は、豊臣政権の統治領域からみた場合の端で、隣接する家康を強く意識した言葉であるといえる。

138　甲府市とその近郊

大小切・甲州金・甲州枡

コラム

教科書から消えた「慶安の御触書」と甲州農村

「一、朝起をいたして、朝草を刈り、昼は田畑耕作にかかり、晩には縄をない、俵をあみ、何にてもそれぞれの仕事を油断なくすること」。江戸幕府の農民支配の具体相を示す史料として多くの教科書が掲載した「慶安の御触書」中の著名な条文である。江戸幕府の正史『徳川実紀』が引用する「条例拾遺」に収録され、明治時代初期に司法省が編纂した『徳川禁令考』も載せる。ところが、最近の教科書は「慶安の御触書」を載せないか、触れても慶安2(1649)年の幕府法令ではない可能性を注記している。「慶安の御触書」が教科書から消えつつあるのである。

その発令や存在を疑問視する意見もあった「慶安の御触書」の正体が、1697(元禄10)年、甲府藩が領内に公布した「百姓身持之事」であることを『山梨県史』が明らかにした。「百姓身持之事」がいかなる経緯を経て、幕末期編纂の正史に「慶安の御触書」として登場したかは、同書にあたってほしい。ともあれ、「慶安の御触書」の条文は、元禄年間(1688〜1704)の甲斐国巨摩郡・山梨郡(盆地農村)の現実を反映したものであった。そしてこれらの地は三郡農民のいう「国法」が適用され、「余国とは風儀を異にする」地であったのである。

「国法」とは、大小切税法・甲州金・甲州枡をいい、国中3郡(巨摩・山梨・八代郡)で用いられた。大小切税法とは、年貢高の3分の1(小切)を米高4石1斗4升＝金1両で換算して貨幣納。残り(大切)の3分の1は領主が示すその年の米価換算で貨幣納、3分の2を米納とする税法である。そして米を計る枡は、京枡3升を1升とする甲州枡が使用され、領国金貨甲州金が大小切税法と一体となって通用した。大小切税法は、農民に有利な税法であった。

農民たちはこれらの制度を一体のものとして捉え、幕府によるいずれかの廃止の動きにも、武田信玄が制定し、徳川家康が公認した「国の古法」との論拠をもって闘い、存続させた。それによってまた、農民たちの信玄顕彰熱が高まることになった。しかし、この三制度が信玄に始まるとの確たる証拠は、今に至るもない。

強い危機感を抱くなかで、進行していく甲府城の築城は、より早い時期の竣工と堅固な防御施設が求められていたはずである。1593年光泰が朝鮮出兵の陣中で病没すると、光泰の遺志を受け入れた秀吉は、嫡子の作十郎(貞泰)を美濃国黒野(現、岐阜県)へ移し、

甲斐へは浅野長政・幸長父子を入国させた。光泰によって積極的に進められていた甲府城築城は、浅野父子の手により、ほぼ完成した。

甲府城築城にともない、浅野父子による城下町の建設も進められた。一条小山にあった一蓮寺を始め、多くの寺社を各地に移動し、積極的な建設が進められたのである。甲府城の北部は、武田氏の旧居館を中心とした城下町を組み込んだものとされ、古府中とよばれた。対して南側は、新しく建設される地域で新府中とよばれた。

浅野父子による殿舎建造を示す根拠として、1990(平成2)年からの発掘調査で、浅野家の家紋「違い鷹の羽」の軒丸瓦が多数出土している。

1600(慶長5)年の関ヶ原の戦いにおいて、浅野父子は徳川方につき戦勝を収め、加増されて紀伊和歌山へ移封となった。甲斐は再び徳川氏領となり、平岩親吉が甲府城代をつとめた。

1603年に家康の9男五郎太(義直)が拝領し、義直が尾張国へ転封となったのち、甲府には城番がおかれ、おもに武川十二騎がつとめた。彼らは武田遺臣であり、北巨摩出身の武士団であった。同地域出身の津金衆も、武川衆の一員となっていた。その後、江戸幕府2代将軍徳川秀忠の3男忠長が拝領し、さらに3代将軍家光の3男綱重が、巨摩郡・山梨郡15万石のほか10万石を拝領し、甲府城主となった。甲府徳川家の成立である。

甲府徳川家は、尾張(現、愛知県)・水戸(現、茨城県)・紀伊の御三家に、甲府・館林(現、群馬県)を加えて五卿と称されるほど、格式が高かった。そのため、1664(寛文4)年の大修築は、甲府城を五卿の家格に相応しい城郭にするべく、2万両という多額の普請料を投じて行われた。

その後、甲府徳川家は、綱重の嫡子綱豊が跡を継ぎ、さらに5代将軍綱吉の養子となり、名を家宣に改めた。綱吉が没し家宣が6代将軍に就くと、1704(宝永元)年からは柳沢家が15万石余りを与えられ、甲府藩主となった。柳沢吉保は藩運営の拠点にふさわしい城にするべく、大修築を実施した。この大修築により、今に伝えられる甲府城の姿がほぼ完成した。吉保は綱吉の死後、家督を嫡子の吉里に譲り、隠居する。その後吉里は大和郡山(現、奈良県)に移封

柳沢家と甲府城

コラム

甲斐に残した柳沢家の足跡

　1705(宝永2)年、柳沢吉保は甲府城主に封じられた。それまで甲斐国は1600(慶長5)年、浅野長政・幸長父子の紀州和歌山への移封以降、徳川一門によって治められた。江戸幕府にとっては重要な地であり、その地を吉保が領有することは、きわめて異例であった。

　武川衆の一員として戦国時代を生き残った柳沢家は、武田家滅亡後、徳川家臣団の一員として武蔵国へ移った。吉保の父安忠は、江戸幕府3代将軍徳川家光の4男徳松(のちの5代将軍綱吉)付きの家臣として登用され、その後、吉保が綱吉の信任を得ることとなった。綱吉が5代将軍に就任すると、小納戸役から側用人・老中・筆頭老中と破格の昇進を重ね、幕閣の最高位にまでのぼり詰めた。さらに跡継ぎのなかった綱吉の後継者として、当時甲府城主であった徳川綱豊(のちの6代将軍家宣)を迎え入れることに成功した。こうした功績が認められ、柳沢家は故郷の地を離れてから百十余年ぶりに、甲府城主に就くことができたのである。

　幕府の中枢にあったため、吉保自身は在城しなかったが、甲府城の大々的な改修や城下町の整備・助郷制度の拡大・灌漑水路の開発など、積極的な施策を展開した。1709年綱吉の死により吉保は隠居し、1714(正徳4)年57歳で没し、みずから開基した岩窪の永慶寺に葬られた。

　嗣子吉里の頃、甲府城下町は空前の賑わいを呈し、多くの施策も領民に受け入れられていた。ところが、1724(享保9)年の幕府財政の立直しを柱とした8代将軍吉宗の施策により、柳沢家は突如、甲府から大和郡山(現、奈良県)に移された。この突然の領地替えは、江戸に隣接する甲斐を直轄にしたいという幕府の思惑が働いていたといえる。こうして吉里が大和郡山に移ると、甲府城は再び幕府の直轄となり、明治時代の廃城まで、城主を迎え入れることはなかった。

　柳沢家にとって、故郷となる甲斐を治めたのは20年間であり、甲府城の二百数十年の歴史からみると、わずかな期間でしかない。しかし、甲斐のなかで柳沢家の残した足跡は大きく、のちの甲斐の領民が、この頃をよき時代と回想することもうなずけよう。

となり、甲斐国は幕府領とされ、勤番制が敷かれることとなった。
　1727(享保12)年に発生した甲府大火で城内のほとんどを焼失するが、財政が切迫している状況では大規模な修築もままならならず、

天守台

稲荷櫓

かつての威容を取り戻すまでには至らなかった。

1866(慶応2)年,幕末期の混乱のなか甲府城代がおかれ,そのまま明治維新を迎えることとなった。明治時代に入って,甲府城は1873(明治6)年の太政官布告により,内城のみを残し,内郭は諸門撤去のうえ,堀を埋めて市街地とすることが決定された。その後も甲府城の敷地内での開発は進み,鍛冶曲輪には勧業試験場や葡萄酒製造所が,1903年の中央線開通にともない,清水曲輪には甲府停車場が設置された。楽屋曲輪南部には,県立甲府中学校が開校したが,その後,甲府中学校が移転した跡地には,県庁舎や県会議事堂が新築された。

このように,あいつぐ開発の波のなかで,甲府城はかつての姿を失いつつあったが,甲府城跡保存が検討されるなか,1968(昭和43)年に県指定史跡としての公示を受けた。1990(平成2)年からは舞鶴城公園整備事業が進められ,石垣の修復や櫓・門・塀などの復元も行われ,当時の姿を取り戻しつつある。

甲府駅南口から県庁東側に向かう。県庁前の鍛冶曲輪門から鍛冶曲輪に入る。鍛冶曲輪には恩賜林記念館・舞鶴城公園管理事務所・日本庭園などがある。ここからは天守台・本丸・天守曲輪の,幾重にも重なる壮大な石垣をみることができる。また南側には,水堀と復元された白壁の塀をみることができる。

甲府市とその近郊

甲府城と明治維新

コラム

幕末の激動期に揺れ動く甲府城

　1868(慶応4)年1月、それまで京中で尊王攘夷派粛正に奔走し名を馳せた新撰組は、戊辰戦争の始まりとなる鳥羽・伏見の戦いのなかにいた。新撰組を含め、数のうえでは圧倒していた旧幕府軍も、最新装備を備え、士気の高い新政府軍に完敗した。

　鳥羽・伏見の敗戦により、海路で江戸にたどり着いた新撰組に対して、まもなく甲府入城の命がくだった。当時甲府城は勤番制であり、江戸西方における防衛の重要拠点であった。鳥羽・伏見の戦い以降、東進を続ける新政府軍に対して、この重要拠点を守るべく新撰組はこの命を受けた。

　甲府入城に際し、新撰組は甲陽鎮撫隊と名を改め、近藤勇や土方歳三らに率いられた百数十人の部隊で甲府を目指した。3月1日に江戸を出立、4日には笹子峠を越え、甲府まであと少しというとき、近藤らの耳に驚くべき報せが飛び込んできた。甲府城で新政府軍の参謀板垣退助らが、無血開城をはたしたという内容であった。

　新政府軍により甲府城を押さえられてしまった近藤らは、当初の目的を達成することができず、甲州市勝沼町勝沼に布陣し、新政府軍と交戦した。これが柏尾の戦いとよばれるものである。甲陽鎮撫隊は圧倒的に不利な状況のなかで奮戦したが、最終的に戦いに破れ、四散した。近藤はこの後、下総流山(現、千葉県流山市)で捕らえられて、4月に斬首となり、新政府軍はその後も進軍を進め、板垣退助は会津戦争において大隊司令をつとめた。

　築城当初から甲府城は、東(江戸)と西(京都・大坂)に存在する巨大な権力の狭間に立たされ続けてきた。幕末期においても、旧幕府軍と新政府軍の攻防のなかにおかれたが、新政府軍の無血開城により、甲府城はそれまでになってきた大きな歴史的役割から、ようやく解放されたのであった。

　甲府城が1つの役目を終えたとき、やはり幕末に大きな役割を演じた新撰組局長近藤勇は亡くなり、のちに自由民権運動などで活躍する板垣退助が、新時代を築くための一歩を踏み出した。

　鍛冶曲輪から左側の坂道の園路に従いのぼっていくと、坂下門跡・中ノ門跡を経て、天守曲輪に至る。途中、石垣の表面に石を割るために開けた矢穴とよばれる四角い穴を、随所で確認することができる。天守曲輪から階段をのぼると、鉄門跡の礎石が確認できる。鉄門は櫓門の構造であり、礎石や両側の石垣からも規模の大きさがうかがえる。鉄門は2013(平成25)年復元予定。鉄門跡から本丸

に入り，天守台にのぼる。甲府城の最上部天守台からは甲府盆地の景色や，富士山・南アルプスの遠景を眺めることができる。

　天守台の北側の園路は，発掘調査で鯱瓦や鬼瓦などの金箔瓦が数多く出土した人質曲輪である。人質曲輪を過ぎ，稲荷曲輪に入ると，2004(平成16)年に完成した2重2階層の稲荷櫓がある。稲荷櫓は，文献資料や発掘調査の成果などをもとに，1664(寛文4)年の建築当初の姿を，石垣を含めて在来工法により復元した。内部には，発掘調査の出土品などが展示され，見学も可能である。稲荷曲輪を西進して公園外に出れば，すぐに甲府駅南口である。

穴切大神社 ⓳　〈M▶P. 108, 135〉甲府市宝2-8-5
JR中央本線・身延線甲府駅🚶10分

甲府盆地の水を抜いた伝説がある神社

　甲府駅南口から平和通りを約500m南進し，甲府警察署前交差点を右折し，ボランティア通りを約500m西進すると，突き当りが穴切大神社である。

　鳥居をくぐり参道に沿って進むと，山門を経て，主祭神である大己貴命をまつっている本殿に至る。「社記」によれば，和銅年間(708～715)，甲府盆地が湖だった頃，国司が巡見をし，湖水の水を抜いた跡が良田になることを考察して，大己貴命に祈願を込めて，鰍沢口(現，南巨摩郡鰍沢町)を切り開いた。切り開いた鰍沢口から，湖水の水を富士川に落とし，広大な良田を開墾することができたという伝説から，穴切明神として創建された。

　また，ほかの旧記には，穴切明神が山を切り開き，蹴裂明神が岩

穴切大神社　　　　　　　　　　　　　　　　　　　　　穴切大神社本殿

甲府城下町遺跡

コラム

甲府中心部でみられる近世甲斐の姿

　甲府城下町遺跡は，JR甲府駅ホームの南西側に近接する甲府市丸の内1-1-3に所在し，調査開始直前までは，甲府駅ビルの駐車場として利用されていた。

　発掘調査は都市開発に伴うものとして，2002（平成14）年7月から約5カ月間にわたり実施された。この地点は，近世には甲府城の北西側の内郭部にあたり，内城に近接する武家屋敷地として，利用され続けてきたという歴史がある。

　甲府城の築城がおおむね整ったとされる浅野長政・幸長父子の在城期には，甲府城を中心とする都市計画も基本構造をなし，武田氏館南方から武田城下町を移した可能性が高いとされている。絵図が残っていないため，当時の具体的な姿はわからないが，遺跡の範囲にも，甲府城に関連する施設が存在していたと考えられる。

　絵図から，遺跡の範囲の当時の姿が明らかになるのは，柳沢家領有期以降である。柳沢吉保は江戸で幕政にあたっていたため，在城しなかったが，甲府城の大改修や甲府城下町の再整備を積極的に行った。とくに城下町については，絵図「柳沢時代ノ甲府ノ郭内郭外図」（山梨県立図書館蔵）により当時の様子を知ることができる。絵図によれば，遺跡の範囲は，柳沢家の石高200～300石級家臣の屋敷地2筆として区画されている。また柳沢家が大和郡山（現，奈良県）に移り，甲府勤番体制となってからも，江戸から家族らを伴い赴任した，甲府勤番士の屋敷地として利用され続けた。

　調査の結果，遺跡のほぼ中央部で，南北方向に延びる溝が何本も確認され，この溝群の方向が，甲府城下町の基本的な町割軸線と合致することから，武家屋敷の境界にかかわる遺構群として認識された。さらに土坑・井戸などが発掘された。

　遺跡からの出土品の主体は近世の遺物であり，とくに陶磁器類が多く発見された。陶磁器類については，時期によって，産地や器種・器形も変化していくが，これらの遺物は，甲府城下町で暮らした武士とその家族の生活を究明する資料になると同時に，近世都市としての甲府における物流のあり方を示す重要なデータとなるものである。

を破り，瀬立不動が水を導くという伝説があるが，『甲斐国志』では「山ヲ切ルヲ穴切明神ト云，水ヲ導クヲ瀬立不動ト云，皆，上世治水ノ功アリシ人ヲ祀リテ，神仏トス卜云ヘリ」として，治水の功がある人をまつって神仏にしたという。江戸時代には神社に由来す

甲府城とその城下町

る穴切の名を，地名にも使用していた。

　また，この地からは縄文土器も出土しており，縄文時代中期の甲府市上石田遺跡・高畑遺跡・朝気遺跡と同様に，古くから人が生活していたことを示している。

　本殿(国重文)は一間社流造，安土・桃山時代の作とされ，側面からみると屋根が棟を中心に，前後に水が流れるような線をもっているので「流造」といわれる。正面には美しい金具をつけた両開き戸があり，その前と両側面には，欄干付きの板縁がめぐらされている。各所に安土・桃山時代の彩色と特徴をもつ彫刻が配されている。

徽典館跡 ⑳

〈M▶P. 108, 135〉甲府市中央1丁目 中央公園内
JR中央本線・身延線甲府駅🚶10分

昌平坂学問所の分校で甲斐の教育の拠点

　甲府駅南口から平和通りを10分ほど南進すると，中央公園がある。公園の南東隅に，徽典館跡碑がある。

　徽典館は，江戸幕府が開設した学問所である。幕府が江戸に開設した昌平坂学問所の分校には，駿府(現，静岡市)の明新館と甲府の徽典館があった。徽典館は，1796(寛政8)年頃に創設された甲府学問所を，その前身とする。

　甲府学問所は，甲府城大手勤番支配の近藤淡路守政明と，山手勤番支配の永見伊予守為貞により設立された。1793(寛政5)年，甲府勝手小普請役であった富田富五郎(武陵)が迎えられ，勤番士の子弟に漢学を教授した。

　1803(享和3)年11月18日には，幕府の命を受けて，甲府学問所の学舎を甲府城追手門南三町(現，甲府市中央)に新築し，富五郎はここに居を移して，庶民で志ある者に対しても教授に励んだ。1804(文化元)年11月19日には，学問所で医学教授を開き，医学修得

徽典館跡碑

146　甲府市とその近郊

希望者の自由な聴講を許した。翌1805年には，当時の大学頭林衡によって徽典館と命名され，白河藩（現，福島県白河市）主松平越中守定信によって，「徽典館」の三字が扁額に揮毫された。徽典館は「慎みて人倫五常の道を修める所」の意味である。

1843（天保14）年には学舎の改築が行われた。総坪数1000坪（約3300m^2）以上，建坪177坪（約585m^2）の堂々たる学舎であった。また，江戸の昌平坂学問所などから蔵書を移して，設備の充実を図るとともに，同所からは毎年2人の教授が派遣され，これを徽典館学頭とよんだ。

徽典館では，毎月朔日・15日・28日・五節句をのぞく日は，午前8時から正午まで，学頭1人および助教授数人のもとで，素読が行われ，日を定めて午後から講釈・輪読・会読・詩文会などが行われた。このほかに館内に医学所を設け，日を決めて勤番医師および町村医らを集め，さまざまな医学書を研究させた。

徽典館の組織が整備されるにつれ，学ぶ者も，城内はもちろん城下の町人や近隣村落の村人も集まるようになり，明治維新まで続いた。

明治時代になって学制改革により，開智学校と改称され，1874（明治7）年，これを母体とした師範講習学校が発足し，翌1875年には山梨県師範学校となり，教員養成機関となった。現在の山梨大学教育人間科学部の前身である。

一蓮寺 ㉑

〈M▶P. 108, 135〉甲府市太田町5-16 P
JR中央本線・身延線甲府駅🚉伊勢行遊亀公園🚶3分

甲府城築城で移転した時宗の名刹

一蓮寺（時宗）は，甲府市立遊亀公園の北に隣接している。一蓮寺は，創建当初は一条忠頼の館跡である一条小山，すなわち現在の甲府城の地にあった。1184（寿永3）年に忠頼が，源頼朝より嫌疑をかけられ，鎌倉において謀殺された。この報を聞いた忠頼夫人は尼となり，館も尼寺とした。武田六郎信長が一条氏を継承し，その孫の時信が甲斐守護職のときに，他阿真教上人が甲斐を訪れた。上人に帰依した時信は，1312（正和元）年一条小山にあった尼寺を時宗の僧寺に改め，弟宗時を他阿真教上人の弟子とした。この弟子が法阿上人で，一蓮寺の開山である。

一蓮寺本堂　　　　　　　　　　　　　　　　山梨県議会発祥の地碑

　以降，武田氏の厚い保護を受けるが，徳川家康の入国に際し，甲府城築城計画にともない移転を迫られる。実際には1595(文禄4)年，加藤光泰による築城段階に現在地に移ったとされる。『甲斐国志』によれば，このときの寺の造営に際しては，4壁の溝に積まれた石までも，甲府城内の石畳同様の石を使用したとしている。1990(平成2)年より進められている，舞鶴城公園整備事業にともなう発掘調査において，石垣の裏側から，多くの墓石類や石臼などが発見され，一蓮寺の存在をうかがわせる資料として注目されている。

　文化年間(1804〜18)の大火により，本堂・庫裏・塔頭などを焼失したが，幕末には再建された。1877(明治10)年本堂において山梨県会条例にもとづく第1回県会が開催された。1945(昭和20)年の甲府空襲で全焼したが，その後復興され，現在に至る。

　寺宝の紙本著色渡唐天神像(県文化)は，室町時代初期の画僧明兆が描いた元絵を，武田信玄が模写して寄進したとされている。また絹本著色柳沢吉保像(県文化)は，狩野常信が1702(元禄15)年に描いた3幅の画像の1つである。画像はそれぞれ自筆の賛をつけて，1幅は一蓮寺に，1幅は先祖の菩提寺の青木常光寺(現，韮崎市清哲町青木)に寄進し，もう1幅は自邸においた(現在は奈良県大和郡山市の柳沢文庫蔵)。また一蓮寺過去帳(県文化)は，応仁の乱(1467〜77)以後のものが残されており，貴重な史料である。

　墓地には，1981(昭和56)年に伊勢地区の廃般舟院跡地より出土した五輪塔70基，宝篋印塔6基などの墓石群外出土品一式がある。般舟院は一蓮寺三十六院の1つで，甲府城築城にあたり，一条小山

廃般舟院跡地出土墓石群

より伊勢地区に移転し，明治時代初期に廃寺となり，荒川のたびたびの氾濫で跡地も埋没してしまった。墓石は，およそ南北朝時代から江戸時代のものとみられている。

一蓮寺の南に隣接して稲積神社がある。もともと稲積神社は庄城稲荷とよばれ，一蓮寺と同じように一条小山にあり，氏神として一条忠頼一族の崇敬するところとなっていたが，甲府城築城にあたり一蓮寺とともに現地に移された。その後，1868（明治元）年の神仏分離令で正木稲荷明神が独立し，稲積神社となった。毎年5月には，例大祭として正ノ木祭が開催され，植木市で賑わっている。

遠光寺 ㉒
055-235-1783

〈M▶P. 108, 135〉甲府市伊勢2-2　P
JR中央本線・身延線甲府駅🚌伊勢町営業所行遠光寺🚶1分

甲斐源氏加賀美次郎遠光ゆかりの寺

遠光寺バス停のすぐ西側に，遠光寺（日蓮宗）の山門がある。山門をまっすぐ進むと，正面に鉄筋コンクリート造りの大きな本堂があり，本堂の右側に客殿や庫裏が続いている。また本堂奥には，再建以前の名残りをとどめた庭園もある。

境内には伊勢通りからも入ることができ，伊勢通りに面した山門をくぐると，正面の本堂まで約50mの参道には，サクラ並木が続いている。

本堂は1945（昭和20）年の甲府空襲で焼失し，1970年に再建したものである。内藤多仲の設計によるもので，奈良法隆寺の夢殿を模している。多仲は南アルプス市出身の建築家・建築構造学者で，耐震構造の父と称されている。

遠光寺本堂

甲府城とその城下町

縁起には，1211(建暦元)年に加賀美次郎遠光が菩提寺として建立したとある。遠光は甲斐源氏で，系図のうえでは清光の3男となっているが，じつは義清の子で，清光の養子あるいは入り婿という説もあり，定かではない。一族は加賀美荘(現，南アルプス市加賀美)を拠点とし，西郡の大井・鰍沢や東郡の於曽(現，甲州市塩山)をその勢力としていた。遠光は，たびたび『吾妻鏡』にその名をみることができ，鎌倉幕府との関係をうかがうこともできる。

　遠光は寺院建立のため，京都の臨済宗建仁寺から明庵栄西を迎えようとしたところ，栄西は老齢のため弟子の宗明を派遣した。これが甲斐に禅宗が伝来した初めとされている。宗明を招いた遠光は，小曲村(現，甲府市小曲町)に寺院建立をはたし，感応山遠光寺と号した。

　1224(元仁元)年に遠光が亡くなると，寺は蓬沢村(現，甲府市蓬沢町)に移され，さらに天文年間(1532〜55)に現在の地に移された。なお中央自動車道工事の際に，小曲の字御堂屋敷の地下5〜6mから五輪塔が発掘され，小曲における遠光寺の初期の存在をうかがわせる。

　文永年間(1264〜75)，日蓮が身延山に至るとき，宗明は日蓮と法論を戦わせて敗れ，弟子となって日宗と改名し，寺を日蓮宗に改宗した。日蓮は法華経の一部の文字をもって「七重宝塔曼荼羅」を書き，日宗に授けた。遠光の墓と伝えられる石塔と，日蓮の真筆といわれる「七重宝塔曼荼羅」は戦災を免れ，今に至っている。

甲府市南部とその近郊

④

身延線沿いに点在する史跡に，中世武士団の足跡と庶民の信仰の歴史を垣間見ることができる。

住吉神社 ㉓
055-233-2479

〈M ▶ P.108, 151〉 甲府市住吉1-13-10 P
JR中央本線・身延線甲府駅 伊勢町営業所行終点 1分

甲斐源氏の軍陣守護神
甲府城築城により遷座

伊勢町営業所バス停でバスを降りて進行方向に70mほど進むと，住吉神社がある。新旧の鳥居をくぐると緑の木立に囲まれて落ち着いた風情の随身門，その奥に拝殿・本殿・神楽殿がたたずむ。拝殿・本殿は約380年前，随身門は約350年前の築造である。住吉神社は，底筒男命・中筒男命・表筒男命・神功皇后を主神に，伊勢・八幡・鹿島の3神をあわせまつっている。起源は古く，聖武天皇（在位724〜749）のころ，当地より北西1.2kmの高畑（現，甲府市高畑）に勧請したのに始まるといわれる。住吉神社は水運の守護神であることから，荒川西岸の高畑が，古くは河川交通の拠点であったとも考えられる。

平安時代末期に武

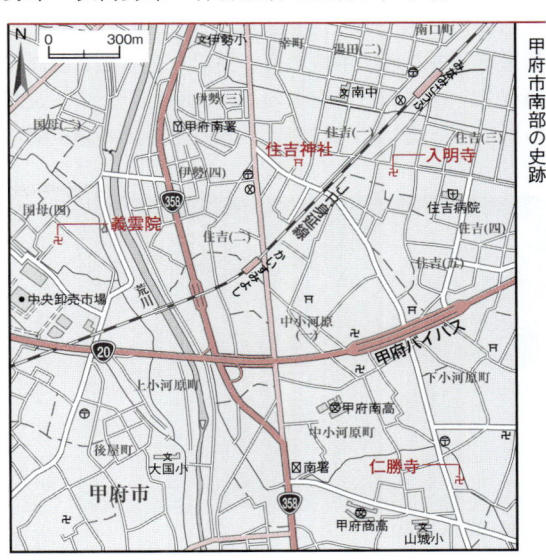

住吉神社

甲府市南部の史跡

甲府市南部とその近郊

田信義が一条小山へ遷座して、軍陣守護の神とし、のち甲府城築城に際して、文禄年間(1592〜96)に現在地に移された。そのため、今日に至るまで甲府城下町に多くの氏子をもっている。

旧暦正月20日に行われていた大祭は、現在は毎年4月3日に春祭りとして行われ、また7月16日のお田植祭では、小・中学生が早乙女になり、田植えを行う祭事が行われる。

入明寺 ㉔
055-235-5337 〈M ▶ P. 108, 151〉甲府市住吉4-13-36 P
JR身延線 南甲府駅 🚶10分

武田竜宝自害の地
盲目慈愛の信玄の2男

南甲府駅前の道路を南へ400mほど行き、住吉本町の踏切を渡って100mほど直進すると、入明寺(浄土真宗)の前に至る。寺伝によると、1487(長享元)年に京都からくだった浄閑法師により建立され、当初は長元寺と称していた。浄閑は村上源氏六条氏の出身で、蓮如の弟子にあたる人物である。のちに、武田氏の家臣内藤家の嫡流で、蓮如門下の栄順が住職となって以降は、代々その子孫が跡を継ぎ、延宝年間(1673〜81)に入明寺と改めた。

境内に入ってすぐ左手にあり、屋根に覆われた宝篋印塔は、武田信玄の2男竜宝(信親)の墓である。竜宝は、東光寺で自害した武田義信の弟であり、信玄の正室三条夫人を母とする。従来は、生来盲目のため、半僧半俗の生活を送ったとされていたが、近年の研究で、15歳ごろに疱瘡のため失明したとする説が出されている。のちに、信濃(現、長野県)の名族海野氏の跡を継いで海野次郎と称した。

長篠の戦い(1575年)で当主勝頼が大敗すると、竜宝は入明寺住職と図って、幼少の嫡子信道を長延寺の住職としている。長延寺はのちに光沢寺と改称し、東本願寺の別院となる。三条夫人が本

武田竜宝の墓(入明寺)

天津司の舞

コラム

芸

古式伝える神事芸能
人形浄瑠璃の始祖

　毎年4月10日前後の日曜日、甲府市小瀬町の天津司神社の船祭りでは、天津司の舞（国民俗）の神事が行われる。これは、人形芝居、あるいは人形浄瑠璃の始祖と称されている、古式豊かな神事芸能である。

　天津司神社から9体の人形が行列をつくり、笛や太鼓にはやされながら、約1kmほど南にある下鍛冶屋町の諏訪神社に「お成り」する。その境内には、青竹を組んで、周囲を幕で囲んだ船形の舞台（お船）が設けられており、その上で人形が夢幻的な舞を繰り広げる。

　伝承によれば、遠い昔、この辺りが河原であったころ、12神が天から降って舞楽を演じたが、2神は天に帰り、1神は西油川村（現、甲府市）の釜池に沈んだ。それ以降は、9神があらわれて舞うようになり、村人がその姿を模して人形（神形）をつくったのがこの神事の始まりという。

　9体の人形のうち、6体は楽器をもち、1体は鹿島様と称され立烏帽子で、手には刀をもっており、ほかの2体は姫と鬼をあらわしている。

　諏訪神社はもと小瀬にあったが、鎌倉時代の初めに、武田信光が下鍛冶屋に移したので、普段は小瀬の神主屋敷にまつってある神形が、例祭日にだけ下鍛冶屋に渡御するようになったと伝える。この神事芸能の起源は定かではないが、中世の田楽に特有のささら（数十枚の短冊形の板を結び両端をもって打ち鳴らす楽器）を使用するなど、古い形態を伝えている。

願寺門主顕如の義妹であることを考えると、竜宝は強大な一向宗の勢力を背景にしながら、したたかに武田家存続の手立てを講じていたとも考えられる。「お聖導様」とよばれ、民衆に慕われた盲目慈愛の人物像とは異なる、戦国武将としての竜宝の一面が垣間見える。

　1582（天正10）年3月、竜宝は勝頼自刃を聞いて、この寺で自害した。結局、信玄の系統で現在まで続いているのは、竜宝の子孫であり、江戸時代には幕府の儀式典礼を司る高家として、大名に準ずる格式を与えられた。

仁勝寺 ㉕　〈M ▶ P. 108, 151〉甲府市小瀬町406　P
055-241-3005　JR中央本線・身延線甲府駅🚌中道行山城小学校🚶5分

　山城小学校バス停から北へ150mほど戻って右に折れると、仁勝寺（臨済宗）の山門の前に出る。1470（文明2）年、甲斐守護武田信重の弟信長が開基した寺である。本堂裏の法隆寺夢殿を模した八角

甲府市南部とその近郊　153

木造聖徳太子立像(仁勝寺)

聖徳太子立像を所蔵 鎌倉時代後期の秀作

形の保存庫には，本尊の木造聖徳太子立像(国重文)が安置されている。高さ約1.15mのヒノキの寄木造で，彩色が施されている。表面には金泥の鳳凰紋などがわずかに残っており，往時の彩色の美しさを伝えている。聖徳太子像のなかでは，孝養像とよばれるもので，16歳の太子が父用明天皇の病気平癒を祈る姿をあらわしたものである。多くの孝養像が，眉や目がつり上がった理知的な顔立ちなのに対して，眉や目はつり上がらず，むしろあどけなさを残す少年の顔をしており，若々しいなかにも威厳を感じさせる，鎌倉時代後期の秀作である。

寺伝によると，武田家の城内に相伝されていたが，1582(天正10)年の武田家滅亡の際に，勝頼の命で仁勝寺に移されて，本尊になったとされる。1945(昭和20)年の甲府空襲で伽藍はすべて焼失したが，聖徳太子像だけは奇跡的に持ち出されて，その品格ある姿を現在に伝えている。

義雲院 ㉖
055-224-4694

〈M▶P.108, 151〉甲府市国母4-17-15　P
JR中央本線・身延線甲府駅🚌山梨大附属病院行・鰍沢営業所行
甲府中央市場🚶10分

名僧鉄山の印可状 雨降り地蔵でも有名

甲府中央市場バス停の80mほど南の三差路を東に直進し，中央市場の手前を左折して，市場の北側に回り込むと，義雲院(臨済宗)がある。

寺記によると，武田信玄の家臣石坂筑後守次庵(のちに窪田氏)の創建で，開山は，次庵の子である鉄山宗鈍禅師とされる。

鉄山は恵林寺で得度修行ののち，駿河の名刹臨済寺(現，静岡市)で太原崇孚・東谷宗杲らの名僧に師事し，26歳のときに京都にのぼって国内外の学問を修め，武田信玄・勝頼父子，今川氏親，徳川家康の帰依を受け，恵林寺や平林寺(埼玉県新座市)の再興につくした。そのほか，妙心寺(京都府京都市)，臨済寺の住職もつとめた

鉄山印可状（義雲院）

名僧である。義雲院には，鉄山が26歳の若さで東谷禅師から受けた鉄山印可状（県文化）や，紙本著色鉄山禅師画像などの貴重な資料が残されている。

境内入口にある六地蔵石幢は「雨降り地蔵」とよばれ，干ばつのときに，六地蔵の一部分を近くの川に投げ込むと，雨が降ると伝えられる。

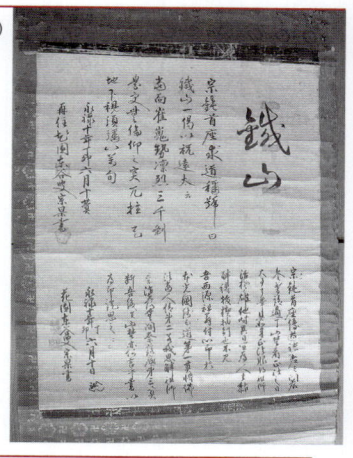

義清神社 ㉗ 〈M▶P.108, 156〉 中巨摩郡昭和町西条4265 P
JR身延線国母駅 大 12分

源義清の居館跡の伝承
土塁の遺構を確認

国母駅から北西方向に約300m直進し，県道3号線を横切って200mほど先の小さな辻を右へ曲がると，義清神社に至る。源義清は新羅三郎義光の3男で，常陸国那珂郡武田郷（現，茨城県ひたちなか市武田）に住していたが，1130（大治5）年にその子清光の乱行を理由に，甲斐国市河荘に配流された。義清神社は，義清の没後その館内に社殿を造営して，義清大明神と称したのが始まりといい，付近には義清の墓といわれる義清塚もある。本殿西側には，1794（寛政6）年に建てられた義清詠とされる歌碑があって，「義清　いと　敷　はにふの小屋の淋しきに　千鳥鳴なり市川のもり」と刻まれている。

しかし，市川三郷町（旧市川大門町）平塩の岡を義清の居所とする説も根強い。1985（昭和60）年の義清神社の学術調査で，神社南側の堀跡に接して土塁の遺構が確認され，北側からは帯状の敷石遺構の一部が発掘された。そのほか12世紀の土

義清神社

甲府市南部とその近郊　155

鰐口（妙福寺）

師器なども出土したが，義清に直接結びつくような資料を出すには至っていない。

妙福寺 ❷⑧

〈M ▶ P. 108, 156〉 中巨摩郡昭和町上河東383
JR身延線 常永駅 🚶 5分

天文4年銘鰐口を所蔵
甲斐源氏穴山氏の関連

　常永駅前を西進し，二俣を右に折れて約200m進むと，保育所に隣接して妙福寺（日蓮宗）がひっそりとたたずんでいる。妙福寺は，もと海蔵寺という真言宗の寺院であったが，1310（延慶3）年に住職の常明が，身延山久遠寺2世日向に帰依して日蓮宗に改宗するとともに，寺号も改めて法華経の道場とした。のちに，本山に対する功労により身延山直末の寺となった。

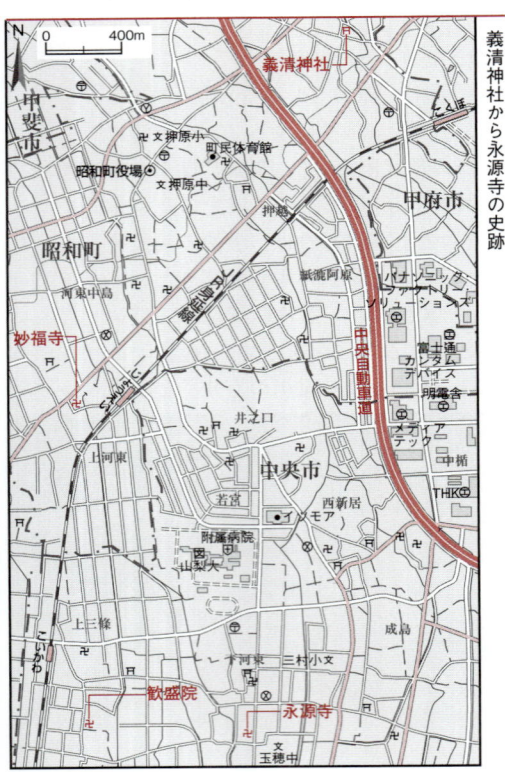

義清神社から永源寺の史跡

　本堂内にかけられている鰐口（県文化）には「天文四（1535）年」，「甲州巨麻郡河内下山郷新長谷寺公用」「大檀那源信友」などの銘がある。信友とは，河内領主穴山信友のことであり，穴山氏の全盛期に建立された新長谷寺の鰐口が，武田氏滅亡や穴山信君が本能寺の変の直後，

堺からの帰途，一揆に殺されるという混乱のなかで流出したものと考えられる。鋳銅製で，口径31.5cm・胎高8.5cmを測る。その鋳造には，巨摩郡天狗沢（現，甲斐市）から宇津谷（現，甲斐市）にかけての地域を拠点としていた中世鋳物師集団が深くかかわっていたと考えられる。

歓盛院 ㉙
055-273-4089　〈M▶P. 108, 156〉中央市下三條88　P
JR身延線小井川駅🚶10分

国重文木造薬師如来坐像
平安時代初期一木造の秀作

　小井川駅を出て50mほど東進して右折し，600mほど南進して下三條の集落に入ると，左側の木立の中に歓盛院（曹洞宗）がある。1194（建久5）年に真言宗の寺院として建立されたが，1471（文明3）年に，大虚自円禅師が再興したときに曹洞宗に転じた。本堂脇の保存庫には，木造薬師如来坐像（国重文）が安置されている。当寺が真言宗寺院であったときの本尊で，像高84.7cm，トチの一木造・彩色像で，螺髪は彫り出しになって

木造薬師如来坐像（歓盛院）

いる。台座と光背は失われているが，内部が刳り抜きになっており，平安時代初期の一木造から中期の定朝様に代表される寄木造への過渡期的技法を示す優作である。普段は公開されていないが，毎年10月の第1土曜日に1日だけ開帳が行われる。

永源寺 ㉚
055-273-2536　〈M▶P. 108, 156〉中央市下河東880　P
JR身延線小井川駅🚶20分

藤原時代の聖観音立像
普化禅師坐像も所蔵

　歓盛院を出て南に進み，最初の四つ角を東へ折れて1kmほど進むと，永源寺（曹洞宗）の前に出る。永源寺は，奈良時代に華厳宗の寺院として創建され，のちに真言宗に転じたと伝えられる。所蔵の位牌に「当寺開基下河東荒梵玄居士神儀」とあり，「天徳元（957）年没」と記されている。しかし，河東（加藤）梵玄は室町時代に一条

甲府市南部とその近郊　　157

木造聖観音立像(永源寺)

普化禅師坐像(永源寺)

家を継いだ武田信長の家臣として勇名を馳せた人物であり、中世までの寺歴にはなお不明な点が多い。慶長年間(1596〜1615)には田中豊前守が再興し、龍華院(甲府市)より愚庵宗智和尚を招いて開山として曹洞宗に改め、末寺13ヵ寺をもつほどに繁栄した。山門左手の観音堂に安置されている木造聖観音立像(国重文)は、ヒノキの寄木造で、像高97cm、もともとは脇侍仏としてつくられたものと考えられるが、藤原時代の風格を備えた秀作である。毎年3月第1日曜日に開帳が行われている。

　永源寺から南へ約1kmの乙黒には、江戸時代に虚無僧寺として名高かった明暗寺(普化宗)の遺跡碑がある。1871(明治4)年に廃宗廃寺となり、本尊の普化禅師坐像と鬼瓦などが永源寺に預けられた。毎年4月29日には、虚無僧行列と、永源寺において禅師像の前で尺八を吹く行事が催されている。

甲府市北西部と山岳地域

5

古墳時代後期から開けていた地域であり、御岳信仰の参詣路として発展。往時の賑わいを偲ぶ史跡も多く残る。

塩沢寺(えんたくじ) ㉛
055-252-8556

〈M▶P. 108, 159〉 甲府市湯村(ゆむら)3-17-2
JR中央本線・身延線甲府駅 🚌山宮循環湯村温泉 🚶3分

空海上人開創の古刹「厄地蔵さん」で有名

　湯村温泉バス停から西へ進むと、湯村温泉郷のはずれに、厄除地蔵尊で有名な塩沢寺(真言宗)がある。寺伝によると、808(大同3)年に弘法大師空海上人が諸国行脚の途中、この地にて厄除地蔵菩薩の霊験を感じて、6寸余り(約18cm)の坐像(現在は秘仏)を彫刻し、開眼したのが開創で、その後、955(天暦9)年に空也上人が開基となって以降、福田山塩沢寺と称したとされる。

　現在、本尊としてまつられている石造地蔵菩薩坐像(県文化)は、坐高約1.5m自然石の台座に安置された石造の乾漆像で、室町時代以前の作と推定されているこの本尊がいわゆる「厄地蔵さん」である。毎年2月13日正午から14日正午の間にお参りすると、厄払いの願いを聞き届けてくれるということで、この2日間の祭礼には、県内外から多くの参拝者で賑わう。

　2層の山門をくぐって急な石段をのぼると、正面に本尊を覆って建てられている地蔵堂(国重文)がある。桁行6.36m、梁間7.27m、屋根は寄棟造・茅葺き形の銅板葺きで、建立の時

甲府市西部の史跡

塩沢寺地蔵堂　　　　　　　　　　　　　石造地蔵菩薩坐像(塩沢寺)

期は室町時代末期とする説が有力であったが、近年の建築史研究では、その装飾様式から、江戸時代初期とみる説も出されている。地蔵堂の右手後ろに、3基の無縫塔（むほうとう）が並んでいる。右端の「応安七（1374）年」銘があるものが県の指定文化財である。無縫塔の近くには、県内最古の「貞和六（1350）年」銘の阿弥陀種子の板碑が立っている。また、山門の脇には、樹齢約450年といわれる舞鶴のマツ（県天然）が、見事な枝振りをみせている。

加牟那塚古墳（かむなつかこふん）㉜

〈M▶P. 108, 159〉甲府市千塚3-7
JR中央本線・身延線甲府駅🚌山宮循環湯村温泉🚶10分

県内2位の大型円墳
甲府北部の盟主的古墳

湯村温泉バス停から西へ進み、塩沢寺の前で左折して、100mほど先を右に折れ、最初の辻を右折して水道路（すいどうみち）とよばれる細い道を400mほど行くと、左手に加牟那塚古墳（県史跡）の丸い墳丘がみえてくる。この付近には多くの古墳が点在していたことから、千塚の地名がおこったといわれるが、江戸時代までにその多くは失われ、加牟那塚古墳のみがよく保存され、往時を偲ばせている。

加牟那塚古墳は基底の周囲122m・高さ7.3mで、円墳（えんぷん）としては姥塚（うばつか）（笛吹（ふえふき）市

加牟那塚古墳

甲府市とその近郊

御坂町）につぐ県内第2位の規模をもつ，甲府市北部の盟主的古墳である。横穴式石室が南西に向かって開口し，石室の奥行は約17m（羨道部分6.3m，玄室部分10.3m），入口部分は高さ・幅とも1.52m，奥壁の高さ3.1m・幅3.38mある。蓋石は大石7枚が使用されており，奥壁も巨大な1枚石でできている。

かなり古い時期に盗掘されたらしく，副葬品などは出土していないが，埴輪の破片が確認されている。古墳の上にのぼることもでき，周囲の荒川扇状地に広がる，古墳埋葬者の支配領域を見渡すことができる。

青松院 ㉝
055-252-6871

〈M▶P.108, 159〉甲府市山宮町3314　P
JR中央本線・身延線甲府駅🚌山宮循環西甲府病院🚶5分

藤原時代の十一面観音立像近年仏舎利殿が完成

西甲府病院バス停から北へ坂道を300mほどのぼると，青松院（曹洞宗）に至る。寺伝によると，武田信満の子信安の孫紀州太守伊春（信章）により，1522（大永2）年に，大栖元奝禅師を開山として創建されたという。数年前に藁葺きから板葺きに改築された山門の奥には，1996（平成8）年に完成した仏舎利殿が，禅宗様の落ち着いたたたずまいをみせている。法堂に安置されている木造十一面観音立像（県文化）は寄木内刳立像で，平安時代中期の作と推定される。もと青松院の北東約1kmの羽黒山頂の観音堂にまつられていたものを，青松院に移したといわれている。同じく法堂内にある不動明王像とともに，県内でも数少ない藤原時代の秀作である。

青松院木造十一面観音立像

立本寺 ㉞
055-253-3314

〈M▶P.108, 159〉甲府市池田2-15-19
JR中央本線・身延線甲府駅🚌東海高校経由敷島営業所行池田2丁目🚶5分

池田2丁目バス停から北へ100mほど進み，1つ目の信号の先

甲府市北西部と山岳地域　　161

立本寺本堂

室町時代中期築造の本堂
当初は護摩堂建築

30mほどのところを右折して、狭い道を道なりに150mほど行くと、右側に立本寺(日蓮宗)がみえる。寺記によると、元久年間(1204〜06)に、真言宗の龍本寺として建立され、その後、1396(応永3)年、11代住職順海のときに日蓮宗に改宗し、龍の字を改めて立本寺を号したとされる。

立本寺本堂(県文化)は、かつて真言宗時代に護摩堂であったもので、1855(安政2)年に本堂大破にともなって、内陣・外陣の区別をなくすなどの修復・改造が行われた。1924(大正13)年には、藁葺きの上からトタンをかぶせるなどの改修が行われているが、室町時代中期の手法をよく残している。正面は、現在3間の規則的な間口となっているが、当初は5間の柱間としており、残存している礎石や柱上部から旧観を理解することができる。

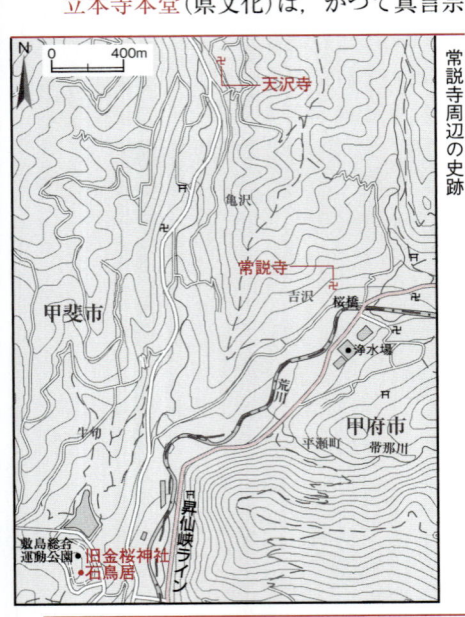

常説寺周辺の史跡

常説寺 ㉟
055-277-3727
〈M▶P. 108, 162〉甲斐市吉沢714　P
JR中央本線・身延線甲府駅🚌昇仙峡行桜橋🚶3分

桜橋を渡って、狭い道を左折し、保育園の脇をのぼると常説寺(日蓮宗)に着く。寺記によると、伝教大師最澄の弟子栄澄の開山で、当初は台嶺山円乗寺と称する天台宗の寺院であった。その後、鎌

『甲斐国志』

コラム

甲府勤番支配が9年の歳月をかけて編纂

『甲斐国志』全124巻は、甲府勤番支配松平定能によって編纂され、1814(文化11)年に、完成して江戸幕府へ献上された地誌である。

1805(文化2)年に、甲府勤番支配に着任した松平定能は、前任の滝川利雍らの地誌編纂事業を引き継いで、みずから総裁となった。巨摩郡西花輪村(現、中央市)の長百姓内藤清右衛門・同郡上小河原村(現、甲府市)の神主村松弾正左衛門・都留郡下谷村(現、都留市)の長百姓森島弥十郎ら、民間の学者を編纂主任に起用した。そして定能の家臣の待遇を与え、国内の村や町から、その概況を始め、絵図や寺社・旧跡・旧家などの書上、および古文書を提出させた。

編纂所は甲府勤番支配の役宅においたが、翌年定能が江戸城西丸小姓組番頭に転任してからは、内藤清右衛門方を事務所とし、定能は手紙によって指図し、草稿ができると江戸の定能宅に送って校正を受けた。

9年の歳月をかけて完成した『甲斐国志』は、提要・国法・村里・山川・古跡・神社・仏寺・人物・士庶・付録などの諸部からなり、一貫して科学的・学問的な態度をもって編纂されている。中央市西花輪の内藤家には、「甲斐国志草稿及び編集諸資料3152点」(県文化)が保存されている。

その内容は、御改め村方書上帳(731冊)、同書上(97点)、御改め村方絵図(684枚)、寺社由緒書上(1120点)、個人由緒書上(167点)、旧跡・古文書等書上(64点)であり、完成本には収録されていない村絵図のほか、貴重な資料が多く伝存している。

倉時代の文永年間(1264〜75)に、住僧が日蓮の教えを受けて改宗し、安楽院日乗と名乗るとともに、寺号も常説寺に改めたとされる。

本堂手前の白壁の宝物庫には、鎌倉時代のものと認められる白輿(国重文)が保管されている。白輿とは、漆や装飾を施さない素木の板輿のことであり、高貴な人に限って使用されたも

常説寺白輿

甲府市北西部と山岳地域

のである。寺記によると，1221(承久3)年の承久の乱で敗れ，佐渡(現，新潟県)に配流された順徳上皇が，越後の寺泊(現，新潟県)から甲斐の御岳金桜神社に，祈願の奉幣使を派遣し幣帛を捧げたが，この先は道が険阻のため，奉送の輿はこの寺に納められ，これ以降，山号を順徳院山と称したと伝えている。

輿は，ヒノキ・ツガの年輪のこまかい糸柾目の良質材でつくられ，屋根は切妻でゆるやかに反り，正面左右には木瓜形の手形がつけられている。全体に簡素であるが，そのほかの細部の形状からも，古式の特徴と品格がうかがえ，鎌倉時代に遡る逸品と認められる。

鎌倉時代の白輿が現存
順徳上皇の奉幣使が奉納

羅漢寺 ㊱　〈M▶P.108〉甲斐市吉沢4835
JR中央本線・身延線甲府駅🚌昇仙峡行天神森🚶30分

北山筋の高野山
阿弥陀如来坐像と羅漢像

天神森バス停から，仙娥滝に向かって渓谷沿いに3.5kmほど歩き，吊り橋を渡ると，正面の林の中に羅漢寺(曹洞宗)がある。創建は明確ではないが，『甲斐国志』には「古時は北山筋の高野山と称す。真言宗なり」とあり，奇岩や巨岩が連なる山中につくられ，一の岳に弥陀，二の岳に釈迦，三の岳に薬師の像が，岳の下には五百羅漢の像がおかれていたとされる。大永年間(1521〜28)に，東八代郡一宮町(現，笛吹市)の妙亀山広厳院4世俊屋和尚によって中興されたときに曹洞宗に改宗し，1651(慶安4)年に火災で焼失後，現在地に移転されたと考えられる。

境内の保存庫には，木造阿弥陀如来坐像と木造五百羅漢像(ともに県文化)がある。阿弥陀如来坐像は，像底銘から1423(応永30)年の造立で，当初は釈迦如来像であったことがわかる。後世に印の改変が行われたのであろう。五百羅漢は，ヒノキの一木造で，現在154軀が残る。羅漢とは阿羅漢の略称で，小乗仏教の修行者の最上

羅漢寺

位をさしている。作風はほとんどが同一系統であるが、その姿態と表情は千差万別で、個性豊かな群像である。像底には「応永三十一(1424)年」などの銘があることから、室町時代の秀作と考えられる。

金桜神社(かなざくらじんじゃ) ㊲
055-287-2011
〈M▶P.108〉甲府市御岳町(みたけちょう)2347 P
JR中央本線・身延線甲府駅🚌昇仙峡滝上行金桜神社前(たきうえ)🚶1分

日本三御岳の1つ 山岳信仰の霊場

金桜神社前バス停でバスを降りると、すぐ前が金桜神社である。社伝によれば、崇神(すじん)天皇の世に諸国に疫病(えきびょう)が蔓延(まんえん)し、悪病退散・万民息災を祈願して、神社の北方約20kmにある金峰山(きんぷさん)(2595m)の山頂に少彦名命(すくなひこなのみこと)をまつったのが始まりとされる。その後、日本武尊(やまとたけるのみこと)が東征の際に金峰山にのぼり、須佐之男命(すさのおのみこと)と大己貴命(おおなむちのみこと)を合祀し、雄略(ゆうりゃく)天皇のときに山宮よりこの地に遷祀し里宮(さとみや)と称した。さらに698(文武(もんむ)2)年、勅により大和国(やまと)(現、奈良県)金峰山(きんぷさん)より蔵王権現(ざおうごんげん)が勧進(かんじん)合祀されたと伝える。

金桜神社は、日本三御岳の1つであり、山岳信仰の霊場(れいじょう)として、修験者(しゅげんじゃ)の道場として栄えた。また、鎌倉時代以降は武田氏の祈願所(こう)として保護を受け、近世以降は御岳講が盛んになり、庶民の信仰を集めた。門前の御岳集落は、明治時代初期まで神職の家が約70軒、御岳講の信者を泊める御師(おし)の家が約200軒もあった。

金桜神社の本殿・拝殿は、鎌倉時代の建築物で、1955(昭和30)年の火災で焼失した。その後再建されたが、周囲の社叢(しゃそう)を含め、往時の面影は失われてしまった。しかし、武田勝頼(かつより)奉納と伝えられる「井関(いせき)(安土(あづち)・桃山(ももやま)時代の面打師(めんうちし))」銘の能面(のうめん)8面、蒔絵鼓胴(まきえこどう)・蒔絵手箱(てばこ)など(いずれも県文化)、安土・桃山〜江戸時代初期の文化財が、焼失を免れて所蔵されている。

金桜神社

甲府市北西部と山岳地域

江戸後期の土蔵造 年貢米や備蓄穀の貯蔵倉

上菅口・下菅口の郷倉 ㊳

〈M▶P.108〉甲斐市上菅口194・下菅口267
JR中央本線・身延線甲府駅🚌昇仙峡滝上行
獅子平🚶20分

上菅口の郷倉

　獅子平バス停から北へ300mほど進み，上菅口・下菅口入口の標識に従って1kmほど急な坂道をのぼると，下菅口に至る。橋を渡って集落に入ると，段々畑の上に下菅口の郷倉（県文化）がある。郷倉は江戸時代，年貢米を一時的に保管するために設置された収納倉庫であり，凶作のとき，非常救済のための貯穀倉としても利用された。この郷倉は土蔵造，桁行2.8m・梁間2.44m，切妻造で中央1間に片引板戸を入れた小規模で簡素なものである。江戸時代後期から幕末にかけての建造と考えられる。現在は，全体をトタン板で覆ってあるため，外からみることはできない。

　下菅口の入口から300mほど坂をのぼって，上菅口の集落に入ったところで右側の斜面を見上げると，山腹に上菅口の郷倉（県文化）がみえる。集落を抜けてまもなくの辻を右折して，急な坂道を200mほどのぼったところに，郷倉がひっそりとたたずんでいる。土蔵造，桁行6.4m・梁間2.7m，切妻造・桟瓦葺きで，倉の内部は東西の2間に仕切られ，それぞれに入口がある。南面西側に採光窓があるほかは，4周土壁である。建造年代は，天保年間（1830～44）頃と考えられている。

天沢寺 ㊴
055-277-2822

〈M▶P.108, 162〉甲斐市亀沢2609　Ｐ
JR中央本線・身延線甲府駅🚌昇仙峡滝上行久保🚶3分

　久保バス停から坂道をのぼって行くと，天沢寺（曹洞宗）の総門に至る。寺伝によると，1472（文明4）年，亀沢一帯の領主であった飯富氏が，雲岫派の名僧鷹岳宗俊を開山とした名刹で，北岳禅林の

御岳昇仙峡と円右衛門

コラム

奇岩・珍石の渓谷美
天保期に御岳新道開削

御岳昇仙峡は秩父多摩国立公園にあり，国の特別名勝である。奥秩父の主峰金峰山(2595m)と国師岳(2592m)を源とする荒川の渓流が，大小さまざまな奇岩・珍石による絶景の渓谷美をつくり出している。長潭橋から仙娥滝に至る約4kmの渓谷沿いの道は，春には新緑の緑，秋には紅葉の赤，それらと花崗岩の白さ・清流が織りなす渓谷美を堪能することができる。花崗岩が浸食されてできた亀石・猿石・駱駝石などの奇石，大砲岩・五月雨岩・天狗岩や180mの巨峰覚円峰は，いつみても見事である。

この御岳昇仙峡が観光名所として世に知られるようになったのは，江戸時代末期天保年間(1830～44)の御岳新道の開削がきっかけであった。その開削を行ったのが長田円右衛門であった。当時，仙娥滝上の猪狩村・川窪村・黒平村(いずれも現，甲府市)から甲府城下への道は，御岳山への参詣路でもある荒川右岸の険しい峰道しかなく，城下への往復は一日がかりであった。

猪狩村の農民であった円右衛門は叔父勇右衛門らとともに，私財を投入し，近隣の村々の協力をこい，1835(天保6)年に渓流沿いの新道開削に着手した。途中，大水や資金不足による中断，天保の飢饉などの困難を乗り越えて，1843年に9年の歳月をかけて完成した。円右衛門は，新道の完成後も修理のための募金活動を続ける一方，高成村(現，甲府市)腰越に休憩所をつくり，湯茶の接待をしたり，わらじを売って通行人の便宜を図った。人びとはこれを「接待亭」「お助け小屋」とよんだ。自家の経営もかえりみず，新道開削につくした円右衛門の晩年は，貧しいものだったという。

甲府勤番士や各地の文人・学者ら，ここを訪れる人が多くなり，江戸時代末期の紀行文にも，御岳新道と御岳昇仙峡の景勝が記されるようになった。こうして，名勝御岳昇仙峡の名が，広く知られることになったのである。

北岳禅林といわれた名刹
応永の刻銘の六地蔵幢

名で知られている。

飯富氏は，甲斐源氏の流れをくむ，武田氏譜代の重臣であり，亀沢・西八幡郷を領した。飯富虎昌は知略抜群の勇将で，武田信玄の嫡男義信の守役となったが，信玄と義信の対立に巻き込まれ，1565(永禄8)年に義信とともに自刃した。虎昌の弟昌景は，兄の死後，山県氏を称して侍大将として活躍したが，長篠の戦い(1575年)で壮絶な戦死を遂げた。『甲斐国志』に「開基飯富・山縣兄弟の牌子を

天沢寺六地蔵幢

置く」とあるが、時代から考えて天沢寺の開基は、兄弟の父か祖父の代であろう。

総門の脇には、高さ2.34mの六地蔵幢(県文化)が立っている。宝珠・笠・龕・中台・幢身・基礎からなり、宝珠は五輪塔空風輪が転用されている。龕部は後世に補われたもので、中に六地蔵が納められている。幢身は下部がわずかに広がる平面六角柱状で、「応永三十三(1426)年」の刻銘がはっきりと読みとれる。県内で紀年銘をもつ中世六地蔵幢は少なく、造立期の部材がある程度揃っている点でも貴重な文化財である。

亀沢川沿いの上福沢から亀沢にかけての地域には、6基の中世六地蔵幢や「天正六(1578)年」造立の地蔵板碑があり、亀沢渓谷一帯の中世の信仰生活を知るうえでも、興味深い資料である。

旧金桜神社石鳥居 ㊵

〈M▶P. 108, 162〉甲斐市牛句2814　P
JR中央本線・身延線甲府駅🚌昇仙峡滝上行牛句
🚶10分

金桜神社の旧一の鳥居
1986年に復元

牛句バス停から、西側の山に向かう坂道をのぼると、敷島総合運動公園に至る。公園の東南の一角に、旧金桜神社石鳥居(県文化)がある。この鳥居は、もと御岳道に立っていた金桜神社の一の鳥居と伝えられる。『甲斐国志』に「第一華表は亀沢村東御霊若宮の辺に在り、折れて荊榛の中に倒る」とあり、年代は明らかではないが、なんらかの原因で倒れ、御岳道とよばれる旧道

旧金桜神社石鳥居

168　甲府市とその近郊

脇(現,甲斐市吉沢地内)に倒伏したまま放置されていた。1986(昭和61)年2月に保存のため,旧敷島町教育委員会によって現在地へ復元・移転された。

　鳥居は安山岩製,高さ3.12mの明神鳥居で,柱は直径約57cm・柱間3.03mでどっしりとしている。旧笠木・島木(県文化)は,左右2つずつに折れてしまっている。笠木はゆるやかに反っているが,反り増しはない。島木は水切(垂直)に切ってある。貫は太く,正方形の額束は,もとのものをそのまま使用して復元されている。その構造や手法に,鎌倉時代の特徴をよくあらわしており,御岳信仰の歴史を今に伝える貴重な遺構である。

光照寺 ㊶

〈M▶P.108, 170〉 甲斐市岩森1622　P
JR中央本線塩崎駅🚶5分

武田氏の保護で繁栄室町時代後期の様式

　塩崎駅から線路に沿って北西へ進み,踏切を左手にみながら四ツ角を右折すると右手に,光照寺(曹洞宗)薬師堂(国重文)がみえてくる。光照寺はもとは北東約1kmの団子新居(現,甲斐市)にあったのを,1510(永正7)年に武田信虎によって岩森村坊沢(現,甲斐市)に移され,坊中百軒とよばれるほどの隆盛をきわめた。1582(天正10)年に,甲斐に攻め込んだ織田信長の家臣川尻与兵衛により全山に火をかけられたが,薬師堂のみ焼失を免れ,江戸時代初期に現在地に移築された。『甲斐国志』には,「薬師堂あり,拝殿飛騨工匠本州にて樽造りの最初と伝えたり」とある。樽造りの古例としては,13世紀末に建てられた大善寺本堂(甲州市勝沼町)があるので,「最初」とみることはできないが,天井の四方に向かってかけられた垂木が,美しい室町時代後期の様式をよく残している。

　堂は方3間の小宇で宝形造,阿弥陀堂の形をあらわす簡素なものである。1969(昭和44)年に解体修理が施された。堂内には宋様式の一間厨子(国重文)があり,薬師如来像を安置して

光照寺薬師堂

甲府市北西部と山岳地域

いる。薬師堂とほぼ同時期のものと考えられる。

船形神社石鳥居 ⑫ 〈M▶P.108, 170〉甲斐市志田1（諏訪神社内）
JR中央本線塩崎駅🚶10分

応永4年の刻銘 古式を伝える名作

塩崎駅周辺の史跡

光照寺薬師堂の石段をくだり，JR中央本線の踏切を横切ってすぐを右折して細い道を400mほど進み，県道6号線に出て200mほど北西に進むと，ガソリンスタンドの手前に船形神社の石鳥居が立っている。船形神社は通称であり，本来は諏訪神社である。『甲斐国志』によると，現社地の南，字砂間に船塚とよばれる古墳があり，もとはその墳丘上に社殿が建てられていた。そのため往古には，3月と6月に神輿を古社地船塚へ移してまつったとされている。

江戸時代に釜無川の水害を避けて，人家が山麓に移転するのにともない，神社も現在地に遷座され，その際に鳥居も移建されたものと考えられる。鳥居の材質は安山岩で，右柱に「応永四(1397)年丁丑 四月日立」の刻銘があり，室町時代初期の遺構として，その時代の基準を示す点からも貴重である。高さは約2.5m，幅は約1.70mを測る。幅にくらべて背が低く安定感があり，柱はわずかに傾きをみせ，またわずかながら先細りであるほか，少々胴張(エンタシス)になっている。笠木と島木は真反りで，その両端の切り方はやや内斜になっている。その姿は後世のものと相違点が多く，総じて古格を保つ名作である。

Nirasaki Hokuto

八ヶ岳を仰ぐ

新府桃源郷

韮崎から八ヶ岳を望む

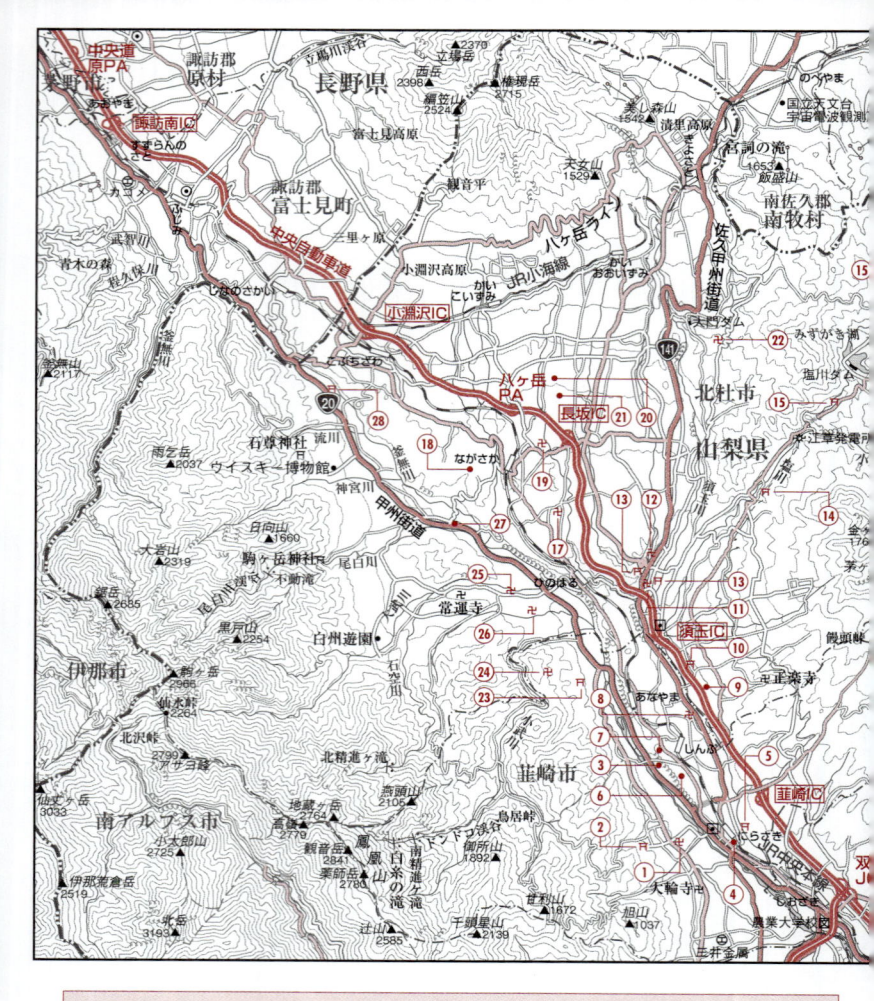

①願成寺	⑨八代家住宅	⑮比志神社・神部神社	㉒海岸寺
②武田八幡神社	⑩宇波刀神社	⑯増富温泉郷	㉓宇波刀神社
③七里岩地下壕群	⑪長泉寺	⑰妙林寺	㉔宗泉院
④韮崎宿	⑫正覚寺	⑱清春の桜群	㉕万休院
⑤勝手神社	⑬諏訪神社・三輪神社	⑲清光寺	㉖実相寺
⑥坂井遺跡	⑭獅子吼城跡・根古屋神社	⑳谷戸城跡	㉗台ヶ原宿
⑦新府城跡		㉑金生遺跡	㉘諏訪神社
⑧昌福寺			

◎八ヶ岳山麓散歩モデルコース

韮崎宿散策コース　　JR中央本線韮崎駅_10_平和観音_5_雲岸寺_5_小林一三生家跡_5_韮崎宿本陣跡_3_一橋家陣屋跡_5_船山河岸碑_15_JR韮崎駅

国道20号線沿線ドライブコース　　JR中央本線韮崎駅_2_韮崎宿_10_新府城跡_15_実相寺_15_万休院_10_台ヶ原宿_10_諏訪神社_30_JR韮崎駅

武田氏関係史跡コース　　JR中央本線韮崎駅_15_願成寺_5_武田氏館跡_5_武田八幡神社_30_白山城跡_15_新府城跡_15_若神子城跡_5_正覚寺_15_清光寺_10_谷戸城跡_30_JR韮崎駅

バス利用七里岩コース　　JR中央本線韮崎駅_30_長泉寺_10_諏訪神社_15_若神子城跡_15_正覚寺_20_旧津金学校校舎_40_海岸寺_20_上津金バス停_60_JR韮崎駅

八ヶ岳南麓ドライブコース　　JR中央本線長坂駅_3_清光寺_10_金生遺跡_5_谷戸城跡_10_三分一湧水_3_棒道_20_白樺美術館_10_JR長坂駅

① 韮崎駅の周辺を歩く

韮崎は武田氏発祥の地で、周辺には武田氏関連の史跡が目立つ。いにしえの息吹を感じてみよう。

願成寺 ❶
0551-22-3118

〈M ▶ P.172, 174〉韮崎市神山町鍋山1111 P
JR中央本線韮崎駅🚌上円井上行または社会福祉村行御堂住宅🚶6分

武田信義の菩提寺
定朝様式の阿弥陀三尊像

　韮崎駅から韮崎市役所を目標に市街を抜ける。市役所の所を右折すると、釜無川に並行して走る国道20号線に出る。武田橋で左折して釜無川を越えると、右手の韮崎西中学校に続いて願成寺（曹洞宗）の屋根がみえてくる。バスで行く場合は、御堂住宅バス停で降り、

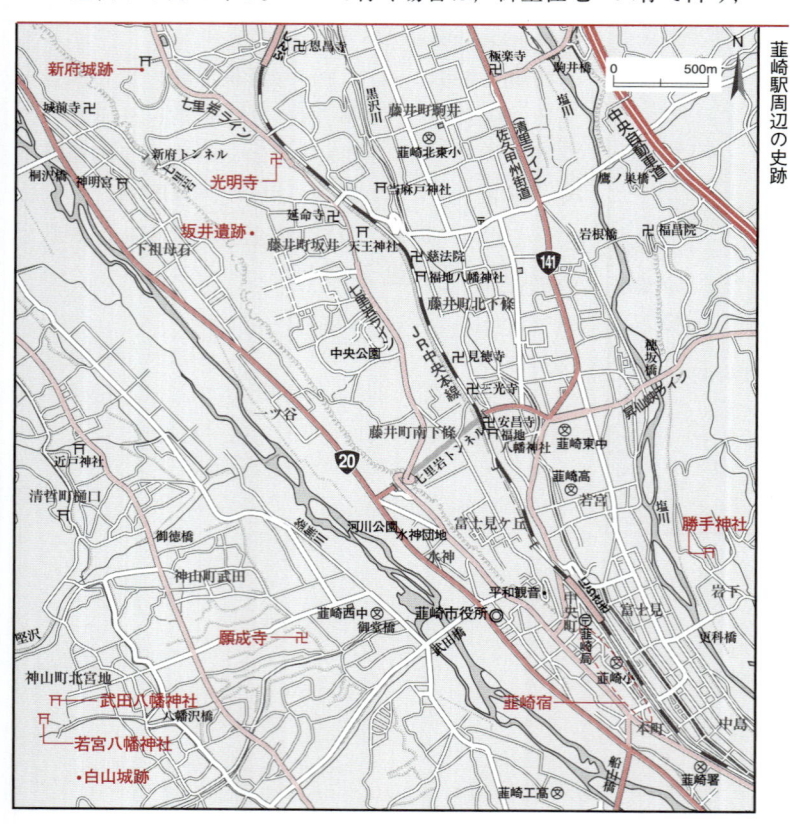

韮崎駅周辺の史跡

174　八ヶ岳を仰ぐ

韮崎西中を越えて，表示に従って山のほうに進んで行くと500m余りで願成寺に着く。

寺は，奈良時代末期の771(宝亀2)年，心休了愚法印の開基で，甲斐武田氏の祖となった武田信義が，平安時代末期に祈願所として再興し，本尊となる阿弥陀三尊を奉安したという。また，後白河法皇から宋僧廬安が「鳳凰山」と揮毫した額を賜り山号とした，と伝えられる。この額は今日に伝わり，本堂に掲げられている。

室町時代には臨済宗に改宗されたが，1582(天正10)年，武田氏滅亡のおりに伽藍などを焼失し，さらに江戸時代初期にも火災にあった。その後，17世紀なかばに現在の曹洞宗に改宗している。

たび重なる火災にもかかわらず，本尊の阿弥陀三尊像(国重文)は焼失を免れて今日に至っている。阿弥陀如来像は146.1cmの漆箔像で，寄木造。観音菩薩が左脇侍，勢至菩薩が右脇侍で，それぞれ立像である。いずれも定朝様式の荘厳な仏像である。

本堂とほぼ並んで左手には，武田信義と夫人らの墓がある。方形の地輪，球状の風輪，最上部の風空輪という鎌倉時代初期の五輪石塔で，甲斐源氏の祖にふさわしい。

寺の近くに武田氏の館があったとされるが，現存するのは土塁のみで，大部分が民家・耕地となり，往時を偲ぶには隔世の感がある。

武田八幡神社 ❷

〈M ▶ P.172, 174〉韮崎市神山町武田1185　P
JR中央本線韮崎駅🚌上円井上行武田八幡入口🚶2分

武田氏代々の氏神 うっそうと繁る杜に静かな落ち着き

国道20号線から武田橋で釜無川をわたり，願成寺を右にみながら直進して，県道12号線へと右折し徳島堰と並行して走ると，武田八幡神社の杜が左手にみえる。願成寺から県道へは，寺の入口から細い道でつながっている。

武田八幡宮入口交差点から，参道にあたる県道602号線をのぼり，徳島堰を渡った所から少し西に行った所に，武田八幡入口バス停がある。数十m戻って，信玄筆と伝えられる，「武田八幡宮」の額がある二の鳥居にあたる大形の木造両部鳥居をくぐり，参道をのぼりつめると武田八幡神社に突き当る。

正面には，三の鳥居にあたる高さ2.3mと，小ぶりではあるが，がっちりとした造りの石造明神鳥居(県文化)が立っている。この

武田八幡神社石造明神鳥居

鳥居の前には、長さ6.03m・高さ1.67mの石垣(県文化)がある。背後の随身門の前にも石積みがあるため、神社参道から鳥居を迂回して入るという珍しい造りである。

境内は山裾の傾斜地にあるため、三の鳥居の内側にある楼門から山の斜面を一直線状に階段をのぼる。途中、下から神楽殿、拝殿、本殿の順に配置されている。

『甲斐国志』は創立由緒を2説のせている。1つは、空海が822(弘仁13)年、関東を教化した際、甲斐武田郷に八幡大菩薩が影向したことに発祥したとする説である。もう1つは、社記の伝えにあるもので、往古この地に武田王をまつる宮社があった所へ、822年、嵯峨天皇の勅命によって、九州の宇佐八幡(現、大分県)を勧請して、この地の神(武田武大神)とあわせまつって武田八幡宮と称したというものである。祭神は武田武大神、誉田別命のほか2柱である。

時代がくだって清和天皇の貞観年間(859〜877)、京都の石清水八幡宮を社中に勧請し、新羅三郎義光以来甲斐源氏の尊崇が篤かったが、とくに義光の曽孫武田太郎信義は、武田のこの土地に居館を構え、姓を武田とし、この武田八幡神社を氏神とした。以後、代々の武田氏によって崇拝されてきた。

1541(天文10)年、武田晴信は甲斐の国主として本殿(国重文)を再建した。棟札(国重文)には、「武田八幡宮御宝殿造営功畢、大檀主武田大膳大夫源朝臣晴信」とある。三間社流造・檜皮葺きで、軒回りや妻飾りの意匠もすぐれ、内部正面の円柱・板唐戸・板壁には、金箔や朱塗りが施され、金具や松・竹などの透し彫など、豪華な装飾がみられる。

本殿の裏手にあたる南側の木柵のなかに、若宮八幡神社本殿(県

文化)がある。末社にあたる若宮の祭神は，誉田別命(本社祭神)の皇子にあたる大鷦鷯命である。屋根は檜皮葺で，一間社流造の小柄な造りだが，軒回りなどは武田八幡神社本殿よりも装飾が加わり，桃山時代末期から江戸時代初期のものと推定され，本殿とあわせて社殿構成を伝えるものといえる。なお，武田八幡神社には，勝頼夫人が新府落城直前の2月に書いた，八幡宮への願文「霊通力を合わせ夫勝頼を勝たせ給え」がある。

さらに神社の南に連なる山道を行くと，白山城跡(国史跡)に出る。これは武田信義の要害として築かれたという伝承をもち，戦国時代には，武川衆(釜無川右岸の武川筋に本拠をもつ，親族・同族関係からなる地域武士団)の中心的存在であった青木氏の勢力下にあった，当時の典型的な山城である。武田氏が各地に築いた烽火台の1つである。

七里岩地下壕群 ❸

〈M▶P.172〉韮崎市下祖母石ほか
JR中央本線韮崎駅 🚌 下教来石行一ツ谷 🚶 10分

県内最大の地下壕 見直される戦争遺跡

韮崎から下教来石行バスで一ツ谷バス停で降りる。途中からもみえるが，韮崎から長野県境まで，釜無川の左岸には，八ヶ岳火山の泥流からなる溶岩台地が丘陵状に連なっていて，その長さが七里(約28km)あることから七里岩と称されている。アジア・太平洋戦争末期には，この七里岩の断崖の横腹に地下壕を設け，立川飛行機工場の疎開・県庁の文書疎開などを計画した。

大きなものは，青坂地下壕・一ツ谷地下壕・祖母石地下壕の3カ所で，このうち一ツ谷から祖母石団地裏にかけての地下壕が最大で，現在奥行き100m規模の地下壕が6本確認され，碁盤目状に連結されていたこともわかっている。

工事は東部第十二方面隊，日本発送電(現，東京電力)や大倉土木(現，大成建設)，旧制韮崎中学校の生徒，朝鮮人らがあたった。

祖母石地下壕などは見学も可能で，訪れる人も徐々にふえ，遺跡の保存に向けての動きが高まり，七里岩地下壕平和公園ができた。

韮崎宿 ❹

〈M▶P.172,174〉韮崎市中央町
JR中央本線韮崎駅 🚶 5分

甲州道中は，甲府宿から甲斐市を抜け，塩川を渡って韮崎に入る。

韮崎の地は甲州道中・佐久往還・駿信往還の分岐点にあたり，古くから交通の要所であるとともに，峡北地方（山梨県北西部）の中心地でもあった。もとの河原部村内に宿場が形成されたのは，甲州道中のできた江戸時代になってからで，宿場は甲州道中沿いに今の本町通りに発達した。

韮崎宿は宿場という交通の拠点であるとともに，各方面からの物資流通の拠点でもあった。とくに船山河岸が設けられ，鰍沢との間に近番船が往来すると，峡北・信濃方面からは，年貢米が「下り米」として川をくだり，逆に富士川をのぼってきた「上げ塩」や海産物が信濃へ運ばれた。また，信州なかでも諏訪方面からは，いわゆる中馬稼ぎと称される馬による輸送をする人びとが，商品流通に重要な役割をにない，往路で米・酒など，復路では塩・海産物などを輸送した。韮崎宿は宿場としてはもちろん，こうした物資を運ぶ伝馬や中馬で賑わい，馬宿は三十数軒を数えた。

本町通りの一部には，家屋が通りに対して鋸の歯のように建てられた町並みが残っている。その理由は，荷物の置き場所とか，冬の強い北風によるほこりを避けるためとかいわれている。

本町通りを北からくだると，阪急電鉄や宝塚歌劇団の創設で知られる小林一三の生家（現在は宝塚に記念館として移築）跡，また通りを少し東に入った所には，地元で「窟観音さん」の名称で親しまれる雲岸寺がある。通りに戻って南に進むと，韮崎宿の本陣跡，その先を東に入ると一橋家陣屋跡がある。また，下宿交差点近くの姫宮神社内には，国道20号線に面して船山河岸の碑が立ち，それぞれ往時の名残りをとどめている。ゆっくりと歩いてみたい場所である。

交通と物資の拠点　道ばたに思わぬ発見

勝手神社 ❺

〈M▶P. 172, 174〉 韮崎市岩下988
JR中央本線韮崎駅🚶15分

韮崎駅を出て正面の道を右へ進み道沿いに行くと，駅の北側の広い道にあたる。それを甲府方面に右折し，500mほど行った交差点を山の方へ入り，塩川にかかる更科橋を渡る。さらに50mほど行って左折し，岩下集落に入る。北へ200mほど行くと，集落の奥の北隅に，勝手神社（祭神正哉吾勝勝速日天忍穂耳命・愛鬘命・武

まれにみる小さな鳥居　村をまもる古社

勝手神社石鳥居

甕雷命）がある。村上天皇の961（応和元）年に，大和国（現，奈良県）吉野山から勧請した古社である。

この神社には安山岩製の石鳥居（県文化）がある。高さは1.72m，幅は1.15mの小型なものである。柱間1.4mに対して，柱は直径35cmと非常に太く，頭部を輪切りにして台輪形に削り残し，わずかな素彫をつけている。反り増しも中央からつけてあるが，それほど大きくはない。笠木や貫は，柱にくらべてきわめて狭い。

右柱には「二位」，左柱には「仲書記」「本願」と，貫には5行にわたって「時天禄元庚午十月奉破損文政二己卯四月」と刻されている（天禄元年は970年）。また『甲斐国志』には，「石華表は高さ6尺，柱の囲4尺許り，命禄元庚午十月日二位仲書記本願と刻せり」とある。たまたま古い貫が発見され，検討した結果，この貫はいつの頃からか元号の「天禄」を「命禄」に，その年の干支「庚午」を「庚子」に改刪したものと判明した。命禄は，武田信虎が好んで用いた私年号で，その元年は1540（天文9）年である。平安時代の建立で，北杜市明野町にある宇波刀神社の石鳥居と比較してみると，興味深い。

坂井遺跡 ❻
0551-22-4270（坂井考古館）

〈M ▶ P.172, 174〉　韮崎市藤井町坂井
JR中央本線韮崎駅または新府駅 🚶 30分

個人の発掘した遺跡　古代へのロマンを求めて

韮崎駅から市役所を目指して本町通りに入り，市役所を左にみながら直進する。国道に出ないで途中を右折し，七里岩の上を走る七里岩ラインに入って進むと，最初の集落が坂井である。地区の延命寺の前を西へ進むと，坂井遺跡がある。関東ローム層を表土とする七里岩台地で，縄文時代早期から中期を中心に，古墳時代にかけての複合遺跡である。

この坂井遺跡を，発掘・調査して世に紹介したのは，この地の篤農家志村滝蔵である。小学校5年生のとき，石鏃の実物をみたこと

韮崎駅の周辺を歩く　　179

坂井遺跡付近からみる八ヶ岳

がきっかけになった。農耕作の際，最初に遺物包含層に突き当ったのは1925（大正14)年。鳥居龍蔵博士らの教示を受けながら，以後，農業のかたわら発掘と研究を進めた。

　1948（昭和23）年に，山梨郷土研究会が後援をして，計画的な発掘が行われ，坂井遺跡の重要性が世に知られた。1950（昭和25）年には，坂井考古館が屋敷内に建てられた。豊富な出土資料が保管・陳列され，学術的な価値も高い。

　遺跡発見は20地区にもおよび，韮崎から長野県におよぶ八ヶ岳・茅ヶ岳南麓に広く分布する，縄文時代中期の遺跡が中心である。見学の際は，事前に電話連絡が必要である。

　なお，集落の北に続く畑の辺りは「おどり原」といわれた。新府落城に先立ち，木曽義昌が織田信長に内通したため，勝頼が人質として預かっていた義昌の母と嫡子千太郎を，この原に引き出して斬ったといわれる。母子の墓は近くの光明寺にある。

新府城跡 ❼ 〈M▶P. 172, 174〉韮崎市中田町中條上野城山4787ほか Ｐ
JR中央本線新府駅 🚶10分

入城期間わずか2カ月の悲劇の城
人心一新の夢むなし

　中央本線新府駅の西にみえる，こんもりとしたマツが繁る山が新府城跡（国史跡）で，マツの山を目印に，駅から桃畑のなかを西へ1kmほど歩き，長い石段をのぼると城跡へ着く。車で行く場合は，七里岩ラインを進み，坂井遺跡を過ぎてから1km余りで城の東側に出る。

　新府城は，正式には新府中韮崎城という。七里岩の台地上に隆起している小山を城郭とした平山城で，西は80mの断崖で釜無川に臨む。下流の対岸には，武田氏の崇敬を集めた武田八幡神社が位置している。

　1575（天正3）年長篠の戦いに敗北後，武田氏の家運は急速に衰え，

保阪嘉内と宮沢賢治

コラム

嘉内と賢治の交流を示す70余通の手紙

保阪嘉内は，1896（明治29）年10月18日，北巨摩郡藤井村（現，韮崎市藤井町）の富裕な地主の家に生まれた。幼い頃より読書好きであった嘉内は，藤井尋常小学校（現，韮崎北東小学校），韮崎尋常小学校高等科（現，韮崎小学校）を経て，県立甲府中学校（現，甲府第一高校）に入学した。そのときの校長は，札幌農学校でクラーク博士に学んだ大島正健で，嘉内は大島の影響を受けて，キリスト教やトルストイの作品に興味を抱くようになったという。

1916（大正5）年，嘉内は岩手県の盛岡高等農林学校（現，岩手大学農学部）に入学し，そこの寮で宮沢賢治と出会うことになる。文芸好きで意気投合した2人は，ほかの仲間と一緒に，手作りの文芸誌『アザリア』を発行した。当初は短歌や俳句などの作品が主であったが，のちには評論や小説なども発表するようになった。1917年7月14日から15日にかけて，嘉内と賢治は2人だけで岩手山へ登山に行っている。しかし，1918年に嘉内は突如，学校を除籍処分となった。理由は，『アザリア』掲載の断想「社会と自分」の一節「おい今だ，今だ，帝室をくつがえすの時は，ナイヒリズム」が危険思想視されたのではないかといわれる。心配した賢治は，嘉内に手紙を出している。

その後も，「人の幸せのために生きる」という共通の理想をもった2人の親交は続く。しかし，法華経を絶対的な真理だと信じる賢治との溝は徐々に広がり，結局，袂を分かつこととなった。在学中から2人が決別したとされる1921年頃まで，賢治から嘉内に差し出された手紙70余通が，保阪家に保存されている。

駅前の韮崎市民交流センターに『ふるさと偉人資料館』が併設され，手紙などが展示されている。

中央自動車道韮崎ICから2kmほど北の韮崎市穂坂町に，銀河鉄道展望公園があり，JR韮崎駅方面の市街と南アルプス連峰が眺望できる。夜には七里岩をのぼる列車の窓灯が夜景のなかに流線となって動き，まさに銀河鉄道の一場面を連想させる。

織田信長・徳川家康らの武田を包囲する勢力によって，国外にある武田領の城はしだいに敵方に落ちていった。

このような情勢のなか，武田勝頼は織田信長の甲斐侵攻に備え，親族衆の穴山信君（梅雪）の進言もあって，それまでの甲府躑躅ヶ崎の館城を出ることを決意した。そして，韮崎に広大な新式の城郭を構えて府中を移し，勢力の立直しを図ろうとしたのである。この地

百万小塔

コラム

世界最古の印刷物 法隆寺から縁あって山梨に

韮崎市旭町に個人所蔵の木造百万小塔(県文化)がある。

百万塔は、764(天平宝字8)年、恵美押勝(藤原仲麻呂)の乱が平定されたあと、孝謙天皇が戦没した人びとの冥福を祈るため、陀羅尼を納めた小塔を、東大寺を始め南都などの十大寺に10万基ずつ、計100万塔寄進したものである。そのうちの法隆寺に納められたものの1つである。

その来歴は『韮崎市誌』によると、「明治の頃奈良県の吉野に住み医を業としていた」田野栄太郎が、「法隆寺の経済的危急を知り名刹維持の基金として浄財の施入を申し入れた。寺はこのような協力者、諸檀那の喜捨に対する感謝の記念として、由緒深い寺蔵の『百万塔』とこれにあわせて梜入れの『無垢浄光大陀羅尼経完』など二冊子を贈呈し、さらに「受領されたこの百万塔はその後、田野の出身地中巨摩郡櫛形町小笠原の生家桑島氏の有に帰したが、たまたま故あって旧知の韮崎市にある現在の家に贈られたもの」とされる。

この塔は木製の三重小塔で、高さ21cm、壇の上に立ち、上部に相輪をおき、擬宝珠を冠するものである。ろくろで細工され、もとは胡粉などで彩色してあった。塔身内の陀羅尼は、縦5.8cm・横45.2cm、31行である。紙質は穀紙で、防虫の目的で黄蘗の汁で染めたらしく、淡黄色を帯びている。これは現存する世界最古の印刷物として、貴重なものである。

は、新しい府中の意で、新府と称されている。

城は、真田昌幸を普請奉行にして、1581(天正9)年2月に着工し、昼夜兼行で工事が進められた。わずか8カ月余りで竣工し、その年の12月には新府へ入城した。しかし情勢は悪化し、在城わずか60余日にして、翌天正10年3月には、勝頼は織田軍の侵攻を待たず、みずから城に火を放ち、郡内岩殿城(現、大月市)を目指して落ちのび、まもなく田野の地で武田氏は滅亡する。しかし、この年、徳川家康が信長亡き後の甲斐を北条氏と争ったとき、家康は新府城跡を修築して本陣にしたという。

城の様子に目を移すと、本城は南北600m・東西550mにわたり、外堀の水準と本丸の標高差は80mで、石垣は用いていない。土塁中心の築城だが、比較的よく残されている。

本丸跡は東西90m・南北120mの広さで、西に一段低く二の丸が

あり，本丸と二の丸の間に，本丸を防備するための「シトミの構え」をおいている。さらに一段低く三の丸が続き，これは東西に分かれている。その南の下方には大手門が開き，三日月堀(みかづきぼり)がある。また搦手(からめて)は，北西隅の崖の近くに開かれていた。

これらをめぐる帯曲輪(おびくるわ)・腰曲輪(こし)・稲荷曲輪(いなり)などは，山腹を削り土塁で築かれている。北側の帯曲輪の下に，東西2基の出構(でがまえ)を築いて鉄砲陣地とした点は，従来の城郭にみることのできない斬新な工夫である。

本城は，西方の断崖をのぞき，三方に堀がめぐらされているが，現在もその跡がはっきりと認められる。内郭(ないかく)(本城)のほか，郭外には諸将士の邸も配され，さらに出城としては，穴山の能見城(のうけん)や武田の白山城などが配置されていた。城跡にたたずむと，武田氏の最後の輝きが感じられる。

② 塩川に沿って

左手側に八ヶ岳、右手側には茅ヶ岳。塩川の清流を遡りながら歴史の旅を満喫する。

昌福寺 ❽
0551-22-1991（韮崎市観光協会）

〈M ▶ P. 172, 185〉韮崎市中田町中條1334
JR中央本線韮崎駅🚌増富温泉郷 行中条上🚶5分

村はずれに立つ観音堂
県重文の3体の秘仏

　バスで韮崎駅から国道141号線を北上する。所要時間はおよそ20分。中条上バス停の西に墓地と本堂の屋根がみえ、100mほど行くと昌福寺（曹洞宗）に着く。寺伝によると、古くは真言宗寺院として栄えたが、中世以降衰運にあったのを、1566（永禄9）年に、弁寅春存和尚が曹洞宗の寺として再興したという。

　南西に200mほど離れた所に観音堂をもつ。今は昌福寺の管理下にあるが、かつては護国山忠孝寺（廃寺・創建不詳）のもので、その堂宇の一部が、1692（元禄5）年に現地に移された。また、1746（延享3）年、当山4世叢岳瑞林和尚の代に、地内の今福徳左ヱ門ら3人が、133体の小さな観音菩薩を勧請した記録が寺に残るが、その一部と思われる石仏が観音堂の境内に並ぶ。

　堂内には、十一面観音立像・梵天立像・伝馬頭観音立像（いずれも県重文）の3体が並んで安置されている。寺伝によれば、これらの仏像は、聖武天皇の736（天平8）年、行基の作と伝える。しかし、実際は藤原時代のサクラの一木造で、十一面観音像は高さが173cm、背割りをもつ。台座や光背を始め、頭上にある三相の花器などはすべて失われている。また、両手首も欠落していたが、1996（平成8）年に修復された。梵天像は、高さ178cmで、唐風の礼服をまとい、衣の下に甲をつける。馬頭観音像は、高さ137cmで、3体のうちではもっとも小さいが、背割りのない完全な一木造である。

昌福寺観音堂内諸仏（中央が十一面観音立像）

八ヶ岳を仰ぐ

これらは秘仏とされ，江戸時代には33年に1度の開帳であったが，現在では毎年4月の祭礼時に開帳される。また2月初午には，大般若経600巻の転読が行われる。

八代家住宅 ❾
0551-42-1375（北杜市教育委員会）

〈M▶P. 172, 185〉北杜市明野町上手1870
JR中央本線韮崎駅🚌増富温泉郷行三村橋入口🚶15分

　三村橋入口バス停東の塩川に架かる三村橋を渡り，細い坂道を左手にのぼる。小さな集落を抜け，突き当りを右に折れ，さらに中央自動車道をくぐり，100mほどのぼると八代家住宅（国重文）に着く。当家は代々この地の名主をつとめた旧家である。

　棟札によれば，1808（文化5）年5月の建造で，間口21.2m（11.5間）・奥行10.9m（6間）の入母屋造・茅葺き（一部桟瓦葺き）。峡北地方（山梨県北西部）に特徴的な民家である。当時の湯殿・竈・厩なども保存され，良質の木材を使っているため，改造が少なく，保存状態がよい。また，

塩川沿岸の史跡

塩川に沿って　185

八代家住宅長屋門

峡北地方の典型的な入母屋国重文の名主の住家

1833(天保4)年の家相図(配置図)も残り,江戸時代後期の民家を知るうえで,貴重な建物である。1976(昭和51)年に国重要文化財に指定され,1994(平成6)年には住宅の歴史的景観をそのまま保存するため,長屋門のほか,5棟および敷地が追加指定された。

なお,八代家住宅は長屋門と塀に囲まれ,勝手に敷地内に入ることはできない。見学の場合は,あらかじめ北杜市教育委員会へ問い合わせること。

宇波刀神社の石鳥居 ❿
0551-42-1375(北杜市教育委員会)

〈M▶P.172,185〉北杜市明野町上手937
JR中央本線韮崎駅🚌増富温泉郷行三村橋入口🚶40分,または韮崎駅🚌仁田平行北杜市役所明野総合支所🚶15分

平安時代初期の銘を残した県内最古級の石鳥居

八代家住宅から,中央自動車道を左手にみながら1kmほど北進すると,宇波刀神社(祭神建御名方命)に着く。本数は少ないが,仁田平(北杜市須玉町)行きバスが便利である。こちらを利用すると,塩川や七里岩の台地を眼下に,そして八ヶ岳が遠望できる。また,途中の北杜市明野町三之蔵で,明野三之蔵のバス停から50mほど戻ると,古墳時代後期(6世紀後半〜7世紀前半頃)の穴塚古墳が見学できる。

宇波刀神社の参道入口にある石鳥居(県文化)は,高さ2.52m・柱間1.90m。高さに比して石柱が太く,直径43cmと非常にどっしりとした

宇波刀神社石鳥居

安定感のある石造物である。石柱の裏に平安時代初期「貞観六（864）年」の刻銘があるが，磨耗が激しく判読は難しい。

　江戸時代の『甲斐叢記』によれば，宇波刀神社は，『延喜式』や『日本三代実録』に記載された古社で，「大同二（807）年」銘の古鳥居の額があり，また鳥居の石柱には「貞観二（860）年」の銘が残ると記す。様式などからしても，平安時代の石造物であることをうかがわせる。県内では最古級の石鳥居である。1961（昭和36）年に，破損のひどい左方の笠木を修理し，題額を新造して復元された。

長泉寺 ⓫
0551-42-2558

〈M▶P. 172, 185〉 北杜市須玉町若神子1973
JR中央本線韮崎駅🚌増富温泉郷JA須玉支所🚶1分

県内最大規模の板碑をもつ時宗の寺院

　韮崎市中田町小田川を過ぎると，七里岩の麓に赤い屋根の満福寺（曹洞宗）がみえる。穴山氏の菩提寺である。ここで右折して桐の木橋を渡り，しばらく進むと，須玉町大豆生田の集落の入口に，巨大な題目石がみえてくる。天下泰平を願って信者たちが建立したものである。高さ7m余り・幅2m余りの石板に，「南無妙法蓮華経」「身延六十六代 日薪」などの刻銘が読める。浅尾新田（現，北杜市明野町）の幸左衛門が発起人となり，1850（嘉永3）年に着工し，延べ数千人の労力を費やし，1853年に完成した。

　大豆生田から百観音集落を経て，2kmほどで若神子の集落に入る。参道の入口に，大きな石造の阿弥陀如来像がある。その奥に，山門と長泉寺本堂が立つ。県内に数少ない時宗の寺である。1888（明治21）年の若神子の大火で焼失し，現存の本堂は，1957（昭和32）年の再建である。寺伝によれば，もと真言宗の寺であったが，神奈川県藤沢の清浄光寺遊行二祖のうちの1人，他阿真教上人が諸国教化のため，巡行中に若神子を訪れた。以後，時宗に改宗し，長泉寺の中興を成したという。その時期は，『若神子村誌』によれば，1292（正応5）年（『北巨摩郡勢一班』では1311〈応長元〉年）

長泉寺板碑

塩川に沿って　　187

で，時宗時代には「逸見道場」とよばれたとある。

　境内には，安山岩製の板碑(県文化)がある。長泉寺に現存する板碑4基のうちの1基である。造立は1446(文安3)年。台座を含めた高さが2.9mで，県内では最大規模である。板碑の正面には，「南無阿弥陀仏」の文字が刻まれ，漆塗りの痕跡がわずかに残る。右側には「扶桑国甲脇逸見若巫郷　道俗等建立也」とみえる。頭頂部の三角形と3筋の切込みがこの板碑の特徴で，全国的にも注目される秀作である。宝物殿には，1990(平成2)年に東京の古書店で発見された，徳川家康が1583(天正11)年4月付で発給した朱印状が保存されている。

　長泉寺の北100mほどの所に，東漸寺(臨済宗)がある。本堂は江戸時代後期の特徴を伝え，「万治二(1659)年」銘の梵鐘がある。

正覚寺 ⑫
0551-42-2250
〈M▶P.172, 185〉 北杜市須玉町若神子2739
JR中央本線韮崎駅🚌増富温泉郷行若神子古城入口🚶10分

多麻荘の往古を偲ばせる
新羅三郎義光の菩提寺

　長泉寺から徒歩で5分ほど北へ歩くと，平賀源(玄)心の墓の標識が目に入ってくる。源心は信州海ノ口城(現，長野県南佐久郡南牧村)の城主で，1540(天文9)年の武田信玄の初陣に際して討ち取られ，首級はこの地に葬られたと伝えられる。塩川をのぼった信州峠付近には，源(玄)心の胴塚がある。

正覚寺鐘楼堂　　　　　　　　　　　　　　　　　味噌なめ地蔵

源(玄)心の墓から徒歩で約5分，西方の七里岩の麓に正覚寺(曹洞宗)の山門と本堂がみえる。参道の入口に，万霊塔と味噌なめ地蔵をまつる。武田信玄が川中島へ出陣したとき，地蔵に縄をかけて引いてきたが，正覚寺の前までくると動かなくなったという伝説を残す。患部と同じ箇所に，味噌を塗って祈れば治癒するといわれ，今でも訪れる人が絶えない。

　この寺は，1129(大治4)年逸見(源)義清が，父の新羅三郎義光の菩提寺として創建した寺である。もとは熱那荘の朝日山(現，北杜市高根町)の麓にあったが，この地に移されたという。1430(永享2)年，曹洞宗雲鷹玄俊を招いて中興の祖とし，雲鷹の師である悦堂を開山とした。義光・義清の位牌を安置し，本堂裏手に両者の供養塔が立つ。本尊は虚空蔵菩薩，脇士像に不動明王と阿弥陀如来を安置している。現存の本堂は，明和年間(1764～72)のものである。境内に，県内では珍しい輪堂形式の経蔵があり，寛文版の一切経などを保存する。

　なお，寺の南西の小山には，義光の居館(若神子城)跡がある。歴史公園として整備され，復元された烽火台がみられる。七里岩の台地上にあり，眼下に若神子の市街，東に瑞牆山から茅ヶ岳，南には富士山を遠望できる景勝地でもある。若神子は多麻荘の中心にあって，古くから物産の集積地として栄え，市街の北には二日市場の集落があり，室町時代の市神の石碑が残っている。

諏訪神社と三輪神社 ⓭

〈M▶P. 172, 185〉北杜市須玉町若神子
JR中央本線韮崎駅🚌増富温泉郷行JA須玉支所
🚶10分

山梨県に伝わる御柱祭り
禊祭りの小豆ほうとう

　正覚寺の南隣，若神子城跡の南方直下にあるのが諏訪神社で，城の鎮守であった。裏手に巨岩があり，大石神社ともいう。『甲斐国志』によれば，新羅三郎義光の祈願所で，義光明神の別称を記す。義光が奉納した馬具を神宝としていたというが，現存しない。

　長野県にある諏訪大社と同様の，御柱祭りが行われる。山から2本の巨木を伐り出し，木遣り唄とともに若神子の集落内を曳き歩く。そして，神社の境内まで曳いて行き，立てる。7年ごとの寅年と申年の，5月のゴールデンウィークに行われる。

また，神社裏手の谷の入口に，古墳時代後期に属する湯沢古墳がある。この地域の古墳は少なく，町内に現存する唯一のものである。露出した石室を見学することができる。

　三輪神社は，長泉寺から南へ徒歩で約10分くだった，若神子集落の南端にある。大和国（現，奈良県）の三輪神社を勧請したもので，その時期は，8世紀初頭とも12世紀初期ともいう。神体は板碑状の石柱で，「逸見総鎮守　三輪神社　永久二(1114)甲午年」と記す。境内には「永享七(1435)年」銘の六地蔵幢（県指定）がある。また，牛が伏せた形をした巨石（牛石）があり，かつては神体はこの頭部の穴に立て，旅人の道中の無事を祈ったという。

　毎年7月30日に行われる三輪神社の例大祭は，「ほうとう祭り」の名で広く知られる。この日に，新しく収穫された小麦粉と小豆とで，「小豆ほうとう」をつくって食べる。境内に身の丈よりも大きな藁人形をつくり，夕刻に氏子たちが詣でる。藁人形を燃やして祭りは終了するが，これは夏季の禊儀礼の一種であろう。

獅子吼城跡と根古屋神社 ⓮

〈M ▶ P. 172, 190〉　北杜市須玉町江草
JR中央本線韮崎駅🚌増富温泉郷行 平
🚶 5分

多麻荘を遠望する山城
歴史の古さを語る巨樹

　若神子上バス停から増富温泉郷行バスに乗り，須玉町東向の集落に入ると，右手に信光寺（曹洞宗）がみえる。平治年間(1159～60)，武田信光（石和五郎信光）の開基と伝え，本尊は十一面観世音菩薩。本堂などは，1659(万治2)年と1921(大正10)年の2度にわたって焼失した。現本堂が再建されたのは，1938(昭和13)年である。

　かつての自動車輸送の終着点で，東向から奥は景観が一変し，山間の峻厳な地形が続く。短いトンネルを抜け，平バス停で下車し，バス停の東の山頂にあるのが，獅子吼城跡である。バス停から頂上まで歩くと，30分以上は要

獅子吼城跡周辺の史跡

茅ヶ岳山麓の風物詩——堰と道祖神

コラム

山麓を貫く用水路
村々にたたずむ道祖神

　茅ヶ岳山麓は，火山灰地であるため，水の確保が難しい地域であった。本格的な用水路の開削は，江戸時代に行われた。甲州では用水路のことを「セギ(堰)」と称する。1639(寛永16)年に着工された浅尾堰は，北杜市須玉町江草から北杜市明野町浅尾まで，およそ12kmにおよぶ。浅尾堰の開削により，戸数37戸・石高377石の浅尾新田(現，北杜市明野町)が生まれた。集落内の浄居寺境内に，当時の代官であった平岡治郎右衛門の墓と頌徳碑(「文化十五〈1818〉年」銘)が立つ。

　浅尾堰の竣工から半世紀後，甲府藩主の柳沢吉里(柳沢吉保の子)は，茅ヶ岳支峰の風越山に500mの隧道を掘り抜き，浅尾堰の南への延長を企図した。工事は1718(享保3)年に完成し，下流の穂坂村(現，韮崎市穂坂町)の三之蔵・宮久保・三ッ沢の水田を潤した。工事費は825両で，うち570両は領主が負担し，残りは3カ村で拠出した。この穂坂堰と先の浅尾堰とを連結したのが，総延長41kmの朝穂堰(「浅」を「朝」と改称)である。山麓の等高線に沿って，幹線道路と堰がほぼ並走しており，車窓から眺めることができる。

　この地域の集落を歩いていて目につくのが，「どーそじんば(道祖神場)」とよぶ，石造物が集合した小さな空間である。道祖神のみならず，秋葉山・蚕影山などの雑多な石碑が集められた聖域である。集落の中央に位置する場合もあれば，集落の出入口に位置するのも少なくない。

　道祖神は集落内をさらに小さく分けた組単位でまつっている。この組を「コーチ」などと称し「耕地」の字を当てることもある。コーチは相互扶助の単位であると同時に，信仰集団としても機能した。

　浅尾新田は上道・下道・中道に分かれ，それぞれに道祖神がある。宇波刀神社のある北組とよばれる集落は，計8基がまつられている。

　この一帯の道祖神は祠タイプが主であるが，丸石や陽石を祠の中や脇におく例もある。

　最近は，小正月の幟やヤナギ飾り，ドンドン焼きや獅子舞は後継者不足もあって，年々少なくなった。また，北巨摩地方では2月8日には「道祖神の火事見舞い」と称して，ワラ馬をつくってモチを背負わせ，道祖神に供える。

朝穂堰

根古屋神社の大ケヤキ（畑木）

する。塩川が刻んだ渓谷の地形を利用した天然の要害で，中世にこの一帯を支配した江草氏の山城（やまじろ）であった。山頂から若神子方面が一望できる。

城の下にあるのが根古屋神社（祭神 天児屋根命（あまのこやねのみこと））で，境内には，田木・畑木という大ケヤキ（国天然）が2本ある。北側にあるのが田木で，安山岩（あんざんがん）の巨石に寄り添うような形で立つ。南側にあるのが畑木である。

ケヤキは年によって芽の出方に早い遅いがあり，この地区では，ケヤキの芽吹きで豊凶を占い，農作業の目安としていた。田木が早く芽を出すと日照（ひで）りになり，養蚕が盛んで，稲作が豊作になるという。畑木が早く芽を出す年は，雨が降って畑作が豊作であるという。

田木は根回り14.3m・樹高20m。畑木は根回り12.6m・樹高19m。現在，2本とも幹が空洞化しており，保存のため金属板で覆われている。

比志神社（ひしじんじゃ）と神部神社（かんべじんじゃ） ⓯

〈M▶P.172, 193〉比志神社：北杜市須玉町比志872／神部神社：須玉町小尾（おび）3805
比志神社：JR中央本線韮崎駅🚌増富温泉郷行 比志🚶3分／神部神社：JR中央本線韮崎駅🚌増富温泉郷行塩川（しおがわ）🚶40分

佐久地方との深い交流を物語る小尾地方の古社

根古屋神社から5kmほど塩川を遡（さかのぼ）ると，比志の集落へ入る。バス停から河原方面にくだると，比志神社（祭神安閑（あんかん）天皇）がある。目印となる境内の大スギは，樹齢500〜600年，周囲11.70mある。

比志神社は，『日本三代実録』所載の古社で，蔵王権現（ざおうごんげん）または比志権現ともいわれる。もとは山中の御崎平（みさきだいら）にあったという。『甲斐国志』によれば，これを1522（大永（たいえい）2）年に塩川の洲上（すじょう）に遷（うつ）し，1528年に日向大和守是吉（ひなたやまとのかみこれよし）の一族が本殿を修造したとある。1630（寛永（かんえい）7）年から1813（文化10）年までの，棟札（むなふだ）（県文化）7枚を所蔵する。1528年の棟札には，日向大和守是吉を始めとする日向一族が大檀那（おおだんな）

神部神社周辺の史跡

となり、信州伴野荘（現、長野県佐久地方）の古沢因幡守を棟梁に修造させた、とある。この前年には、武田信玄の父信虎が、伴野氏を助けに出兵しており、佐久地方との密接な関係をうかがわせる。

本殿（県文化）は一間社流造で、軒回り・妻飾りなどに室町時代の意匠を示す。飛騨の内匠であった棟梁の古沢因幡守信村らが、畢生の技量をつくして建立したものであるという。長野県佐久市の駒形神社には、木鼻の上部に葉状の絵模様をつけたものがあり、同様なものが当社と、塩川上流の神部神社にもみられる。

神部神社の創建は701（大宝元）年といわれ、『延喜式』にも載る古社である。一間社流造の本殿と棟札4枚および金堂蔵王権現懸鏡1面（いずれも県文化）が知られる。懸鏡は平安時代末期の作といわれ、古くから金峰山信仰と深くかかわっていたことがうかがえる。

本殿は、「慶長十八（1613）年」の棟札を伝えるが、様式や細部の技法は比志神社と同様に、室町時代に遡る。また、神社には、慶長年間（1596〜1615）に始まるといわれる、筒粥神事・鳥追い行事が伝わっている。

比志神社

塩川に沿って　193

増富温泉郷 ⓰

井伏鱒二が逗留した温泉
武田信玄開発の金山

〈M ▶ P. 173, 193〉 北杜市須玉町小尾
JR中央本線韮崎駅🚌増富温泉郷行終点🚶すぐ

　比志神社から，塩川ダムを通り過ぎ，バスの終点である増富温泉郷に着く。紅葉の時期には，ダム湖の「みずがき湖」周辺から温泉郷は多くの観光客で賑わう。なお，先の神部神社（現，須玉町小尾）は，塩川ダムの分岐点を温泉郷方向とは反対に折れ，およそ3kmのぼる。

　増富温泉は，武田信玄が金鉱開発に際して，鉱泉を発見したものと伝える。外傷や神経系の病気によく効くので，武田将兵の湯治場にしたという。ラジウム含有量が，世界屈指であることで有名である。また，井伏鱒二ら文豪たちの逗留でも知られる。

　温泉郷から渓谷の細道を5kmほどのぼると，金山平に着く（自家用車の利用も可）。左手の山が，武田時代の金山である。金山千軒ともいわれ，かつては採掘鉱夫の集落があったとも伝えるが，今は金山山荘と有井館の宿泊施設が2軒残るだけである。金山の裏手側（現，須玉町和田）には，細工帰りの地名が残り，採掘に従事した鉱夫が定住した集落だという。金山山荘の裏手の山道を1時間ほどのぼると，金山跡である。途中に登山家木暮理太郎のレリーフがある。山道は急峻な坂道であるため，運動靴が必要。今でも数本の廃坑が残る。金山平からは，瑞牆山や金峰山が目の前に迫る。有井館の庭には，鉱石を砕いたという石臼が展示されている。有井館の初代は，明治時代に移り住み，馬喰（荷物運送）を業にしていたという。

八ヶ岳の南麓 ③

富士と対峙した八ヶ岳の南麓が舞台。自然と人間が織り成した壮大な歴史絵巻を体験する。

妙林寺 ⑰
0551-32-5167
〈M▶P. 172, 198〉北杜市長坂町渋沢881
JR中央本線日野春駅 🚶 25分，または 🚗 5分

平安時代後期の寄木造 県内最古級の在銘像

　日野春駅を出た所に，武田信玄の旗掛松がある。明治時代に鉄道の煤煙で枯れたことから，公害裁判へと発展したことでも知られる。駅から右手に進み，跨線橋を越え，右手に折れるとオオムラサキ自然公園がある。ここで，国蝶のオオムラサキの生態が観察できる。

　さらに直進すると渋沢の集落に入り，集落の中ほどを左折すると，妙林寺（曹洞宗）に着く。1558（永禄元）年に武田晴信（信玄）より祈禱料地を受け，また1585（天正13）年には，徳川家康より朱印地を与えられるなど，有力者の篤い加護を受けた。創建当初は天台宗であったが，1618（元和4）年に改宗して曹洞宗となる。1893（明治26）年の火災で，薬師十二神将像などを失う。

　本尊の薬師如来坐像（県文化）は，改宗以前から伝わるものとみられる。ヒノキ造で，高さ83.9cm。内刳りの寄木造，菊座式の割矧ぎ挿し首，漆箔の像である。法衣は左肩を覆って右肩に少しかかり，頭部の螺髪は細粒で，顔容は俯瞰の様相を示す。背部には，像底の両足部に通じる内刳りを施す。残念ながら，薬壺をもった左腕を肩から失う。また，像の両足部などに焼けた跡があり，膝は胴から離れるなどの傷みも多い。後頭部に真言5行が，そして内刳りされた内部には「薬師瑠璃光如来本願功徳経」を所狭しと墨書する。

　「木寄せ」の特徴が判然とし，造像記からは平安時代後期の「仁安二（1167）年」と推定でき，県内最古級の在銘像である。なお寺伝によれば，制作は行基で，甲州市勝沼の大善寺・浜松市蓬萊寺の薬師如来像と一木3体ともいう。

妙林寺薬師堂

195

清春の桜群 ⑱ 旧小学校跡地を彩る桜群と芸術村

〈M ▶ P. 172, 198〉 北杜市長坂町中丸2072
JR中央本線長坂駅🚶25分，🚗10分，またはJR中央本線長坂駅・小淵沢駅🚌長坂・小淵沢線清春芸術村🚶1分

　長坂駅前の通りを右折して坂をくだり，右手の中央本線ガードをくぐる。さらに左折し，谷底の大深沢川を渡り，長いゆるやかな坂道をのぼると清春芸術村に着く。

　この施設は，東京銀座の画廊経営者によって建設された，ラ・リューシュ（フランス語でアトリエの集合体の意）である。敷地内に白樺美術館をもつ。白樺派の文人たちが計画したが実現できなかったもので，セザンヌ・ロダン・ルノワールの作品や東山魁夷の作品，さらには雑誌『白樺』や武者小路実篤ら白樺派文人の資料などが展示されている。

　もとは清春小学校があったが，統合（日野春小学校）で閉校した。ここの桜群（県天然）は，1925（大正14）年，清春小学校の落成を記念して，児童たちによって植樹されたものである。ソメイヨシノは樹齢60年余りを経ており，花見の名所として広く知られる。また，芸術村に隣接して北杜市郷土資料館があり，峡北地方（山梨県北西部）の歴史や民俗資料を展示する。

　敷地の東には墓地があり，室町時代の六地蔵幢がある。この一帯を中丸とよぶが，中世の城跡と関係する。三方を渓谷に囲まれ，天然の要害でもあった。墓地の東南の山林には，源清光が築いたといわれる中丸砦跡が残る。

清春芸術村

浅川伯教・巧兄弟資料館

コラム

朝鮮の土となった日本人 浅川兄弟

兄の浅川伯教と弟の巧は,明治時代中頃,現在の北杜市高根町五町田に生まれた。当時,日本の植民地であった朝鮮に渡り,伯教は小学校教員として,また巧は植林技師として生活をおくった。朝鮮の文化に魅せられた2人は,陶器や工芸品などの民芸研究を進め,柳宗悦らとともに朝鮮民族美術館設立に情熱をそそいだ。

巧は1931(昭和6)年,40歳で亡くなり,韓国忘憂里の共同墓地に葬られた。墓には「韓国の山と民芸を愛し,韓国人の心のなかに生きた日本人,ここ韓国の土となる」と韓国語で刻まれており,日本統治の時代から日韓交流の架け橋として慕われてきた。また,高根町五町田の生家に隣接する公園には,1991(平成3)年に,浅川兄弟の記念碑が建立された。

北杜市高根町の高根生涯学習センターには,図書館などとともに浅川伯教・巧兄弟資料館があり,朝鮮民芸や浅川兄弟の遺品,関連資料が展示されている(有料)。

清光寺 ⑲
0551-32-2263
〈M▶P.172, 198〉北杜市長坂町大八田
JR中央本線長坂駅 🚶20分,または 🚗 3分

大八幡の地に座す 峡北地方屈指の名刹

長坂駅前の通りを左手に折れ,商店街を抜け,高根町方面の道をくだる。坂道の左手の八幡山が,峡北地方の名刹清光寺(曹洞宗)である。また,坂道の右手の田圃に鎮座するのが,新羅三郎義光(源義家の弟)が勧請した八幡神社である。この一帯の地名である大八田は,八幡宮の尊称大八幡宮神社に由来するという。

源義清は,父義光とともに逸見地方を開拓し,居城を若神子に設け,のち茶臼山(逸見山)に城を築いた。清光寺は1151(仁平元)年,この義清の子である清光(義光の孫)の創建とされる。谷戸城主であった清光が,城外に真言宗の道場・信立寺を建立したのが始めといわれる。のち寺運は衰えたが,1475(文明7)年,僧の悦堂宗穆が入山して曹洞宗に改め,寺号を清光寺とした。以降,おおいに栄え,

清光寺

八ヶ岳の南麓

長坂駅周辺の史跡

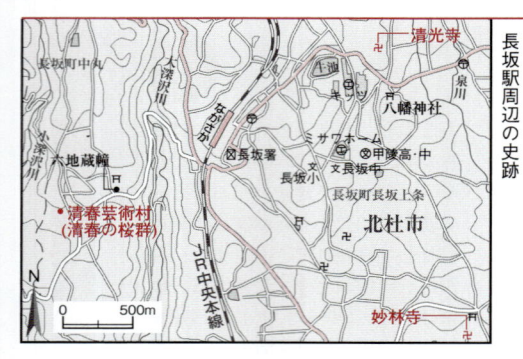

曹洞宗が峡北地方に浸透する拠点となった。境内には，清光の墓がある。1168（仁安3）年，清光は谷戸城に没して城の西側に葬られたが，のちに五輪塔が当寺の裏山に移され，再建されたという。

また，境内には芥川龍之介「藤の花　軒端の苔の　老いにけり」の句碑が立つ。1923（大正12）年に，夏期高原大学の講師として招かれたときのものである。そのほか，寺内での殺生や乱行を禁じた，武田勝頼の制札（「天正三〈1575〉年」銘）などが保存されている。

谷戸城跡 ⑳

中世要害城の典型　甲斐源氏の一大拠点

〈M▶P.172, 200〉北杜市大泉町谷戸
JR中央本線長坂駅🚶60分，またはJR中央本線長坂駅🚌大泉方面行北杜市役所大泉総合支所🚶5分，または🚗10分

清光寺から北へ，徒歩で約40分。参道をくだると水田地帯が開け，八ヶ岳方面を眺めると，中央自動車道を挟んで谷戸城跡のある城山が遠望できる。バス利用の場合は，北杜市役所大泉支庁前で下車する。南下し谷戸城跡と大八田方面が鳥瞰できる。また，城山山頂からは，東に朝日山・源太ヶ城（現，高根町）跡，南に深草館跡・新府城跡がみえ，遠く甲府盆地までもが眺望できる。

城山は，逸見山とも茶臼山ともいわれ，源清光の居城であった。頂上に本丸跡，中腹に二の丸跡，麓に三の丸跡がある。土塁や堀の跡も残り，史跡公園として整備されている。平安時代末期から鎌

谷戸城跡

三分一湧水と棒道

コラム

名水の八ヶ岳山麓
未決着の棒道論争

　八ヶ岳山麓には、大水量の湧水が多い。なかでも北杜市長坂町の清光寺から北西に5kmほどのぼった、標高1000mにある三分一湧水は有名である。武田信玄が用水を3等分するために設けたと伝えるが、現存の施設は、1943（昭和18）年の水害でこわれたのちに、つくり直されたコンクリート製である。湧水池の中に三角石柱を立て、遊水池から流れ出る水を、左右と中央の3方向に分配する。年間湧水量は約300万 t（毎分6000ℓ）である。1985（昭和60）年、「名水百選」に指定された。

　三分一湧水のある北杜市長坂町小荒間から、信州の立沢まで12kmの間、人家もない広い原野を突き抜ける、ほぼ一直線に走る道が、棒道とよばれている。『甲斐国志』などによれば、棒道は上・中・下の3本があったという。「上の棒道」は、穴山・若神子新町・渋沢・大八田・白井沢・小荒間（番所あり）・立沢。「中の棒道」は上の棒道を大八田で分かれ、大井森（番所あり）・葛窪・乙事・立沢。そして「下の棒道」は『甲斐国志』には記載がなく、『甲斐叢記』によると、若神子・黒沢・渋沢・中丸・笹尾・小淵沢・国界の関・下蔦木・田端（諏訪に至る道）とある。

　棒道は、武田信玄がつくらせた軍用道との見解がこれまで支配的であったが、資料的な根拠に乏しく、研究者の間でも否定的な見解が多く出されている。また棒道の存疑とは別に、『甲斐国志』の棒道3本説も資料的な根拠はなく、「上の棒道」1本説も研究者の支持が強く、従来の研究の見直しが進んでいる。

　棒道は、今日でも通行が可能である。道の脇には石仏などもみられ、春や秋にはハイキング道に最適である。

　江戸時代末期に、旅人の道標として、また通行の安全を祈願して彫像された石仏が、1町（100m余り）ごとに並んでいる。西国三十三寺と坂東三十三寺の観音信仰を模して作成されたが、残念ながら坂東は16番までで終わっている。

　また、小荒間と白井沢集落の境に、高さ1.4mの石碑が立つ。そこには棒道が荒れたために補修を行い、「嘉永三（1850）年」に完了した旨が刻まれている。畑の中から偶然に掘り出されたものだが、正面の「衢神」の刻銘からすると、石碑は通行の安全を見守る道祖神であったと考えられる。

三分一湧水

八ヶ岳の南麓

谷戸城跡周辺の史跡

倉時代初期にかけての、要害城の典型といわれる。『吾妻鏡』によれば、1180（治承4）年の源氏挙兵に際して、源頼朝の使者として北条時政が逸見山へきたとあるが、おそらくはこの城山のことであったと思われる。甲斐源氏が総決起の相談をしたのもこの地といわれ、中世初頭には甲斐源氏の拠点としての役割をはたした。

城山の南麓、大八田の一画に中世土豪の館跡が残る。深草館跡である。谷戸城の居館とも、あるいは清光の嫡男光長の居館ともいわれる。

城山の南西に、直径1m以上・樹高30mのモミがある。「丸山のモミ」とよばれ、城の西の出丸跡にあたる。遠方からも眺望でき、逸見（辺見）台地の目標木となっている。

金生遺跡 ㉑　〈M▶P. 172, 200〉北杜市大泉町谷戸
JR中央本線長坂駅🚶60分、または🚗10分

八ヶ岳の懐に抱かれた縄文時代の祭祀遺跡

谷戸城跡から南へ1kmほどくだると、縄文時代の祭祀遺跡として知られる金生遺跡（国史跡）がある。南方は富士山、北方に八ヶ岳、西方に甲斐駒ヶ岳と鳳凰三山を見渡す場所に立地し、男根を模した石棒を含む配石遺構が、大きな特徴である。配石遺構は、遺跡公園として整備され、遺構内へ入って自由に見学できる。

金生遺跡

八ヶ岳を仰ぐ

旧津金学校校舎

コラム

明治・大正・昭和の3時代の校舎が並び立つ

　北杜市須玉町下津金にある旧津金小学校跡地に，明治・大正・昭和3時代の校舎が並んで立っている。明治時代の校舎は，県令藤村紫朗のときに広められた，いわゆる藤村式2階建ての洋風建築で，1875(明治8)年に落成。数回の改修が加えられつつも，1970(昭和45)年まで教室として使用されていた。大正および昭和時代の校舎は，いずれも木造平屋建てで，接続する。津金小学校は，1985(昭和60)年の統合によって，100年余りの歴史に幕を閉じたが，旧校舎は近代の学校建築の歴史を証言する貴重な資料である。

　1989(平成元)年4月，傷みの激しい大正校舎の取壊しが報じられると，保存を要望する多くの声が寄せられた。その結果，料理体験などができる「おいしい学校」としてリニューアルされた(有料)。また，明治時代の校舎は資料館になっており，教育関連資料とともに，当時の教室風景が再現されている(有料)。

旧津金学校校舎

　東隣の高根町には，石堂遺跡がある。縄文時代後期の石棺群で話題となり，金生遺跡と同じような祭壇状遺構や耳飾り，ヒスイ製の管玉なども発掘された。

　八ヶ岳山麓の一帯は，縄文時代遺跡の宝庫で，畑や墓地などを注意しながら歩くと，土器破片の地表採集が今でも可能である。

海岸寺 ㉒
0551-46-2017

〈M ▶ P. 172, 200〉　北杜市須玉町上津金1222
JR中央本線韮崎駅🚌増富温泉郷行若神子古城入口乗換え津金方面行桑原神社前🚶30分

臨済宗屈指の古刹境内に居並ぶ石仏群

　韮崎駅よりバスに乗り，若神子から穴平・万年橋を経て，津金の集落へ出る。上津金の諏訪神社(桑原神社)には，県指定のヒメバラモミバス(樹齢およそ500年)がある。バス停からさらに北へ向かって一本道を2kmほどのぼって行く。左に長く続く石段の参道があり，これをのぼりつめると臨済宗の古刹海岸寺がある。

　「海岸寺由来」や『甲斐国志』によると，元正天皇の717(養老元)年，行基が庵を構えたのが海岸寺の始まりとある。737(天平9)

海岸寺石仏

年には、聖武天皇より「光明殿」の勅額を賜ったという。さらに、新羅三郎義光は当寺の観音を信仰して鎮護国家の道場とし、子の義清も寺領を寄進して、父義光の菩提を弔ったという。

　室町時代には、逸見丹波守忠俊が出家して大義詮和尚と号し、鎌倉の建長寺から石室善玖和尚を招いて、律宗を臨済宗に改めた。石室和尚は、1318(文保2)年、宋に渡って修行した経験をもち、帰国後は京の万寿寺や天竜寺、鎌倉の円覚寺や建長寺に住持した高僧として知られる。

　1582(天正10)年、織田信長が甲斐に侵攻したとき、寺の伽藍のみならず、什宝はことごとく焼き払われた。その後、徳川家康によって寺領が寄進され再興されたが、1666(寛文6、または1658＝万治元とも)年、山火事によって堂宇が全焼した。1667(寛文7)年に即応宗智和尚が中興して以降、臨済宗妙心寺派の寺となった。

　行基の作と伝える千手観音像は、1906(明治39)年に旧国宝に指定されたが、1931(昭和6)年に盗難に遭い、所在は不明となっている。観音堂は1845(弘化2)年、諏訪立川流2代目の立川和四郎富昌が再建したもので、堂正面の「粟と鶉」の彫刻は有名である。また、観音堂の右手には、「永正元(1504)年」銘の地蔵板碑が残り、この寺の古さを伝えている。

　海岸寺境内に100余体の石仏がある。西国(三十三札所)・坂東(三十三札所)・秩父(三十四札所)などの観音像を模したもので、高遠石工の守屋貞治が、1814(文化11)年より10年の歳月をかけて彫りあげた作品群である。苔むした石仏と境内の閑寂さは、季節ごとに趣をかえ、多くの参詣者を集める。

④ 釜無川に沿って

集落や山奥にある寺社は，古くから土地の人びとの信仰の拠点。豊かな自然とともに鑑賞したい。

宇波刀神社 ㉓

〈M ▶ P. 172, 203〉韮崎市円野町下円井2091
JR中央本線韮崎駅 ⇒ 下教来石下円井 ⬥20分

県内唯一の扇面形懸仏　神仏習合に由来する神体

　願成寺と武田八幡神社との間にある釜無川の右岸に並行して走る，県道12号線を穴山橋方面に北上し，徳島堰を渡り，段丘上へのぼりつめると，下円井集落の奥に宇波刀神社（祭神建御名方命〈大国主命の2男〉）がある。伝説によると，第18代反正天皇の第2女円比女がこの地に封を受け，諏訪明神を勧請して守護神にしたといわれる。

　この神社には，銅造扇面形懸仏に分類される，扇面御正体（県文化）がある。懸仏は，神仏習合に由来するもので，鏡などを神体として神殿に安置する，日本古来の伝統に本地垂迹説が結びつき，鏡面に仏像をあらわしたり，鏡のかわりに銅円板などを使い，これに神仏をあらわしている。宇波刀神社のものは，ヒノキの裏板に薄めの銅板を貼って扇面とし，中央上に本地仏である普賢菩薩を打ち出している。扇面には中透しをつけた骨を組んであったが，現在は破損がみられるため，別の裏板が補われている。光背をつけた仏の上には天蓋，下に前机をおいて香炉を載せ，両側には花瓶を配している。懸垂装置として獅噛形鎧座の釣手が上部に2つついており，室町時代の特徴をよくあらわしている。

　扇面の懸仏は県内では唯一のもので，背面には「永正三(1506)年七月」の墨書銘があり，息災延命・家内安全・子孫繁昌を祈願している。なお，神社にはこれに付随して鋳造如来形坐像（県文化）がある。

宇波刀神社周辺の史跡

宗泉院㉔
0551-27-2490
〈M▶P. 172, 203〉韮崎市円野町上円井3481 Ⓟ
JR中央本線韮崎駅🚌下教来石行円野中🚶35分

山中にひっそりとたたずむ古寺
境内には山本勘助の供養塔

　宇波刀神社からくだり，いったん穴山橋の右岸から国道20号線に入る。入って1kmくらいのところに，「宗泉院の円池」の表示があるのでそこを左（山側）に入り，指示通りに進むと，「宗泉院・荒倉山林道」という表示があるので，そこから山道へ入る。こんな所に寺があるのかと思われるほど，2km余り，車で5分ほど山道をのぼると，宗泉院（曹洞宗）の山門がみえてくる。

　寺伝によれば，古くは法相宗元興寺末で，智達をもって開祖となし，のち密教の瑞光によって庵の繁栄を願い，真言宗になったという。さらにくだって室町時代の1504（永正元）年，宗泉院殿五山了通大禅定門が開基となり，曹洞宗に改宗したといわれている。

　当寺には，南北朝時代の「至徳二（1385）年」銘の雲版（県文化）がある。雲版は中国では宋の頃から，日本では鎌倉時代以降に用いられ，長打して食事・法要などの合図に使われた梵音具で，輪郭を雲形につくることからこの名がある。この雲版は，銅製で片面式，縦48.4cm・横43.9cm・重量9.8kgもある大形のもので，上野原市保福寺の雲版とともに，南北朝時代の秀作である。頂部に小さな吊手孔があり，中央下部には径7cmの撞座をもつ。銘に「甲州瑞光禅寺至徳二年八月日」とある。

　なお，境内には武田晴信（信玄）に仕えたという山本勘助の供養塔がある。

万休院㉕
0551-26-2154
〈M▶P. 172, 205〉北杜市武川町三吹2915 Ⓟ
JR中央本線韮崎駅🚌下教来石行下三吹🚶8分

樹形も美しい舞鶴のマツ
遠景に鳳凰三山をみて

　北杜市に入って大武川の橋を渡ると，約500m先に「舞鶴の松」の標識があらわれる。下三吹のバス停で下車し，そのまま進んで，最初の信号を左折して高台をのぼると，約10分で万休院（曹洞宗）に着く。寺は武川衆が拠った中山砦の南東端の台上にある。寺伝では，1571（元亀2）年，利山玄益を開山とし，長篠の戦い（1575年）で武田勝頼の脱出をかばい，壮烈な戦死をとげた信玄の重臣馬場美濃守信房（信春）を開基とすると伝えている。

　当寺には，2006年まで樹齢約450年とみられるアカマツの巨樹が

あった。このマツは，本寺2世の住職康頼和尚が植えたもので，寺記によれば，寺の開創当時，老杉や古松がうっそうとしているなかで，とくに樹形の美しいこのマツを愛育してきたとされている。樹高9m・根回り4m・東西19m・南北15mにもおよび，全体が約370本の支柱で支えられていた。このマツは，四方に枝を広げ，枝の上に枝を重ねて左右に伸びて傘状の枝

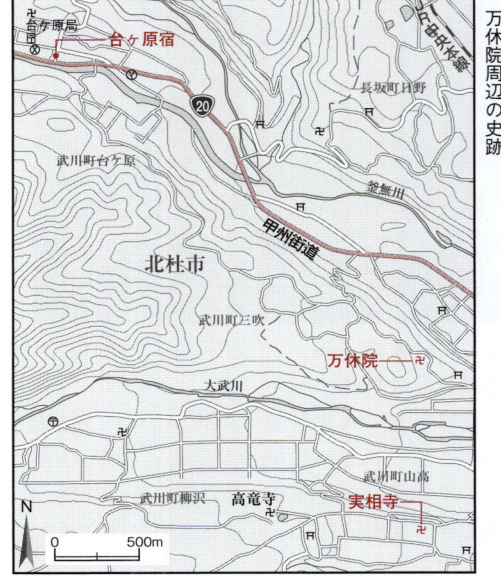

万休院周辺の史跡

が階段状になり，鶴が翼を広げた形に似ているので，舞鶴のマツ（国天然）とよばれ，全国まれにみるアカマツの名木として，寺の代名詞でもあった。近年各地で頻発しているマツクイムシの被害を受けて枯死したが，その後，新しい松の大樹が移植された。

春にはサクラも彩りを添え，庭園も歩いて鑑賞したい。なお，寺には馬場美濃守が寄進したといわれる墨絵の「竜虎」双幅がある。

実相寺 ㉖
0551-26-2740

〈M▶P. 172, 205〉北杜市武川町山高2763 P
JR中央本線韮崎駅 🚌下教来石行上三吹 🚶30分

日本三大桜の1つ「神代桜」四季折々の花に囲まれた境内

　穴山橋を過ぎると北杜市に入る。車で行く場合は，国道20号線の表示に従って宮脇付近から左の山の方へ向かって3km余り，小高い丘の上に実相寺（日蓮宗）がある。バスでは牧の原交差点で下車し，左の山頂を目指して2km余りのぼる。また，万休院の坂をおりて大武川を渡っても表示がある。

　『甲斐国志』などによると，鎌倉時代の1274（文永11）年，幕府や諸宗を批判したとして流罪となっていた日蓮が赦免となり，流罪先の佐渡より帰るとき，山高村大津にある真言宗の草庵を訪れた際に，日蓮宗に改宗したとされる。

釜無川に沿って

実相寺の神代サクラ

　また寺記によると、南北朝時代の1375（天授元）年、南巨摩地域に勢力を張る一族で、日蓮を招いた波木井実長の４代のちの実氏が出家して、実相院日応と号し、同村大津にあった真言宗の寺を訪れ、真理法印を論破して、寺を譲り受けたという。

　室町時代の永禄年間（1558～70）に、蔦木越前守により、大津から現在地へ移されたが、ここは一条氏の城塁を子孫の山高信方が居館にしていた所だといわれている。1561（永禄４）年の川中島合戦のおり、武田信玄は、武運長久の祈願を蔦木越前守に命じ、この寺に戦勝を祈っている。

　当寺には、エドヒガン種の古木山高の神代サクラ（国天然）がある。境内の南端に位置し、根回り13.5m、枝張りは東西17m・南北31mもあり、樹齢2000年にもおよぶとされ、1990（平成２）年には「新日本名木百選」に選定された。伝説によれば、日本武尊が東征の帰りにこの地を訪れ、記念にこのサクラを手植えしたといわれる。また、その後、日蓮上人がこの地を訪れ、サクラが枯れそうになっているのをみて、樹勢回復を祈ったところ、不思議にも再び勢いを盛り返した、と伝えられるため、「妙法桜」ともいう。

　実相寺の西には山高氏の菩提寺高竜寺があり、さらに上手の柳沢集落は、柳沢吉保の祖先の出た所である。

　この辺りの釜無川左岸は、甲斐の古道である武川筋が走り、その周辺の氏族は「武川衆」とよばれ、強固な結束力を誇っていた。

台ヶ原宿 ㉗

〈M▶P. 172, 205〉北杜市白州町台ヶ原
JR中央本線韮崎駅🚌下教来石行台ヶ原🚶１分

　万休院の坂道をくだって、再び国道20号線へ出る。韮崎宿より16km（４里）余りで、台ヶ原宿へ着く。現在の国道20号線は川沿いを走るが、旧道にある台ヶ原宿の案内標識に従って右に入っていく。

台ヶ原宿の町並み

　ここは，地が高く平らで台地のようなので，台ヶ原といわれた。古道は，岩台上の渋沢(現，北杜市長坂町)より花水坂を経て，台ヶ原へ出た。釜無川・尾白川の合流地点，信州往還と逸見筋を結ぶ交通の要衝に位置し，戦国時代には，府中(甲府)より信州の蔦木に伝馬を継立するための宿であったことが，『武田家伝馬口付銭定書』からもうかがえる。1539(天文8)年には，武田の武将板垣信方が諏訪衆とこの筋で合戦をした記録(『甲陽軍鑑』)もあり，1582(天正10)年の織田軍侵攻に際し，信長は大河原(台ヶ原)に宿陣している。

「日本の道百選」の1つ　老舗も並ぶひなびた町並み

　台ヶ原宿は，江戸時代には甲州道中で韮崎宿のつぎの宿場となり，1839(天保10)年の『甲州道中宿村大概帳』によれば，高422石余り，宿内人別670人，宿内総家数153軒，とある。宿の中心部にある，大きなスギ玉をつるした，江戸時代から続く造り酒屋は，旧脇本陣をつとめ，その一部は北原家住宅(県文化)として保存されている。

　台ヶ原宿は，現在でも当時の面影をよく残していて，1986(昭和61)年には「日本の道百選」の1つに選ばれている。ここから旧甲州道中は，国道20号線に沿ったり，交わったりしながら，つぎの教来石宿に至る。

　「目に青葉　山ほととぎす　初かつを」で知られる俳人山口素堂は，上教来石の出身で，松尾芭蕉とも親交があった。

諏訪神社 ㉘　〈M▶P.172〉北杜市白州町下教来石22-1
JR中央本線韮崎駅🚌下教来石行終点🚶1分

県境に位置する村の守護神　本殿を飾る精巧な彫刻

　甲州街道の台ヶ原宿を抜け，サントリー白州ディスティラリーを左にみて，下教来石へ入ると歩道橋があり，その道路北側に諏訪神社(祭神建御名方命)がみえる。国道からは入れず，神社には歩道橋脇の旧道から入る。神社の創建および沿革については，詳しいことは明らかでないが，古来から教来石村の産土神として崇敬を受けてきた。

釜無川に沿って　207

棟札(県文化)によると，現在の本殿(県文化)に遷座された日付は，「天保15(1844)年12月19日」(実際はこの年12月2日に弘化に改元)とある。棟梁は諏訪出身の名工立川和四郎富昌で，総ケヤキ造の本殿は一間社流造，屋根は柿葺き，正面中央に軒唐破風付の向拝をとりつける。

　建築物の特徴は，随所に施された彫刻装飾で，身舎壁面の「猩々と酒壺」，背面の「唐獅子」，小脇羽目の「昇竜と降竜」，蟇股の「竹に雀」，脇障子には「手長と足長」の浮彫，また向拝正面の「ひょうたんから駒」など，豊富な意匠，奇抜な図柄，加えて精巧な彫刻は全体の均衡を失わず，名工立川流の作風をよく伝えており，富昌の傑作の1つである。江戸時代後期の社寺建築の様式を踏まえつつも，異彩を放つ貴重な遺構である。

　なお，当社の「本殿拝殿再建諸色勘定帳」(県文化)によると，「御本社　棟梁　立川和四郎殿　本社分　一金四十二両　米二十八俵　拝殿分　一金十七両　米十七俵……」とあり，再建の様子がよくわかる。また，江戸末期から明治初期頃と思われる廻り舞台を残す。

富士川の清流

Minamiarupusu
Minamikoma
Nishiyatsushiro

富士川町富士橋より南流する富士川を望む

宝珠寺大日如来坐像および四波羅蜜菩薩坐像

富士川の清流

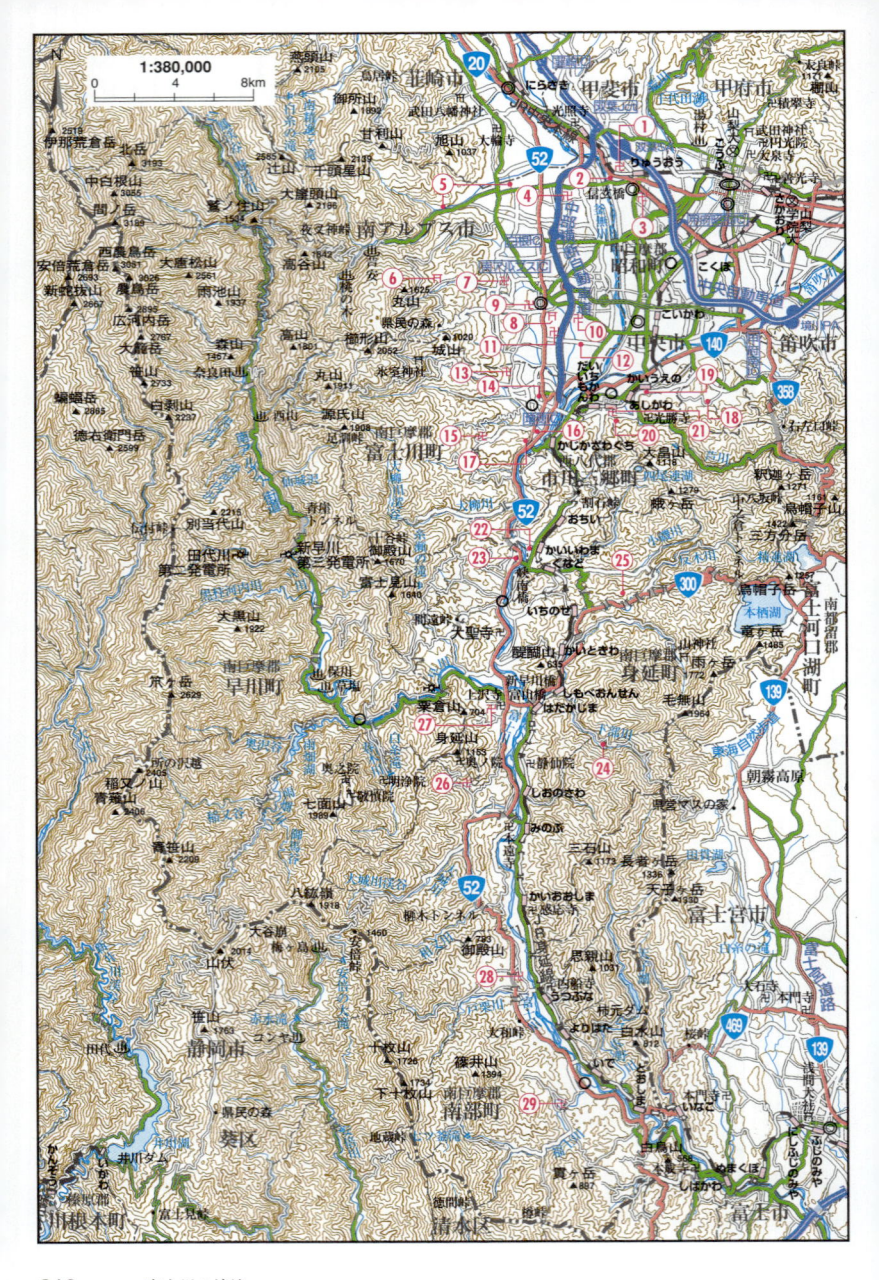

◎峡西・峡南地域散歩モデルコース

信玄堤コース　　　JR中央本線竜王駅_10_慈照寺_20_信玄堤_10_将棋頭_5_徳島堰_10_石積出し_30_JR竜王駅

仏像観賞コース　　　JR中央本線竜王駅_15_長谷寺_10_常楽寺_10_宝珠寺_5_古長禅寺_10_明王寺_20_大聖寺_15_JR身延線市川大門駅

峡西の古社コース　　　JR中央本線竜王駅_5_山県神社_15_諏訪神社(上今諏訪)_15_諏訪神社(曲輪田)_20_穂見神社(高尾)_20_伝嗣院_10_神部神社_15_JR身延線東花輪駅

甲斐源氏コース　　　JR身延線東花輪駅_10_法善寺_10_安藤家住宅_15_宝寿院_5_甲斐源氏旧址碑_5_大門碑林公園_10_歌舞伎文化公園_15_浅利与一層塔(大福寺)_20_JR東花輪駅

富士川水運コース　　　JR身延線市川大門駅_10_あおやぎ宿活性館・追分館_5_富士川写真美術館_5_鰍沢河岸跡(富士川水運の碑)_20_身延町歴史民俗資料館_1_大聖寺_10_JR身延線久那土駅

地場産業コース　　　JR身延線下部温泉駅_3_湯之奥金山博物館_10_門西家住宅_10_微笑館_15_印章資料館_15_なかとみ和紙の里_5_JR身延線甲斐岩間駅

富士川流域南コース　　　JR身延線身延駅_20_南松院_15_身延山久遠寺_10_本遠寺_30_円蔵院_10_南部氏館跡_25_最恩寺_25_JR身延線井出駅

早川(奈良田・赤沢宿)コース　　　JR身延線波高島駅_80_奈良田_5_早川町歴史民俗資料館_50_赤沢宿_60_JR波高島駅

---

① 慈照寺
② 信玄堤
③ 山県神社
④ 長谷寺
⑤ 将棋頭・石積出し
⑥ 穂見神社
⑦ 伝嗣院
⑧ 神部神社
⑨ 宝珠寺
⑩ 法善寺
⑪ 古長禅寺
⑫ 安藤家住宅
⑬ 明王寺
⑭ 御米蔵(あおやぎ宿活性館)・旧秋山邸(追分館)
⑮ 妙法寺
⑯ 望月百合子記念館
⑰ 富士川写真美術館
⑱ 浅利与一層塔・中央市豊富郷土資料館
⑲ 歌舞伎文化公園・文化資料館
⑳ 大門碑林公園
㉑ 宝寿院
㉒ 印章資料館
㉓ なかとみ和紙の里
㉔ 門西家住宅
㉕ 微笑館
㉖ 身延山久遠寺
㉗ 南松院
㉘ 円蔵院
㉙ 最恩寺

① 信玄堤から南アルプス市へ

甲斐国の治水の要衝信玄堤から，釜無川を渡って南アルプス市域へ。御勅使川扇状地に刻まれた歴史と文化を訪ねる。

慈照寺 ❶
055-276-2510
〈M ▶ P. 210, 212〉甲斐市竜王629 Ｐ
JR中央本線竜王駅 🚶10分

真翁禅師開創の禅寺
悪竜鎮め伝説の地

慈照寺法堂

竜王駅西側の踏切を渡り，少し北進して左折すると，赤坂台地の南斜面の西山地区に有富山慈照寺（曹洞宗）がある。この寺は，もと真言宗の廃寺だったものを，1489（延徳元）年，曹洞宗龍華院の開山桂節宗昌禅師の弟子真翁宗見禅師が，釈迦如来を本尊とする禅寺として開創した。開基は武田信昌（信玄の曽祖父）の6男，諸角豊後守昌清で，開山堂に位牌が安置されている。

武田氏を始め，その一族の信仰を得て寺運が栄え，伽藍も整備された。一段高い石段の上に立つ山門（県文化）は，1639（寛永16）年の建立で，蟇股・木鼻・実肘木の形式が，よく桃山時代建築の特徴を伝えており，均衡のとれた優雅な建築物である。また，本堂ともいわれる法堂（県文化）も，桁行12間（約21.8m）・梁間8間（約14.5m）の単層寄棟造の壮大な建物で，山門と同

竜王駅周辺の史跡

212　富士川の清流

甲斐の治水事業

コラム

信玄堤に秘められた謎
民衆がはぐくんだ知恵と技術

　10世紀初めに成立した『延喜式』の主税式には，甲斐国では毎年，地方財源の出挙の雑稲から「堤防料二万束」を支出することが定められている。「堤防料」という費目を計上している国は，甲斐以外では河内国(現，大阪府)が1例あるだけで，全国的にみてもきわめて珍しい。洪水の常習地であった甲斐国にとって，堤防を重視する治水事業は，古代から行政上の重要課題の1つであった。

　1814(文化11)年成立の『甲斐国志』「御勅使川」の項には，つぎのような記述がある。すなわち，御勅使川の上流に石積出しを設け，その流れを北東に向け，六科(現，南アルプス市)に将棋頭を築き，流れを南北に分流させた。さらに北側流路を本流とするため，竜岡台地の南西端を削り穿ち(堀切)，釜無川との合流地点に，大石(十六石)をおいて水勢を弱める工夫をした。そして，その水流を高岩(赤岩)にぶつけて南流させ，その余波を竜王堤(信玄堤)が防いで，甲府盆地を洪水から守った。そして，このすぐれた治水体系の施工者は，ほかならぬ武田信玄であった，というものである。

　しかし，このような一連の治水施設について，それぞれの施設の役割や，構築年代を精査した近年の研究成果によれば，『甲斐国志』の記述とはだいぶ異なる見解も出されている。石積出しのような高度の積み石の技術が戦国時代にあったのかを疑問視したり，将棋頭はこの地域の田畑を守るための堤防で，輪中のような役割をはたしたとする説が有力となってきている。さらに，堀切は自然に竜岡台地が掘り抜かれたという説や，十六石は釜無川の流れを高岩へ向け，上高砂の集落を守る役割があったとみる説などもある。

　いずれにせよ，こうした治水施設・技術全般を，広義の信玄堤として，武田信玄という一個人の事績の中に包摂させてしまうことは，歴史的評価をむしろ矮小化してしまう恐れがある。信玄が1542(天文11)年，竜王堤の築造に着手し，1560(永禄3)年の棟別役免除をもって「竜王之川除」のために集住を促していることから，この頃に堤防の完成をみたと考えられている。しかし，それ以前から幾多の犠牲を払い，水との闘いに明け暮れてきた甲斐の民衆が，自分たちの生活を守るために，長い間はぐくんできた知恵と技術が，信玄堤の名で総称され，甲斐の治水事業(江戸時代に「甲州流川除法」と命名)として結実した点を，より積極的に評価すべきであろう。

様，桃山時代の雰囲気をよく伝えている。慈照寺文書(県文化)も貴重な古文書としてよく知られ，武田氏の寄進状・安堵状を始めと

して、徳川氏・浅野氏関係文書など、16通が良好な状態で保存されている。

このほか、境内には庫裏・書院・開山堂など、多くの建物が立ち並び、真翁を導いたという老狐の説話を伝える稲荷社や、法堂前にある、真翁が悪竜を鎮めたとされる井戸屋(竜王水)や猫石など、竜王の地名由来の伝説にまつわるものもあり、興味深い。

信玄堤 ❷ 〈M▶P. 210, 212〉甲斐市竜王 P
JR中央本線竜王駅🚶20分

壮絶な水との闘いの証　甲州流川除技術

竜王駅から国道52号線を西へ15分ほど行くと、釜無川左岸の信玄堤へ出る。ここは、釜無川と御勅使川の合流地点で、洪水による被害が多く、中郡(甲斐市の旧竜王町や中巨摩郡昭和町、中央市の旧田富町など)に水害をもたらしていた。1541(天文10)年、国主となった武田信玄は、領国経営の一環として、治山・治水事業に努めたと伝えられる。

当時、釜無川の竜王と、笛吹川の万力・近津は三大難所とよばれ、絶えず水害の危険にさらされていた。万力・近津には信玄築造とされる堤の痕跡があり、釜無川流域の昭和・田富方面にも信玄堤とよばれる場所があるが、通常「信玄堤」といった場合、この竜王地内に残る堤のことを指す。一般に、1542(天文11)年に着工され、15年の歳月をかけて、1557(弘治3)年に竣工したとされる。

築堤当時の原形は、その後の改修などではっきりしないが、竜王村の名主らが、1688(貞享5)年に江戸幕府に提出した「御本丸様書上」によって、その構造をおおむね知ることができる。それによると、本土手は長さ350間(約636m)・幅8間(約14.5m)の規模で、堤上にタケを植えて根固めし、それに沿う形で竜王鼻から伊勢神

信玄堤と釜無川

明前までの，長さ4500間（約8181m）・幅6間（約11m）の石積出しが築かれた。さらに西八幡境まで，長さ700間（約1272m）・幅6間の石積堤が延びており，それらの内外にマツ・ヤナギが植えられ，これら2つの石積堤に，合計33カ所の付出しが設けられていた。

その後，幾度となく堤防が決壊し，修復が繰り返されるたびに，信玄堤の形態は変化していったが，江戸時代には，さらに下流まで堤防が延長された。その堤防は，現在みるように1本の連続したものではなく，途切れながら部分的に重なる「霞堤」の形状をなし，その痕跡は，昭和・田富方面にも数カ所確認できる。

信玄堤の築造は，周辺住人の生活にも大きな影響をおよぼした。築堤直後の1560（永禄3）年，信玄は，棟別役免除を条件に，竜王への移住を督励する印判状を発して「竜王之川除」（水防工事や管理）にあたらせた。こうしてあらたに成立した「竜王河原宿」（現，甲斐市竜王）の屋敷割は，信玄堤に平行した短冊状になされ，今もその形状を残している。

信玄堤は川下の集落を水害から救っただけでなく，用水路の整備と新田開発を促し，農業生産力の発展にも大きく寄与した。信玄堤を中心とした地域の治水・利水慣行が，近世・近代まで生き続けてきた点は注目に値する。

信玄堤にもっとも近い場所にかかる橋は「信玄橋」とよばれ，その周辺は「やまなしの歴史文化公園・信玄堤」として整備され，市民の憩いの場となっている。公園の駐車場の近くには，音声ガイドも流れる大きな案内板がある。また，付近には，三社神社や竜王用水などの関連史跡もあり，立ち寄られたい。

山県神社 ❸
055-276-2653

〈M ▶ P.210, 212〉甲斐市篠原190　P
JR中央本線竜王駅🚶20分

悲劇の尊王論者山県大弐をまつる

竜王駅から国道20号線に出て，南東方向に1kmほど行き，山県神社北交差点を右折して250mほど進むと，左手に山県神社がある。この神社は，1921（大正10）年に，江戸時代中期の尊王論者山県大弐をまつって創建されたものである。

山県大弐は，1725（享保10）年，巨摩郡篠原村（現，甲斐市篠原）の野沢山三郎の2男として生まれた。幼名を三之助，諱は昌貞，

信玄堤から南アルプス市へ　215

山県神社

通称を大弐といった。野沢家は、武田氏の重臣山県昌景の末裔で、郷士であった。まもなく父山三郎は、甲府勤番与力村瀬家の株を買い、甲府勤番士となり、甲府に移住する。少年時代の大弐は、加賀美光章や五味釜川ら甲斐の国学者について学んだ。父没後、村瀬軍治となって家督を継ぎ、甲府勤番与力となる。しかし、1750(寛延3)年、弟武門のおこした殺害事件で村瀬家は断絶し、山県姓に戻り、浪人となって江戸に出た。ときに大弐27歳であった。

　大弐は医術を業とし、和漢儒仏の諸学にすぐれ、国学を通じて尊王思想に傾倒し、1759(宝暦9)年に幕府を批判した『柳子新論』を著した。大弐は、江戸幕府9代将軍徳川家重の側用人であった武蔵国岩槻藩(現、埼玉県さいたま市)主大岡忠光に仕え、代官や医員となったが、忠光没後、大岡家を去って江戸八丁堀(現、東京都中央区)に私塾を開き、医学・儒学・兵学を講じた。

　その後、上野国小幡藩(現、群馬県甘楽郡甘楽町)の家老吉田玄蕃が、大弐の指導で藩政改革にあたったが、反対派の密告がきっかけとなり、玄蕃は退けられ、大弐を始め関係者が幕府に捕らえられた。この事件を契機に、幕府は大弐が大義名分を説き、尊王論を主張していたことは不敬であるとし、門人の藤井右門とともに、1767(明和4)年に斬首に処した(明和事件)。このとき、宝暦事件(1758年)で京都追放刑を受けていた竹内式部も、関与を疑われ八丈島(現、東京都)に流されたが、途中、三宅島(現、東京都)で死亡した。

　1880(明治13)年、明治天皇が山梨県行幸の際、尊王論者の先駆者として大弐を再評価し、祭祀料を賜ったことで、世人の注目を集めた。その後、山県会が組織され、山県神社創建会へと発展。1921(大正10)年、本殿が竣工して山県神社が創建され、同時に県社に列格された。

境内には大弐の墓所・歌碑があり、『天経発蒙』8巻ほか、大弐直筆とされる自著の漢籍・詩文7点(いずれも県文化)など、貴重な資料が保存されている。

長谷寺 ❹
055-285-0072

〈M ▶ P. 210, 218〉南アルプス市榎原442 P
JR中央本線竜王駅🚗15分、JR中央本線・身延線甲府駅🚌芦安行・社会福祉村行野牛島下🚶15分

八田牧ゆかりの古刹
平安時代の秘仏十一面観音立像

竜王駅前から国道52号線を西へ進み、信玄堤から釜無川に架けられた信玄橋を渡り、野牛島の交差点を左折して榎原地区に入り、最初の信号機のある交差点を右折して、約400mほどで坂をのぼりきると長谷寺(真言宗)に着く。旧八田村から旧白根町にかけての一帯には、平安時代なかば以降、八田牧といわれる広大な牧が展開していた。長谷寺の山号も八田山であり、本尊の木造十一面観音立像は、「原七郷の守り観音」として古くから人びとの信仰を集め、江戸時代には甲斐国札所第4番の観音であった。

寺記によれば、長谷寺は、天平年間(729〜749)に行基が、大和(現、奈良県)の長谷寺にならって自彫の観音像を安置し、開創したと伝えている。

本堂(観音堂、国重文)は、3間四方の単層入母屋造、檜皮葺き形の銅板葺きの重厚な建物で、1949(昭和24)年の解体修復時に発見された旧材によって、1524(大永4)年に再建されたものであることが確認された。当時盛んであった禅宗様式の建築技法が、随

長谷寺本堂

長谷寺木造十一面観音立像

信玄堤から南アルプス市へ

長谷寺周辺の史跡

所に施されており、堂内の厨子（国重文）も入母屋造・妻入りで、室町時代末期の様式をよく伝えている。

厨子の中に秘仏として安置されてきた本尊の木造十一面観音立像（県文化）は、カツラの一木彫、像高169.3cmの長身ですらりとした姿にあらわされ、台座は蓮華座ではなく岩座であることから、木の霊性を尊ぶ立木仏としてつくられたものと考えられる。像全体にやや腐食が進んでいるものの、優しさのなかにも威厳を感じさせる面相を保っている。作風・技法上の特徴から、平安時代前期から中期にかけての造像と考えられ、八田牧を中心とした地域の歴史を、今に伝える貴重な作例である。

また、旧八田村に隣接する旧白根町の地区にも、神仏関係の文化財が多い。上今諏訪の慈眼寺（曹洞宗）には、平安時代後期の木造薬師如来坐像・十二神将像・地蔵菩薩像（いずれも県文化）が伝わり、同じ上今諏訪の諏訪神社には、木造菩薩形立像（県文化）がある。なお、この神社では、長野県諏訪市の諏訪神社の祭礼にあわせて、7年ごとに、小規模ながら「御柱」の祭事を継承している。

諏訪神社から南へ約500mほどの下今諏訪の久本寺（日蓮宗）に鰐口（県文化）、長谷寺から西へ約500m、百々の諏訪神社の獅子頭（県文化）、さらに御勅使川に沿ってのぼった、大嵐の善応寺（臨済宗）には、室町時代の宝篋印塔（県文化）がある。また、飯野の常楽寺（曹洞宗）に伝わる木造阿弥陀如来立像（県文化）も鎌倉時代の秀作である。

218　富士川の清流

徳島堰

コラム

乏水地域の灌漑用水として現在も活躍

韮崎市円野町上円井から南アルプス市曲輪田新田に至る、全長17kmの徳島堰は、箱根用水（神奈川県）・柳川堰（福島県）とともに、日本三大堰といわれる。

1664（寛文4）年、江戸深川（現、東京都江東区）の商人徳島兵左衛門俊正が、江戸幕府から開発の許可を得て、翌年、上円井の釜無川右岸から起工して、等高線沿いに水路を開削した。途中、矢口沢・八ツ峰の堅い岩盤を割り抜いたり、御勅使川の下は埋樋（板樋）の暗渠にして横切らせるなどの難工事の末、1667年には、曲輪田新田まで通水した。

しかし、兵左衛門は同年、甲府藩の干渉などで工事を中止して、江戸へ帰ってしまった。工事は甲府藩が引き継ぐことになり、甲府城代戸田周防守が、有野村（現、南アルプス市）の武田家の浪人矢崎又右衛門に命じて工事を強行し、1671年に完成した。

幕府は兵左衛門の功を顕彰し、これを「徳島堰」と名づけ、兵左衛門が投資した工費の一部4165両余りを賠償した。

この堰の完成によって、御勅使川扇状地（扇央）の乏水地帯（原方という）約500haにおよぶ土地が灌漑され、飯野新田・曲輪田新田・六科新田（いずれも現、南アルプス市）などの新田集落も生まれた。

飯野新田の了円寺（日蓮宗）は、兵左衛門が堰の完成を七面大明神に祈念して建てた寺で、兵左衛門の墓と、1919（大正8）年建立の徳島堰碑がある。

なお、又右衛門の子孫が代々守ってきた矢崎家住宅は、江戸時代初期の建築とされる、甲府盆地西部で最古の民家であり、堰の工事に使った当時の測量器具なども残されている。

徳島堰は、完成から約300年間、この地域の農業用水路として重要な役割をにない続けてきたが、漏水も多く、畑地灌漑については多くの困難も抱えていた。1965（昭和40）年に、釜無川右岸土地改良事業が着工、徳島堰の三方コンクリート化などの大改修工事が進められ、1973年に完成した。この結果、灌水面積は畑地だけでも約1700haにおよび、御勅使川扇状地上の長年にわたる水害問題が解決され、近代的な果樹園地帯として、さらなる発展を遂げている。

徳島堰

将棋頭・石積出し ❺

御勅使川治水の要衝 巨大な石積み遺構

〈M ▶ P. 210, 221〉南アルプス市有野／駒場 🅿
将棋頭：JR中央本線竜王駅🚗20分，またはJR中央本線・身延線甲府駅🚌芦安行・社会福祉村行北新田🚶3分／石積出し：将棋頭から🚗10分，🚌芦安行塩の前入口🚶3分

　野牛島に戻り，県道甲斐芦安線（県道20号線）を西へ約2km進み，国道52号線と交差する六科交差点をさらに1kmほど直進し，授産施設県立梨の実寮の看板を目印に右折すると，同寮の正門を入ってすぐ右手に，壮大な石積みの遺構がある。上流側に向かって先端が尖った将棋の駒に似た形状から将棋頭とよばれ，『甲斐国志』にもその名が記載されている。

　1987（昭和62）年に発掘調査が行われ，その規模や構造がおおむね判明した。基底部の幅22m・天端の幅6.3m・高さ4.3mの規模で，河川の自然堆積層を掘って，裏込めによる石積みが施され，川表側の基底部には，木工沈床（梯子状の木枠に石や礫が充填された施設）が敷設されていた。

　将棋頭の機能は，『甲斐国志』の記載をもとに，御勅使川の強力な流れを二分してその力を分散するものとみられてきたが，近年では，堤防で囲まれた地域内の耕地や集落を守る機能を重視する説も出されている。実際，将棋頭を先頭に，現御勅使川と旧御勅使川（現在の県道20号線にほぼその流路が重なる）に挟まれた，長軸3.5km・底辺1kmの二等辺三角形の土地を幾筋もの堤防群が取り

将棋頭　　　　　　　　　　　　　　　　　　　　　　　石積出し

富士川の清流

御勅使川流域周辺の史跡

囲み，集落を守っている様相が，地形図からも明瞭に読み取れる。
　県道をさらに芦安方面へと約5km西進し，御勅使川を挟んで駒場と塩前（しおのまえ）の集落を結ぶ橋の付近に，左岸から川に突き出す形で石積出しがある。塩の前バス停から史跡表示の看板がみえるのでわかりやすい。現在5本の堤が確認されており，上流から順に1番堤〜5番堤とよばれている。このうちもっとも規模の大きい1番堤は，3段積みで長さ70mほどあるが，江戸時代中期には2段積みで，破堤後に落とし積みとなり，その後，3段に修復されたものとみられている。
　扇頂（せんちょう）部に位置する石積出しは，増水時の激流を直（じか）に受けるため破損も多く，たびたび積み直しによる修復が行われており，現在，表面にみえる石積出しは，かなり時代がくだってからのものとの見方が強い。しかし，かつての石積出しが，氾濫する川の流路を確定する，扇頂部における要（かなめ）の施設として機能したことは疑いなく，より下流の有野・百々などの集落を，水害から守る役割をはたしてきたと考えられる。なお，将棋頭・石積出しとも，2003（平成15）年に御勅使川旧堤防遺跡として，一括で国史跡に指定された。

穂見神社（ほみじんじゃ）❻　〈M▶P. 210, 222〉南アルプス市高尾（たかお）485　Ｐ
　　　　　　　JR中央本線・身延線甲府駅🚌平岡（ひらおか）・あやめヶ丘団地行平岡
　　　　　　　🚶50分

　平岡バス停から少し北へ進み，丁字路を左折して，山中の道をの

信玄堤から南アルプス市へ　　221

穂見神社本殿

『延喜式』式内社の鎮座地 今に続く稲作信仰

ぼっていくと、『延喜式』式内社穂見神社に着く。祭神は保食神・白山権現・三体王子（大福王子・大寿命王子・大智徳王子）。通称「高尾さん」とよばれ、古くから稲作や授福の神として崇敬されてきた。12月1日の祭日には、近郷から稲穂が献じられ、参拝する人びとで賑わった（現在は毎年11月23日が祭日）。

本殿（県文化）は、桁行5.1m・梁間3.2m・棟高9.3mにもおよぶ三間社流造の雄大・豪壮な建物で、1665（寛文5）年に、信州（現、長野県）系大工によって建立されたものである。御正体（県文化）には、表面に冠をつけ両手で笏を捧げもつ神像が彫られ、「三躰王子　甲斐国八田御牧北鷹尾　天福元年」の銘がある。天福元年は鎌倉時代初期の1233年であり、「北鷹尾」（現、南アルプス市高尾）付近が「八田牧」に含まれていたことを示している。

穂見神社の名をもつ神社は、当社のほか、韮崎市穴山町・同市旭町上條南割・北杜市長坂町長坂上条・中央市布施などにも存在する。したがって、『延喜式』式内社の「巨麻郡穂見神社」の比定についても、諸説あって断定できない。いずれも稲の豊作を祈願した農民の信仰を集めてきた神社であり、多くは式内社から後世

穂見神社周辺の史跡

222　富士川の清流

に分祀されたものであろう。

穂見神社のある高尾から東方の麓にくだった，曲輪田の諏訪神社には，室町時代の木造諏訪神社神像(県文化)，桃園の蔵珠院(曹洞宗)には，「応永二十八(1421)年」の銘がある六地蔵幢(県文化)がある。

伝嗣院 ❼
055-284-1350

〈M▶P.210, 222〉南アルプス市上宮地1424 P
JR中央本線・身延線甲府駅🚌平岡・あやめヶ丘団地行田頭🚶5分

曹洞宗甲州七法幢の1つ 甲府盆地一望の景勝地

田頭バス停で降りて東へ約50mくだると，広域農道とぶつかる大きなカーブに出る。農道を横断して小道を100mほど直進すると，伝嗣院(曹洞宗)の南側入口に出る。市之瀬台地の端にあり，甲府盆地を一望できる景勝の地である。1512(永正9)年，三輪明神(下宮地の神部神社)の神主今沢重貞が隠退後に出家し，同社の山宮があるこの地に，寺院を建立したことに始まる。

1564(永禄7)年，曹洞宗州安派本山に昇格し，あらためて州安和尚を勧請して，開山とした。曹洞宗の甲州七法幢の1つとして，最盛期には末寺50余寺をもつ大寺院として隆盛を誇ったが，1898(明治31)年の落雷による火災で，七堂伽藍のほとんどを焼失し，以後，寺運はふるわなくなった。武田信玄の時代の文書を所蔵し，寺宝に紙本墨書大般若経600巻(県文化)がある。

伝嗣院山門と石仏

神部神社 ❽

〈M▶P.210, 225〉南アルプス市下宮地563 P
JR中央本線・身延線甲府駅🚌鰍沢行下宮地🚶1分

大和三輪神社を勧請 『延喜式』式内社

伝嗣院への登り口である小笠原下町から国道52号線を少し南に行き，下宮地に入ってすぐの所に，南アルプス郵便局があり，その南に隣接して神部神社(祭神大国主神)がある。伝承によると，垂仁天皇のとき，大和(現，奈良県)の三輪神社を勧請して創建したとい

信玄堤から南アルプス市へ

神部神社

われ，以前は三輪明神と称した。『延喜式』式内社の「巨麻郡神部神社」に比定される古社である。中世には，西郡随一の大社として，武田氏や小笠原氏歴代の篤い崇敬を受けた。

毎年3月2日には曳舟神事という遷座式が行われる。往古，神前まで湖水だったという伝承に由来する古式の祭りを伝えている（現在は3月第1日曜日が祭日）。また，神部神社と伝嗣院は，里宮と山宮の関係にあって，4月に伝嗣院から神部神社へ神輿を迎え，11月に山宮に還幸する儀式がある。この儀式のことを，東郡を代表する一宮浅間神社（笛吹市一宮町）の大御幸祭に対して西御幸祭という。これは，冬の期間は山の神となり，春に里にくだって田の神になるという，民間信仰を反映した祭事と考えられる。

神部神社から国道52号線を挟んで西隣の下市之瀬で，1992（平成4）年工業団地造成に伴う発掘調査によって発見された縄文集落遺跡，鋳物師屋遺跡の出土品（国重文）のうち，とくに円錐形土偶や人体文様が描かれた有孔鍔付土器などは，本県の縄文文化を代表する文化財として重要である。これらの考古資料は，南アルプス市ふるさと文化伝承館（南アルプス市野牛島）の文化財展示室に常設されており，自由に見学できる。

宝珠寺 ❾
055-284-3680

〈M▶P. 210, 225〉南アルプス市山寺950　P
JR中央本線・身延線甲府駅🚌平岡・あやめヶ丘団地行下市坂下　🚶1分

小笠原長清ゆかりの寺
特異な密教彫刻群

下市坂下バス停で降りて東方をみると，宝珠寺（曹洞宗）境内のひときわ大きなマツの老樹が視界に入るのですぐわかる。寺伝によれば，承安年間（1171〜75），西郡の原小笠原荘一帯を支配していた領主加賀美遠光が如意庵を再建したことに始まり，1184（元暦元）年，遠光の2男小笠原長清が，毘沙門天をまつる寺院として発展さ

宝珠寺

せたものという。

　同寺の収蔵庫には，木造大日如来坐像及四波羅蜜菩薩坐像（国重文）の5体の仏像が安置されている。古くから「五智如来」とよばれていたが，1991（平成3）年に国の重要文化財に指定される際に，四如来は法波羅蜜・羯波羅蜜・宝波羅蜜・金剛波羅蜜菩薩であることが判明した。等身大の本尊大日如来像を中心に，ひとまわり小さな四菩薩像を配する五尊像は損傷がほとんどなく，温雅な面貌をもち，衣文の彫りも優美に表現されるなど，平安時代末期の和様彫刻の典型的な作風を示し，本県はもとより，全国的にも作

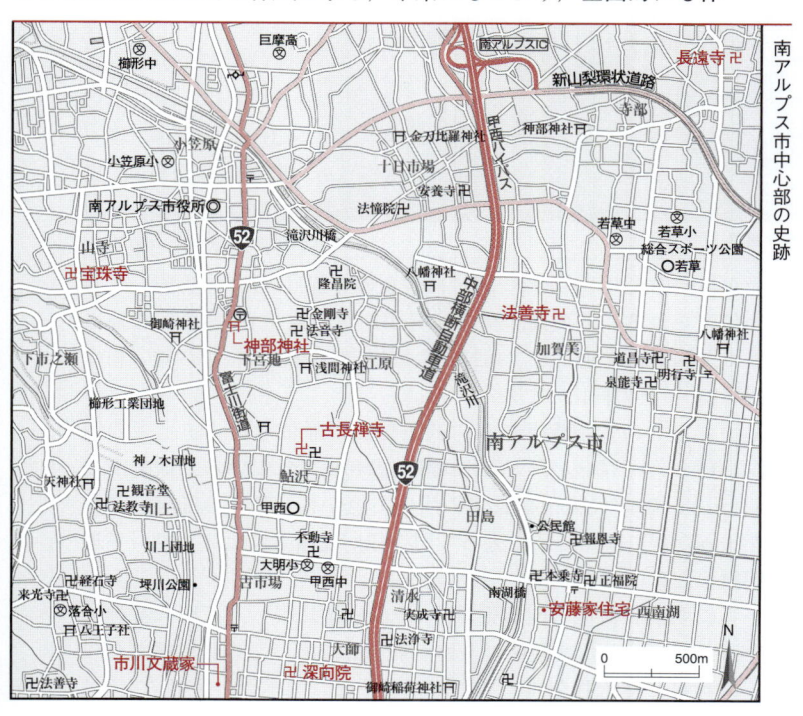

南アルプス市中心部の史跡

信玄堤から南アルプス市へ

例のきわめて少ない，特異な密教群像である。

　制作年代は，12世紀末頃と推定されており，遠光・長清父子らを庇護者とするという寺伝にも一致する。中央の仏師による制作とみられ，県内各地に残る甲斐源氏一族による造像例とあわせて，彼らの信仰と文化のあり方を考えるうえで，きわめて貴重な文化財である。なお，同寺の本堂には，市指定文化財の毘沙門天立像1体も安置されている（仏像拝観は寺に要相談）。

法善寺 ⑩
055-282-1693

〈M▶P. 210, 225〉南アルプス市加賀美3509　P
JR身延線東花輪駅🚌7分，またはJR中央本線・身延線甲府駅
🚌鏡中條経由小笠原行加賀美🚶5分

加賀美遠光の館跡　寺宝多い真言宗の名刹

加賀美バス停から西へ500mほど歩くと，民家が密集する集落の真ん中に法善寺（真言宗）がある。この寺は，822（弘仁13）年に武田郷（現，韮崎市神山町）に真言宗寺院として開創したものを，加賀美遠光が自領の大井荘山寺（一説には現在の寺部）に移して再興したものと伝えられる。その後，孫の遠経が加賀美遠光館跡の現在地に移して，諸伽藍を建立し，高野山金剛峯寺（和歌山県）から覚応和尚を招いて中興の開山としたという。

法善寺鐘楼

　武田家累代の祈願寺となり，武田信玄の帰依も深く，当寺の塔頭福寿院・普門院宛ての信玄の祈願状も残されている。信玄没後，1582（天正10）年に織田信長軍の兵火で焼かれ，多くの寺宝・記録類を失ったが，徳川の代に入って旧寺領が安堵されたことで，寺運は回復した。

　さらに明治維新後の廃仏毀釈・神仏分離に際し，武田八幡神社（韮崎市神山町）の仏教関係の遺物が別当寺であった当寺に移され，多くの寺宝・文化財を残している。とくに，紙本墨書大般若経561

石橋湛山と山梨

コラム

人

小日本主義を唱えた偉大な言論人・政治家

　かつては，在任2カ月で辞任せざるをえなかった悲運の宰相として，今では，「20世紀日本の言論界を代表する稀有の人物」として高く評価されている石橋湛山は，山梨と深い関わりをもつ言論人・政治家である。

　湛山は，1884（明治17）年，日蓮宗の僧侶杉田湛誓と石橋きんの長男として東京に生まれた。翌年，父が郷里の南巨摩郡増穂村（現，南巨摩郡富士川町）の昌福寺に転じたため，湛山は母とともに甲府市に移住。1891年，同村青柳の昌福寺に移った。湛山は昌福寺で小学校時代の3年間を過ごした。

　1894年，父が静岡市の本覚寺に転じたため，湛山は中巨摩郡鏡中條村（現，南アルプス市鏡中條）の長遠寺住職望月日謙に預けられた。長遠寺は日蓮宗の名刹で，日露戦争（1904～05年）時に，湛山から望月日謙に宛てた手紙も保管されている。なお，境内に2003（平成15）年，「長遠寺と石橋湛山の碑」が建立された。

　湛山は，1895（明治28）年，甲府市の山梨県尋常中学校（現，甲府一高）に入学した。この中学時代に2度落第したため，大島正健校長とめぐり会うことができた。札幌農学校（現，北海道大学）でクラーク博士から直接の薫陶を受けた大島校長から，湛山は，キリスト教精神に基づくアメリカ流民主主義と個人主義を学び，「一生を支配する影響」（『湛山回想』）を受けた。また，4年生から5年生にかけて，『校友会雑誌』にしばしば，鋭い批判精神に満ちた文章を寄稿していた。

　1902年に同校を卒業，山梨を離れた湛山は，早稲田大学を経て，東洋経済新報社に入社。大正時代から昭和時代初期，『東洋経済新報』を舞台に，小日本主義・民権・自由主義の論陣を張った。そして戦後，政界に入り，1956（昭和31）年には55代首相となった。

　湛山は，1933（昭和8）年，山中湖村に別荘を建て，ほぼ毎年夏季に滞在したほか，戦後，しばしば山梨を訪れた。

　母校，甲府一高には，湛山の中学校時代の文章が収録されている『校友会雑誌』や湛山揮毫の額・書のほかに，石橋湛山記念財団から寄贈された湛山の胸像もある。

　2007年，甲府市朝気に開館した山梨平和ミュージアム―石橋湛山記念館には，湛山の生涯と思想が展示されている。

巻（国重文）は，武田信義の子武田五郎信光の4男一条信長が，1254（建長6）年に武田八幡神社に奉納した写経として有名である。そのほか，板絵僧形八幡神像，八幡神本地仏鏡像（ともに県文化）

信玄堤から南アルプス市へ

や各種経文類などを多数蔵し，室町時代の鐘楼(県文化)が，当寺最古の建物として風格をたたえている。

　法善寺から北東へ徒歩で約20分の鏡中條には，恵光山長遠寺(日蓮宗)がある。日蓮宗久遠寺末，触頭三ヵ寺の1つとして，末寺70余りを従える名刹であった。開基は加賀美遠光，前身は戸田にあった真言宗寺院で，有密寺と称した。1279(弘安2)年，住持の大心房が日蓮に帰依し，日心と改名して開山になったという。

　その後，武田信玄の家臣五味土佐守長遠が，永禄年間(1558～70)に再興して，みずからの諱をとって寺号とした。江戸時代に2度の火災に遭い，堂宇のほとんどを焼失したが，すぐに復興され，1788(天明8)年に現在の伽藍が竣工した。日蓮の書蹟や徳川氏の朱印状など数通を伝えている。また，山梨県出身の偉大な言論人・政治家である石橋湛山が，青年時代をすごした寺としても知られ，育ての親である同寺住職望月日謙に宛てた手紙も残されている。

古長禅寺 ❶
055-282-1278

〈M▶P. 210, 225〉南アルプス市鮎沢505
JR中央本線・身延線甲府駅🚌鰍沢行JAこま野大井支所🚶4分

夢窓疎石開基の名刹　大井夫人の菩提寺

　JAこま野大井支所バス停から北へ少し戻り，東へ向かう小道を約300m進むと，古長禅寺(臨済宗)がある。この寺は，古くは真言宗の大寺として栄えたという西光寺の跡地に，1316(正和5)年に夢窓疎石(国師)が，寺号を長禅寺とし，臨済宗寺院を開創したことに始まる。一時，鎌倉五山派に属していた時期もあったが，のちに京都妙心寺派に転じた。

　この寺は，元来武田氏支族で，この付近一帯の大井荘を領して勢力をふるった大井氏と密接な関係にあったと思われる。しかし，大井信達が長らく対立関係にあ

古長禅寺山門

古長禅寺木造夢窓国師坐像

った武田信虎(のぶとら)にくだり，信達の女が政略結婚で信虎夫人となり，信玄の母となったことで，当寺にも大きな変化が訪れた。信虎は京都より岐秀玄伯(ぎしゅうげんぱく)を招いて当寺の住持とし，信玄も幼い頃，母大井夫人に伴われて参禅(さんぜん)したという。

大井夫人の没後，1552(天文21)年，信玄は館に近い甲府の愛宕山南麓(あたごやまなんろく)に長禅寺を移し，母の菩提寺(ぼだいじ)としたため，以後，こちらを古長禅寺とよぶようになった。一方，甲府の長禅寺は，甲府五山第一の名刹となった。大井夫人は，法号「長禅寺殿」を称し，両長禅寺に葬られている。

1924(大正13)年の火災で，堂宇や寺宝・古記録類を失ったが，夢窓疎石の築庭といわれる庭園を含む境内(県史跡)に，往古の姿を偲ぶことができる。寺宝として残された木造夢窓国師坐像(国重文)は，像高82.5cm，ヒノキの寄木造(よせぎづくり)。胎内(たいない)の銘文から，疎石七回忌(き)にあたる1357(延文(えんぶん)2・正平(しょうへい)12)年に造顕(ぞうけん)されたことが明らかであり，均整のとれた写実的な作風(しゃふう)で，疎石の若い頃の姿を再現した作例として貴重である。

また，境内の道を隔てた東南の寺域には，樹齢600年といわれる4本のビャクシン(国天然)があり，疎石手植えの白檀(びゃくだん)と伝えられている。

安藤家住宅(あんどうけじゅうたく)⑫
055-284-4448

〈M▶P.210, 225〉南アルプス市西南湖(にしなんご)4302
JR身延線東花輪駅🚗7分，またはJR中央本線・身延線甲府駅🚌南湖経由鰍沢行一軒茶屋(いっけんちゃや)🚶15分

江戸時代の豪農の暮らし伝える広大な民家

一軒茶屋バス停で降り，西南湖の交差点から西に向かう県道105号線を約1.2km歩くと，「安藤家住宅駐車場」の看板がある。さらに100mほど進み，滝沢川(たきざわ)へ出るすぐ手前の小道を左折すると，左手に，屋根塀に囲まれた安藤家住宅(国重文)がみえてくる。

安藤家は，江戸時代中期以降，旧西南湖村の名主(なぬし)をつとめた旧家であり，その先祖はもと武田家の家来で，かつては小尾姓(おび)を名乗っ

信玄堤から南アルプス市へ　　229

峡西の戦争遺跡

コラム

戦争に巻き込まれた地域の歴史を検証

　戦争体験世代が少なくなり，戦争体験の風化が進行している。そのなかで，戦争の記憶・記録を残す取り組みの重点が，「ヒト」から「モノ」へと移りかわり，戦争遺跡の掘り起こしと調査，保存・活用の運動が各地で広がりつつある。

　山梨県内では，韮崎市の七里岩地下壕群，甲府市の山梨大学赤レンガ館(旧甲府連隊の糧秣庫)，大月市のむすび山山頂の防空監視哨跡など，貴重な戦争遺跡が存在するが，峡西地域にも，地域とその住民が戦争に巻き込まれていったことを示す，いくつかの戦争遺跡が残されている。

　甲斐市玉幡の県立農林高校は，アジア・太平洋戦争が終結するまで，旧陸軍玉幡飛行学校が所在した所である。同校のグラウンド付近は，飛行場滑走路の跡地にあたり，本館校舎前に飛行学校当時の様子を説明した案内板が立っている。

　南アルプス市の旧白根町には，アジア・太平洋戦争末期の1945(昭和20)年春から，突貫工事で建設された旧陸軍の秘匿飛行場跡，通称「ロタコ」(「第二立川航空廠」の暗号名か)とよばれる戦争遺跡が，飯野・飯野新田・曲輪田新田・築山・有野の広い範囲にまたがり，滑走路・掩体壕・地下壕群などの跡が，現在でも明瞭に確認できる。「ロタコ」工事に勤労動員などで徴発された地域住民は，釜無川(富士川)西岸だけで連日3000人余りにもおよび，滑走路の整地や誘導路建設などの作業に従事させられた。また，それとは別に，朝鮮人労働者による地下壕の掘削工事が，厳重な監視下で秘密裏に進められたことが知られている。

　南アルプス市教育委員会によって，滑走路・掩体壕跡などの発掘調査や聞き取り調査が継続的に行われ，「ロタコ」の全容が明らかになってきた。2008年「3号掩体壕」が市文化財に指定されたことは，戦争遺跡の保存・活用の上で，きわめて大きな成果といえる。

　現地の見学は，案内役がつかないと分かりづらいが，同市教育委員会文化財課(055-282-7269)に問い合わせられたい。「ロタコ」関連施設の案内図や，遺跡・遺物などを写真入りで解説したパンフレットも無料で提供している。

発掘・保存された「ロタコ」掩体壕跡

安藤家住宅

ていた。武田家滅亡後，初めは徳川氏に仕えていたが，のち帰農して母方の安藤姓を名乗り，この地に居を構えたという。

　表門をくぐると，左側に主屋がある。主屋に残された祈禱札から，1708（宝永5）年の建造であることがわかり，当時の豪農の屋敷の様子をよく伝えている。細部の意匠にも細かな工夫が施されている。

　主屋から渡り廊下を歩くと，1861（万延2）年に建てられた茶室がある。通常の茶室にみられるにじり口はなく，武士への接待に使われたことを物語っている。このほか，北蔵・南蔵・文庫蔵などの建物も含めた，約4400㎡の屋敷地全体が，国の重要文化財の指定を受けている。茶室の正面に広がる庭園，市指定天然記念物の「安藤家の避雷針の松」も見事である。安藤家は，主屋の内部，所蔵する古文書を含めて，すべて一般公開されている。

　旧甲西町の地区には，このほかにも注目すべき文化財が数多く残されている。秋山の秋山家に所蔵される銅製経筒及び付属品（県文化）は，鎌倉時代初期にこの地を領した秋山光朝の没後，供養経として埋納されたものである。荊沢の旧家市川文蔵家には，俳諧白根獄・付俳書・俳人書簡・上矢敲水自筆俳文（いずれも県文化）など，江戸時代の俳諧関係文書が所蔵されている。また，宮沢の深向院（曹洞宗）には，室町時代の木造釈迦如来坐像（県文化）がある。

② 富士川沿いに南下

富士川町から富士川左岸に渡り，市川三郷町を経由して，身延町北部へと至る。富士川流域が1つの文化圏を形成する。

明王寺 ⑬　〈M ▶ P. 210, 234〉　南巨摩郡富士川町春米2　P
0556-22-1283
JR身延線市川大門駅🚌15分，またはJR中央本線・身延線甲府駅🚌小笠原経由鰍沢行長沢🚶20分

真言宗の拠点寺院　古様伝える薬師如来立像

南アルプス市から国道52号線沿いに南下して富士川町へ入る。長沢新町の交差点から西へ櫛形山（2052m）に向かって約1kmの所に，春米の明王寺がある。真言宗の古刹で，多くの文化財を所蔵している。

なかでも，木造薬師如来立像（国重文）が有名である。平安時代中期の作で，ヒノキの一木造，像高43.3cmの小像であるが，この時代の仏像に多くみられる翻波式衣文など，襞の彫刻が素晴らしい像である。また鰐口（国重文）には，「貞応三（1224）年」の銘があり，面径が30.8cmある名作である。寺では，これらの宝物を新築された収蔵庫に陳列している。また同寺には，武田信義の嫡男で，源頼朝により1184（寿永3）年に謀殺された，一条忠頼の五輪塔もある。

明王寺木造薬師如来立像

鰐口（明王寺）

御米蔵（あおやぎ宿活性館）・旧秋山邸（追分館） ⑭

0556-22-0870（あおやぎ宿活性館）

〈M▶P. 210, 234〉南巨摩郡富士川町青柳町222 P
JR身延線市川大門駅🚌10分，またはJR中央本線・身延線甲府駅🚌小笠原経由鰍沢行追分🚶1分

> 青柳河岸の廻米蔵富士川水運の往時伝える

　青柳宿は，鰍沢と並んで富士川水運で栄えた宿である。国道52号線（信州往還）と国道140号線の分岐点となる追分の交差点を静岡方面へ南下してすぐ右手に，あおやぎ宿活性館がみえてくる。

　この建物は御米蔵とよばれ，年貢米を江戸に廻送するための青柳河岸の貯蔵庫として，富士川大橋から約100m下流の右岸に建てられたものである。

　青柳河岸は，東西50.9m・南北54.54m（面積約2776m²）の広さがあり，ここに東西36m・南北7.2m（建坪260m²）の御米蔵があったという。その後，御米蔵は1905（明治38）年，地主秋山源兵衛に払い下げられ，45日間かけて解体し，現在地に移築されて，富士川水運の青柳河岸にかかわる唯一の遺構となった。現在は増穂町に移管され，商店街活性化の拠点として，隣接する旧秋山邸（追分館）とともに活用されている。

　活性館のすぐ南には，1790（寛政2）年創業の萬屋醸造店がある。ここは，酒蔵をギャラリーに改築した施設で，醸造にかかわる資料を見学できる。また，歌人与謝野晶子が吟行にき

青柳の御米蔵

昌福寺

富士川沿いに南下

た際、同酒店に立ち寄り、歌を詠んだというゆかりのあることでも知られている。

活性館から鰍沢方面へ300mほどくだると、右手に名刹 昌福寺（日蓮宗）がある。昌福寺は、春・秋彼岸の虫加持祈禱で有名で、「永徳二(1382)年」銘の鰐口がある。また、55代首相の石橋湛山が幼少時から学童期を過ごした寺でもある(227頁コラム「石橋湛山と山梨」参照)。

妙法寺 ⑮
0556-22-0034
〈M▶P. 210, 234〉南巨摩郡富士川町小室3063 P
JR身延線鰍沢口駅🚌15分、またはJR中央本線・身延線甲府駅
🚌小笠原経由鰍沢行小室山入口🚶80分

旧増穂町から国道52号線を南下し、戸川を渡って旧鰍沢町に入る

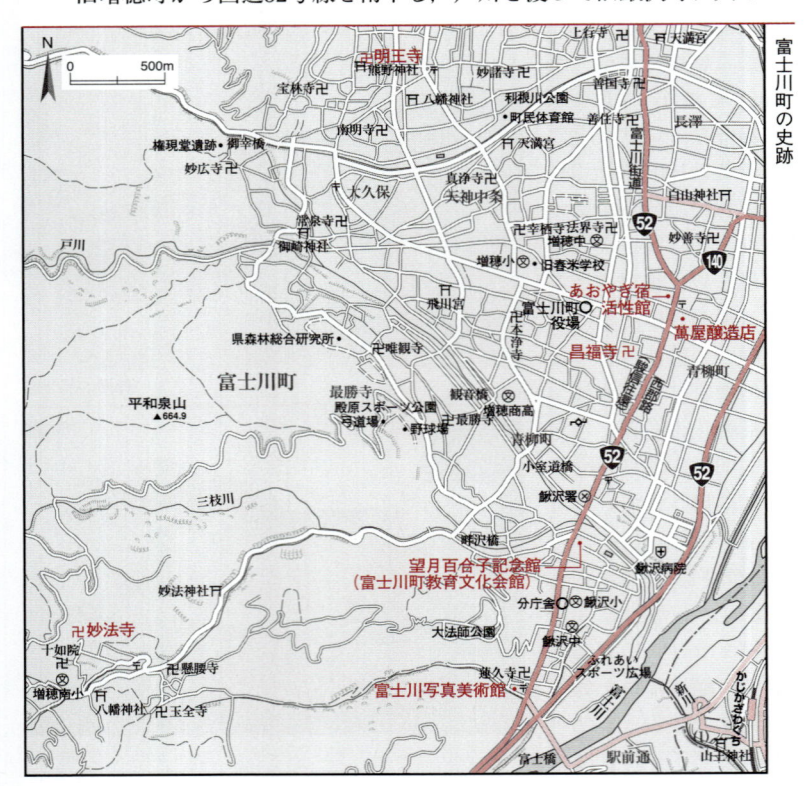

富士川町の史跡

234　富士川の清流

妙法寺山門

と，すぐ右手に小室を示す標識がある。標識に従って，川沿いを西に進むと小室に入る。小室の集落は，かつては妙法寺の門前町として発展した所である。旧バス停から山門へ延びる参道を進むと，妙法寺(日蓮宗)がある。山号を正式には徳栄山というが，地名の小室山を通称としている。

小室山修験の霊場 県内有数の豪壮な山門

妙法寺の前身は真言宗で，修験道の道場であったといわれる。日蓮が住持の善智和尚との法論に勝ち，善智は日蓮に帰依して日伝と改名し，寺を日蓮宗に改宗して今日に至ったといわれている。同寺には，金銅金具装笈(県文化)が残されている。古くは多くの塔頭があったが，現在は玄浄院・十如院の2院のみである。なお，妙法寺の本堂は，1972(昭和47)年に失火で焼失したが，1999(平成11)年に再建された。また現在では，2万株のアジサイが植えられ，「あじさい寺」としても親しまれている。

望月百合子記念館 ⓰
0556-22-5361

〈M▶P.210, 234〉南巨摩郡富士川町鰍沢 Ⓟ
JR身延線鰍沢口駅🚗10分

小室から国道52号線に戻り，鰍沢の町並みを南へ200mほどくだった「合同庁舎入口」の交差点の左手に富士川町教育文化会館がある。その館内に望月百合子記念館が設置されている。

望月百合子は，1900(明治33)年9月東京に生まれ，鰍沢町で望月家の養女として幼少の一時期を過ごした。1919(大正8)年，東京の成女高等女学校(現，成女高校)卒業後，読売新聞婦人部記者を経て，1921年にフ

望月百合子記念館(富士川町教育文化会館)

富士川沿いに南下　235

ランスのソルボンヌ大学に国費留学，1925年に帰国後，石川三四郎とともにアナーキストとして，評論・翻訳，月刊誌の発刊，「女人芸術」への参加など，幅広く活躍した。結婚後，満州（現，中国東北部）へ渡り，満州新聞記者をつとめ，女性教育に力をそそぐとともに，女性解放運動に貢献した。

1948年，中国より帰国後も，著述・翻訳活動を続けるかたわら，山梨県を中心に地域文化の発展にも寄与，とくに山梨県立文学館の建設には大きな功績を残し，2001（平成13）年に101歳で他界した。

記念館では，百合子の著作を始め，さまざまな活動の様子を紹介している。文化会館の壁面には，葛飾北斎『富嶽三十六景』のうちの「甲州石班沢」が描かれている。

富士川写真美術館 ⑰
0556-22-0125

〈M ▶ P. 210, 234〉南巨摩郡富士川町鰍沢1821 [P]
JR身延線鰍沢口駅 🚌 8分

望月百合子記念館から国道52号線をさらに南にくだり，鰍沢税務署入口の信号を右へ少し入ると，富士川写真美術館がある。建物は，延宝年間（1673〜81）に建設された，信州諏訪藩（高島藩，現，長野県諏訪市）の廻米蔵を改装したものである。

館内には，昭和時代初期から昭和30年代までの富士川と，その流域を写した写真を常設展示している。写真は，館長の村田澄夫氏の父で，新聞記者であった一夫氏が撮影したもので，富士川周辺の生活と文化を記録した貴重な資料となっている。

富士川写真美術館

富士川水運

コラム

物資流通の大動脈 文化交流の水運路

　富士川が物資の輸送路として整備されたのは、慶長年間(1596〜1615)のことである。通船のために開削工事を行ったのは、京都の豪商角倉了以であり、水運の開設は、1607(慶長12)年が有力である。鰍沢・岩淵間71kmの輸送には、下りで約6〜8時間、上りは4日ほどの時間を要した。

　富士川水運を利用して輸送する物資の代表は、下りの米と上りの塩である。富士川は、江戸幕府にとって甲斐や信濃(現、長野県)からの年貢米(廻米)を輸送するのに便利なルートであり、廻米は駿河湾(静岡県)を経由して江戸の浅草御蔵に輸送された。甲斐と信濃の廻米は、鰍沢・黒沢・青柳の3河岸に集荷された。この3河岸までは、笛吹川流域の場合は石和河岸などから、釜無川流域では河原部河岸などから、それぞれ近番船とよばれた3河岸所属の船で運ばれた。上りの塩は、駿河・伊豆(ともに現、静岡県)などの地塩から品質のよい西国産の塩も含まれていた。塩は鰍沢から甲斐・信濃の各地へ運ばれ、1905(明治38)年に専売制がしかれるまで、おおいに賑わった。

　明治維新後は、主要荷物であった廻米の輸送がなくなり、物資輸送路としての近代化が図られた。1874(明治7)年に、富士川運輸会社が設立され、山梨県が営業規則を定めたことで運輸会社としての信頼性が高まった。その後、富士川運輸会社以外の会社設立が進み、競争のなかで富士川水運は栄えた。

　水運は物資だけを輸送したのではなかった。江戸時代に入ると、全国的に有名寺社への参詣が流行するが、富士川水運は日蓮宗総本山の身延山久遠寺へ参詣する人で賑わった。明治時代に入っても、自由民権運動の盛時、山梨県内の豪農民権運動家が、国会開設の請願書を携えて東京へ向かったのも、この水運路であった。

　しかし、1903年6月に中央線が甲府盆地まで開通したことは、富士川水運の役割を低下させた。すなわち、京浜方面への流通の中心が、鉄道にかわる時代が到来したのである。そして、1928(昭和3)年に富士身延鉄道(現、JR身延線)が全通したことで、富士川水運はその役割を終えた。

　鰍沢河岸跡は、国道52号線のバイパス工事にともなって、1996(平成8)年から発掘調査が行われ、河岸の様子が明らかにされた。水

富士川水運の碑

富士川沿いに南下

運に用いられた船は，鰍沢の河原に実物大復元船が，身延町八日市場の歴史民俗資料館に模型が展示されている。なお，河岸跡に立っていた富士川水運の碑も，バイパス工事を機に，富士橋を渡った対岸に移転した。

浅利与一層塔・中央市豊富郷土資料館 ⓲
055-269-3399（中央市豊富郷土資料館）

弓の名人浅利与一の層塔 「養蚕王国」山梨の伝統

〈M▶P. 210, 238〉大福寺：中央市大鳥居1621 P／中央市豊富郷土資料館：中央市大鳥居1619-1 P
JR身延線 東花輪駅🚌20分，またはJR中央本線・身延線甲府駅🚌豊富行終点🚶20分

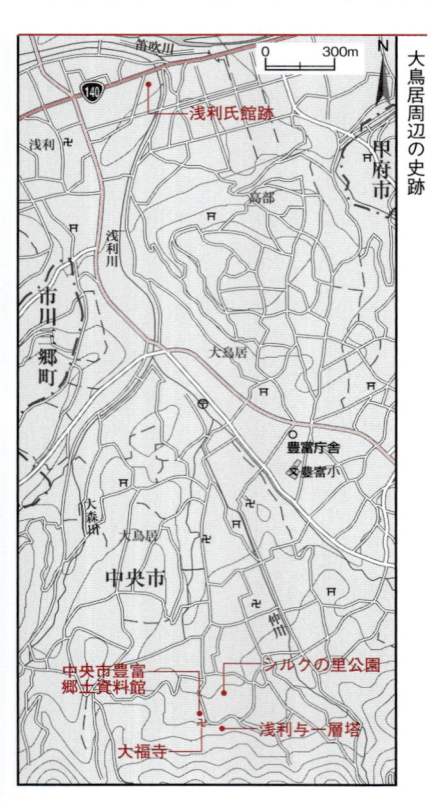

大鳥居周辺の史跡

豊富行きバスの作興橋バス停から北へ約100mの道端，浅利区七蔵に浅利氏館跡案内の標識があり，そこから丘陵をのぼっていくと，丘陵中腹の平坦地が館跡の伝承地となっているが，その遺構はみつかっていない。

その標識に面した道をさらに南に進み，案内板によりシルクの里公園を目指して進むと，大鳥居区の大福寺（真言宗）境内に浅利与一層塔がある。層塔は，田の字状に並列した扁平の石を基壇とし，その上に方形の基礎を載せ，その上に龕洞のある円筒主軸をおき，さらに方形の屋蓋と平円軸を交互に4回重ね，最上部に宝珠をもつ。高さ約3m，凝灰岩製の石塔であり，鎌

浅利与一層塔

倉時代の作と推定される。

　大福寺は寺伝によれば，739（天平11）年の創建とされ，のちに浅利与一により伽藍が修復されたという。観音堂や薬師堂には，平安時代後期から鎌倉時代にかけての観音菩薩像や薬師如来像，不動明王像などの木造仏も安置されている。

　浅利与一義成は，1149（久安5）年，源清光の第10子（あるいは11子）として誕生，元服を迎えた頃，浅利郷を所領し，郷名の浅利を姓にしたと思われる。1185（元暦2）年の壇ノ浦の戦いのおり，平家との矢合わせに勝ち，遠矢の誉れで名をあげた。浅利冠者殿と尊称され，源頼朝の御家人として活躍した。

　与一層塔のすぐ西側には，シルクの里公園が整備されており，その一角に中央市豊富郷土資料館がある。中央市豊富地区ゆかりの考古資料，衣食住にまつわる民俗資料などが展示される。このほか，当地は古くからの養蚕地帯であり，養蚕道具の展示や養蚕農家の部屋の復元，蚕の生態・生育，そして絹ができるまでの過程を紹介し，養蚕農家の生活と技術の変遷を知ることができる。また，160インチの画面をもつハイビジョンシアターがあり，蚕の成長記録ビデオなどがみられる。

歌舞伎文化公園・文化資料館 ⑲
055-272-5500・6200

〈M▶P. 210, 241〉西八代郡市川三郷町上野3158　P
JR身延線甲斐上野駅 🚶15分

市川団十郎発祥の地　江戸歌舞伎の総合展示

　旧豊富村から金川曽根広域農道沿いに南西へ進むと，近世の天守閣を模した建造物が右手にみえる。ここが歌舞伎文化公園で，1984（昭和59）年，現地に「市川団十郎発祥の地」の碑が建立されたことで，整備が始められた。駅から歌舞伎文化公園へ行くには，天守閣を目指して台上の広域農道をのぼっていく。

　この地では，武田氏の能係をつとめたとされる堀越十郎式部とその孫堀越十郎家宣が，相模（現，神奈川県）北条氏との合戦で武

富士川沿いに南下

文化資料館

功を立て，上野周辺に150貫の領地を安堵されて，居を構えた。武田氏滅亡後，家宣は下総の幡谷（現，千葉県成田市）に逃れたが，この家宣が，初代市川団十郎の曽祖父にあたるという。これにちなんで，公園内の文化資料館では，歌舞伎に関する資料，歴代団十郎の紹介，歌舞伎「助六由縁江戸桜」の舞台も再現されており，江戸歌舞伎の貴重な資料を見学できる。

歌舞伎文化公園から約2km北東に大塚地区がある。ここには，大塚古墳・伊勢塚古墳などの古墳群があり，1894（明治27）年に鳥居原古墳（狐塚）から，「赤烏元年」銘の神獣鏡（国重文）が出土した。「赤烏」とは，中国の三国時代の呉の年号で，西暦238年にあたる。銅鏡はかなり磨滅しているが，年号がわかる呉の銅鏡として貴重なものである。この鏡は，市川三郷町の高田浅間神社が所蔵していたが，現在は東京国立博物館の所蔵となっている。

大塚から身延線沿いの道を南西にくだると，上野に入る。甲斐上野駅前から芦川駅前へ向かう国道140号線沿いに表門神社がある。『延喜式』式内社で，学問の神として信奉されている。この神社の正門の石鳥居（県文化）は，古い形式を残している。

大門碑林公園 ⑳
055-272-7100（公園管理事務所）
〈M▶P. 210, 241〉 西八代郡市川三郷町市川大門4930
🅿
JR身延線市川本町駅 🚶 10分

和紙と花火の町 書道の粋を集めた石碑

金川曽根広域農道に戻り，さらに南に向かい，芦川を渡ると，旧市川大門町に入る。この地域では，中世末期から和紙の製造が盛んで，江戸時代を通じて現在まで続いている。富士川流域の東・西河内地方は，耕地が狭く，和紙の原料のコウゾ（楮）・ミツマタ（三椏）が，山間部で生産されたことによるものと考えられる。このため，和紙の生産にちなんだ文化が残されている。

市川大門周辺の史跡

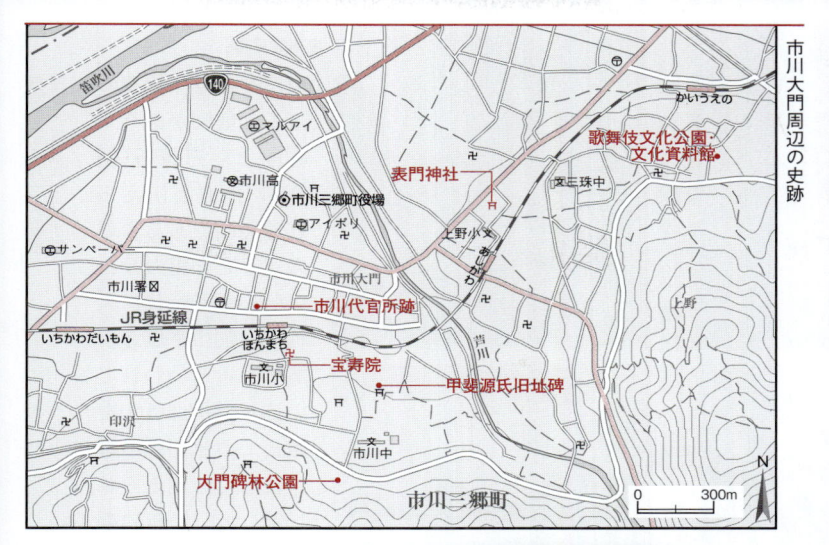

　市川本町駅西の県道を南下し，市川公園北の交差点を右折して金川曽根広域農道へ入り，約1km進むと，左手に大門碑林公園がみえてくる。和紙と書道の深いつながりから，中国の陝西省の西安碑林と山東省の曲阜碑林の名碑を集め，1995（平成7）年に開園した。王羲之の集王聖教序碑を始め，書道を学ぶ人の手本が多く揃っている。

大門碑林公園

　また，市川和紙の隆盛に貢献した，紙工の渡辺甚左衛門の命日である7月20日を，紙の神をまつる神明社の祭礼日として花火を打ち上げ，「神明の花火」として伝えてきた。花火は一時途絶えたが，1989（平成元）年に復活し，毎年8月7日に盛大に行われている。

宝寿院 ㉑
055-272-0716
〈M▶P.210, 241〉西八代郡市川三郷町市川大門5711　P
JR身延線市川本町駅 徒 2分

　身延線市川本町駅から南へ少し進むと，宝寿院（真言宗）がある。

富士川沿いに南下　　241

宝寿院庭園

夢窓疎石ゆかりの庭園
甲斐源氏発祥の伝承地

山門を入り，坂をのぼると庭園があり，庭園は夢窓疎石（国師）の作庭と伝えられる名園である。この辺りを平塩の丘といい，平安時代に天台宗白雲山平塩寺のあった所といわれている。寺坊は100を数え，夢窓国師の母も住したと伝えられ，1924（大正13）年に夢窓国師母堂碑が建てられた。現在の宝寿院はその坊の1つであったといわれ，シダレザクラは有名である。

甲斐源氏旧址碑

　宝寿院の東方，熊野神社の境内地に，源義清の館跡と伝承される場所がある。甲府盆地を眼下に見渡せるその小高い丘の頂上部に，1885（明治18）年，三条実美の題字で建立された甲斐源氏旧址碑がある。

　市川本町駅の北側を100mほど進むと市川代官所跡がある。現在は正門のみが保存されている。市川代官所は，1765（明和2）年駿府（現，静岡県静岡市）紺屋町坪庭の出張陣屋として発足したが，1795（寛政7）年に本陣屋となり，甲斐国幕府領のうち，旧北巨摩・中巨摩郡と南巨摩・西八代郡の247カ村，7万5000石を治めた。

印章資料館 ㉒　〈M▶P. 210, 243〉西八代郡市川三郷町岩間2160 Ⓟ
0556-32-2159　JR身延線甲斐岩間駅🚶5分

日本一のハンコの町
水晶加工技術の粋

　市川大門から身延線沿いに県道市川大門鰍沢線（県道4号線）をくだると，鰍沢口駅で道が二手に分かれる。新川沿いに県道市川大門

242　富士川の清流

印章資料館内部の展示

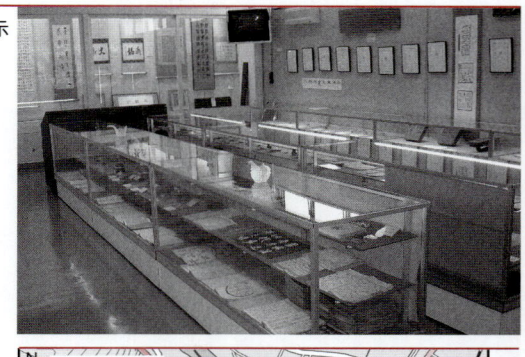

身延線（県道9号線）を直進し、約2km南へ向かい、割石峠を越えると旧六郷町に入る。

六郷地区は印章の町として名高い。六郷における印章産業は、明治時代初め、甲州の水晶生産と水晶加工技術の振興とともに勃興した。地域の産業として水晶印章に着目し、全国を行商して販路を開拓したという。現在、六郷の印章の生産量は、山梨県内の70%、全国の50%を占め、日本一のハンコの町を自負している。甲斐岩間駅から県道を、少し南へ行ったところにある地場産業会館内には印章資料館があり、印章の貴重な歴史資料を見学することができる。

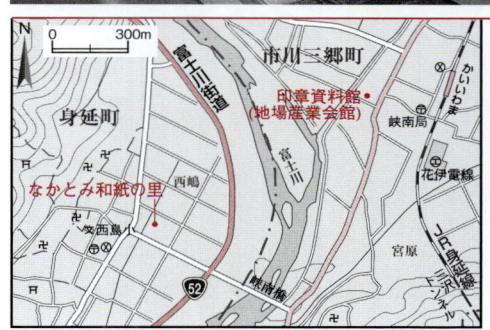

甲斐岩間駅周辺の史跡

なかとみ和紙の里 ㉓
0556-20-4556
〈M ▶ P. 210, 243〉 南巨摩郡身延町西嶋383　P
JR身延線甲斐岩間駅 🚶 20分

西嶋の高級和紙　紙漉きの体験工房

六郷から峡南橋で富士川を渡り、国道52号線を横切ると和紙で有名な西嶋地区に入る。

西嶋紙業の起こりは明らかではないが、1570（永禄13）年、望月清兵衛が修善寺（現、静岡県）方面に従軍した際に、修善寺の製紙技術を身につけ、1571（元亀2）年西嶋に帰村して、村民に製紙技術を伝え、その紙を武田信玄に献上したという。信玄はこれを称讃して、この年の干支である未と紙の産地西嶋の地名にちなみ、「西未」の朱印をつくり、これに武田家の家紋である割菱を刻んで清兵衛に与えたとされる。

西嶋では、江戸時代には糊入紙などが漉かれていたが、現在は書道紙や画仙紙が主である。書道紙は、故紙・稲藁などの短い繊維を

富士川沿いに南下

なかとみ和紙の里

大聖寺本堂

主原料にしているため，墨色・にじみ・筆ざわりなどにすぐれ，また柔らかく，しっとりとしており，書きやすい。作業中の紙は薄く脆いため，「漉き」「干し」が難しかったが，困難を克服した西嶋の和紙づくりは，技術的には全国的にみても高い水準にある。また，近年では書道紙以外の紙製品の研究・開発も活発に行われている。

　現在西嶋では，複合施設なかとみ和紙の里が整備されている。甲斐岩間駅前から県道を約1km南下し，峡南橋を渡って西へさらに約1kmほど直進すると，なかとみ和紙の里に着く。紙漉きの体験学習が可能な漉屋，全国産地の紙を集めた紙屋，現代工芸美術館の3館で構成されており，和紙の文化を広く学習することができる。

　西嶋から国道52号線を南へ約3km，八日市場の大聖寺(真言宗)は，甲斐源氏の祖新羅三郎義光開基の古寺である。本尊の木造不動明王坐像(国重文)は義光の曽孫，加賀美遠光が禁中守衛の功により，1171(承安元)年に清涼殿安置の像を下賜されたものといわれ，中央仏師の制作とみられる平安後期彫刻の優品である。

門西家住宅 ㉔　〈M▶P.210〉南巨摩郡身延町湯之奥255　[P]
JR身延線下部温泉駅🚌10分

　八日市場から国道52号線を南へ進み，飯富を経て新早川橋を越え，国道300号線に入って富山橋を渡り，常葉川沿いに東進すると下部温泉がみえてくる。温泉の中心は，湯之奥金山博物館を右手にみな

甲斐の和紙

コラム

伝統息づく高級和紙 河内地方の地場産業

甲斐の和紙の起源は明らかではない。10世紀なかば成立の『延喜式』の主計式の中に，紙の貢進国として名がみえる。この頃，全国各地に小規模な和紙づくりが始まり，甲斐の逸見檀紙・福士雁皮紙などが後世まで続いている。逸見郷は，現在の北杜市の八ヶ岳南麓で，福士は，現在の南巨摩郡南部町である。また中巨摩郡昭和町に紙漉阿原の地名も残る。

和紙の原料は，アサ・ガンピ・コウゾなどであり，コウゾが圧倒的であった。近世になって，ミツマタが用いられた。とくに山間部では，コウゾやミツマタを栽培し，それを原料に小規模な家内工業として紙漉きが行われた。

南北朝時代に著された義堂周信の『空華集』の中に，甲斐で良質の白い紙が生産されていることがみえる。中世から近世にかけては，市川大門（現，西八代郡市川三郷町）を中心に，河内地方が甲斐の和紙生産の中心となっている。市川大門には，近世前期に14人の「御用紙漉き衆」という特権職人が確認できるが，これを頂点に，218軒におよぶ紙漉きが集中していた。東・西河内地方（現在の西八代郡・南巨摩郡）でも，多くの農家が紙漉きを副業としていた。そのなかで，今日まで続いているのは，西嶋地区である。

江戸時代の税は，紙船役と運上紙である。紙船役は紙槽にかけられる税であり，運上紙は，製紙量の2～5％を貢納している。運上紙取立役人として，西嶋村の笠井半兵衛，岩間村（現，市川三郷町）の遠藤太郎左衛門・渡辺甚左衛門の3人が苗字帯刀を許され，産紙の改めや運上紙取立てを行っていた。市川大門にも2人の取立役人がいたが，運上紙の金納化により廃された。

明治時代まで，原料の漂白剤として木灰が使われ，糊料として米糊やトロロアオイの根などが使われた。またほとんどの農家の副業として，農閑期の11月から翌年の4月中頃まで紙漉きが行われた。市川大門などでは，女性を中心に季節労働者の移動がみられた。

下部随一の名主の旧宅 入母屋造民家の代表

がら，下部川沿いに約500mのぼったところであるが，さらに下部川沿いに約2kmのぼると，門西家住宅（国重文）がある。

門西家は，室町時代の天文年間（1532～55）より住居を構えた旧家である。1543（天文12）年佐野縫殿右衛門尉の頃には，領主穴山家の湯之奥代官をつとめており，1597（慶長2）年に姓を門西に改め，江戸時代を通じて，湯之奥金山や山林などを管理したほか，関守や名主役をつとめている。住宅の建築年代は明らかでないが，江戸時

富士川沿いに南下

甲斐金山

　今から約400年前,武田氏の強力な軍事力を支えたのが,領国から産出する豊富な金だったとされる。金山経営・産金技術・貨幣制度は,のちに江戸幕府の金山経営と貨幣制度に大きな影響を与えたといわれる。武田氏の領国内には,最大時には28カ所におよぶ金山があり,なかでも,湯之奥・中山金山の操業は15世紀末,黒川金山は16世紀初頭と推定されて,最古である。武田氏は金山経営に従事した集団を「金山衆」とよび,領国統治を進める過程で,職人集団の1つとして支配下に組み入れ,税として金を納入させていたと考えられている。
　南巨摩郡身延町(旧下部町)の湯之奥金山は,毛無山の山腹にある,中山金山・内山金山・茅小屋金山の総称である。16～17世紀に活発に産金が行われ,江戸時代中期の18世紀まで操業されたと考えられている。このうち,中山金山が,1989(平成元)年から3年間にわたり,下部町湯之奥金山遺跡学術調査会によって調査された。
　金山の領域は,毛無山の長尾尾根の1400mから,地蔵峠西側の金山沢を経て,中山尾根の1650mにかけての約500m四方にまたがる。ここには,金鉱を露天掘りした採掘坑77カ所,坑道16カ所がある。坑道は縦長で奥行3～45mあり,江戸時代の採掘跡と想定される。

金山沢周辺には,テラスとよばれる産金作業用に造成された平坦面が,124カ所も分布しており,このほか建物跡・生活用具などが出土している。
　黒川金山は,甲州市(旧塩山市)北部の黒川鶏冠山東面に広がる。この金山は,古文書の残存状況が比較的良好であり,文献史料による研究が先行して,金山衆の実態について多くのことが明らかにされた。金山としては,16世紀初頭から数十年間が,産金の最盛期であった。
　金山の調査は,黒川金山遺跡調査会によって,1986(昭和61)年から4年間にわたり行われ,黒川谷一帯に標高差600m,最大幅400mの広がりをもつ金山の様子が明らかにされた。とくに,鉱石を粉末状に粉砕する作業に用いる鉱山臼では,上臼と下臼を重ねて回転させるひき臼は「黒川型」とよばれ,湯之奥金山の「湯之奥型」と並んで,全国の鉱山臼の源となった。
　両金山とも,1997(平成9)年に,「甲斐金山遺跡」として国史跡に

湯之奥金山博物館

> コラム
>
> 戦国随一の甲斐金山体験学習型の博物館

指定された(黒川金山・中山金山)。このうち湯之奥金山の麓にあたる下部温泉には,旧下部町のとき,町によって湯之奥金山博物館が開設された。博物館では,学術調査で出土した遺物が展示されている。また,わが国の金山開発と関連分野の体験学習が可能な施設として注目されている。

代初期のものと推定される。当時の山梨県内の民家建築は,国中地方の切妻造と河内地方の入母屋造に二分されるが,そのうちの後者の代表的遺構である。1969(昭和44)年の解体修理で,ほぼ建築時の姿に復元された。

門西家住宅

微笑館 ㉕
0556-36-0753　〈M▶P.210〉南巨摩郡身延町北川2855　P
JR身延線甲斐常葉駅🚗15分

木喰上人の生誕地 微笑仏のメッセージ

　下部温泉から国道300号線を本栖湖方面へ向かい,甲斐常葉駅前を通り過ぎ,木喰橋を渡ってすぐの山道をのぼると,木喰上人の生誕地である丸畑に着く。江戸時代後期の遊行僧木喰行道は,諸国をめぐり多くの仏像を制作した。木喰が各地に残した仏像は,大正時代に民芸家柳宗悦によって見出され,世に知られるようになった。「微笑仏」と称されるように,穏やかで天衣無縫なものである。丸畑の生家跡には木喰記念館が,その裏山には四国堂がある。また,1986(昭和61)年に開館した,木喰上人の資料を集めた微笑館では,木喰の足跡を知り,木喰仏の世界を鑑賞することができる。

微笑館

富士川沿いに南下　247

③ 身延山とその周辺

日蓮宗の総本山久遠寺を中心に，波木井氏・穴山氏・南部氏ゆかりの史跡など，見どころが多い。

身延山久遠寺 ㉖
0556-62-1011
〈M▶P.210〉 南巨摩郡身延町身延3567 Ｐ
JR身延線身延駅🚌身延山行終点🚶5分

日蓮宗の総本山 日蓮聖跡と数多くの寺宝

　身延駅で降りると壁の色から瓦・路地灯まで統一された「しょうにん通り」に出る。ここからバスに乗り，約10分で身延山の総門に着く。総門を過ぎ，バスの終点で降りるとすぐ大きな三門がみえる。日蓮宗総本山久遠寺である。日蓮が，配流地の佐渡（現，新潟県）から赦されて帰った1274（文永11）年5月に，信徒の波木井（南部）実長のすすめでその領地の身延山に入り，西谷に草庵を構えたのがその始まりである。1281（弘安4）年，日蓮は療養のため常陸（現，茨城県）に行く途中，武蔵国（現，東京都）の池上宗仲の館で死去した。遺言によって，日蓮の墓は西谷の草庵の奥にある。

　その後，草庵と廟所を中心に寺院化し，久遠寺となった。久遠寺の寺号が初めて文献に出てくるのは，1283（弘安6）年のことである。日蓮宗の隆盛にともなって参拝者も多くなり，堂宇も狭くなったので，11世日朝は，1475（文明7）年，現在地に諸堂を移転した。江戸時代初期，西谷と東谷に坊がつくられ，正徳年間（1711～16）には133坊におよんだという。現在は32坊あり，信徒の宿坊となっている。

　1963（昭和38）年，本院と思親閣（奥の院，日蓮が故郷の両親や師を偲んで山頂につくらせた）との間にロープウェーが通じ，多くの参拝者や観光客が利用している。

　寺内の身延文庫および身延山宝物館には，多くの宝物が残されている。このなかで，徽宗皇帝筆と

身延山久遠寺航空写真

248　富士川の清流

伝えられる絹本著色夏景山水図(国宝)を始め，国の重要文化財に絹本著色釈迦八相図・宋版礼記正義・紙本墨書本朝文粋，県文化財として版本法華経，刺繍十六羅漢像，境内の八幡神社本殿と銅鐘2つなどがある。

なお，身延山(1153m)西方に位置する七面山(1982m)の頂上には，身延山の奥の院があり，身延町西谷と早川町本建に登山口がある。信仰の霊山として，信者や修行僧の登山が多かった。

波木井(南部)実長は鎌倉時代の御家人で，甲斐源氏の一族南部光行の子である。身延の入口にあたる波木井に館を構えて住したので，波木井氏と称した。南部氏が奥州(現，東北地方)に移ったのちも甲斐に残り，旧領を支配した。しかし，実長の8世の子孫政光は，奥州八戸(現，青森県)に移り，八戸南部氏の祖となる。現在，身延山総門の手前に波木井氏館跡がある。

身延駅から県道10号線を北上し，身延橋で富士川を渡った所に，大野山本遠寺(日蓮宗)がある。身延山22世日遠が，1608(慶長13)年この地に退隠し，開祖となった。徳川家康の側室で，徳川御三家紀伊(現，和歌山県)藩主の徳川頼宣の母，お万の方が日遠に帰依し，1626(寛永3)年に本堂を造営したという。

1650(慶安3)年にお万の方の要請を請け，紀伊藩と水戸藩(現，茨城県)の寄進により七堂伽藍が建立されたが，その後，山火事などで堂塔伽藍を失い，本堂と鐘楼堂(ともに国重文)のみ現存している。このほかに，紙本著色日蓮上人図・木造伝釈迦如来立像(ともに県文化)がある。

南松院 ㉗　〈M▶P.210〉南巨摩郡身延町下山3221　P
0556-62-5236　JR身延線身延駅🚌身延循環雨畑行・奈良田行下山新町🚶15分，またはJR身延線波高島駅🚗10分

臨済宗妙心寺派の名刹　穴山信友夫人の菩提所

波高島駅を西に進み，富山橋で富士川を渡ると国道52号線に出る。ここを左折し，南へ300mほど行くと，右側に本国寺(日蓮宗)がある。当初は真言宗であったが，現在は日蓮宗の古刹である。この境内から裏の山にかけては穴山氏の館跡であるが，土塁や堀などはほとんど残っていない。本国寺には仏教儀礼の楽器である磬(県文化)がある。

身延山とその周辺

南松院

　穴山氏は，甲斐源氏武田信武の子義武が，穴山（現，韮崎市穴山町）に住んで姓とした。その後，7代目信友のとき下山に移った。信友は武田信虎の長女（信玄の姉）をめとり，その子穴山信君は信玄の女を妻としており，武田氏とは重縁で，武田親族衆で重きをなした。信君は河内領（富士川流域，現在の南巨摩郡）を支配していたが，この地が駿河（現，静岡県）往還の要地であり，今川氏とも姻戚関係にあったことから，武田氏の対駿河政策に貢献した。

　信君は，1575（天正3）年駿河江尻城（現，静岡県静岡市）主となり，駿東地方も支配した。入道して梅雪斎と号し，文武に長じていたという。信玄の子武田勝頼と合わず，1582年武田氏滅亡の際は徳川家康に加担し，本領を安堵されている。しかし，同年本能寺の変のとき，堺からの帰途に殺され，子の勝千代も1587年16歳で早世し，穴山氏は絶えた。

　本国寺の西隣に，正福寿山南松院（臨済宗）がある。穴山信君が，亡母南松院殿葵庵理誠尼のために創建した寺である。寺所蔵の逍遙軒（武田信廉，信玄の弟）の筆と伝えられる，絹本著色穴山信友夫人像（県文化）が，よく知られる。庭園の亀石は，同夫人が穴山氏に嫁ぐ際，信虎から与えられたものといわれている。

　なお同院は，絹本著色桃隠和尚像・策彦周良が著賛した紙本著色渡唐天神像・紙本墨書大般若経・版本法華経・紙本墨書蘭渓字説・南松院文書（いずれも県文化）などを蔵している。桃隠和尚は，南松院を開山するにあたり，鎌倉建長寺より迎えられた人物で，策彦周良は信友夫人に，葵庵理誠の法号を与えた僧である。

　また戦国時代から江戸時代にかけて，この周辺は寺社の建築にその技術を誇った下山大工の出身地としても有名であった。江戸時代末期，下山のみで約300人，河内領でおよそ1000人の大工がいたと

いわれる。

円蔵院(えんぞういん) ㉘
0556-64-2519

〈M▶P.210, 251〉 南巨摩郡南部町 南部7576　P
JR身延線身延駅🚌中野行清水原🚶15分，またはJR身延線内船駅
🚕10分

　身延線内船駅から県道10号線を北に進み，南部橋で富士川を越えて直進する。国道52号線との交差点を右折し，約500m北上すると，右側の丘の上に円蔵院(臨済宗)がある。河内領主穴山信友が，みずからの菩提所として，甲府長禅寺の桂岩和尚を開山として創建した寺で，境内奥に穴山信友の墓がある。

穴山信友の墓

　円蔵院には，穴山信君が亡父信友の姿を描かせて寄進した，絹本著色穴山信友画像と絹本著色仏涅槃図(ともに県文化)があり，穴山氏との深いつながりをもっていた，武田・穴山・徳川氏らの支配文書も多く所蔵している。

　南部地区は，奥州の有力氏族南部氏の発祥の地である。中世の南部牧があり，甲斐源氏の一族加賀美遠光の子光行がこの地を領し，南部氏と称した。南部氏館跡は，南部の町並みの北端，富士川河岸の小高い丘に南部氏館跡の碑があり，現在も古井戸などがある。国道52号線南部交差点を西へ進むと本郷寺(日蓮宗)が

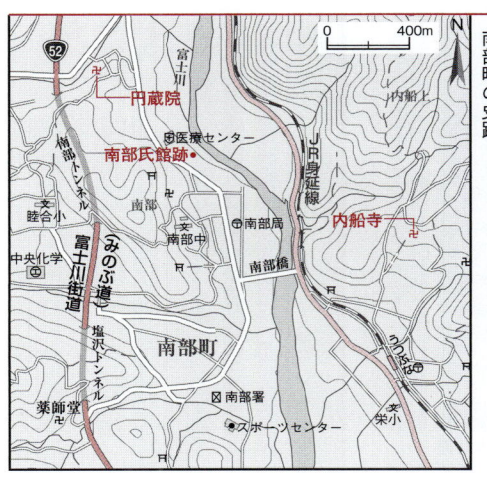

南部町の史跡

身延山とその周辺

ある。この寺院に南部氏一族の墓所があり、近くに山城としての峯城がある。光行は源頼朝の奥州征討に従い、糠部5郡（現、青森県東半分と岩手県北部）を領したと伝えられている。その子孫は盛岡城（岩手県盛岡市）を居城とし、奥州南部藩の藩主となり近世に続いた。

　身延線の駅がある南部町内船は、富士川通船の造船所があったことから、その名がつけられたと考えられている。この付近は、スギ・ヒノキの良材の産地として有名で、富士川の重要な河岸でもあり、東・西河内の渡船場であった。

　この内船の高台に、正住山内船寺（日蓮宗）がある。この地は、日蓮の信奉者であった四条金吾（頼基）館跡であったといわれ、頼基夫妻の墓も残っている。内船寺は、頼基が鎌倉時代末期の1300（正安2）年に創建したと伝えられる。頼基は北条氏一門の有力氏族名越氏の家臣として活躍した。金吾と通称されるのは、官職が左衛門尉だったからで、金吾は衛門府の唐名である。

　円蔵院から南へ約2km、塩沢地区の薬師堂には、鉈彫りの鑿目の美しい木造薬師如来坐像（県文化）がある。平安時代末期から鎌倉時代初期頃の作と推定されている。古来より秘仏とされ、地域の人びとにより、大切に保管されている。

穴山信友の菩提所　奥州南部氏発祥の地

最恩寺仏殿

最恩寺 ㉙
0556-66-2528
〈M▶P.210〉南巨摩郡南部町福士23502　Ｐ
JR身延線井出駅🚗15分

県内最南部の自然に囲まれた名刹　簡素優美な禅宗様仏殿

　国道52号線をさらに南へ進むと、富士川流域の壮大な景観のなかに、巨大なタケノコ型のオブジェが目印の、道の駅「とみざわ」がみえてくる。ここから県道801号線を1kmほど進むと、最恩寺（臨済宗）がある。平安時代の開創と伝えられ、初め天台宗に属していたが、中世に臨済宗に改宗したと伝えられている。室町時代に武田氏や穴山氏の保護を受け

秘境「奈良田」と赤沢宿

コラム

伝説に彩られた山里 美しい石畳と町並み

　国道52号線沿いの身延町飯富または下山から，富士川の支流早川に沿って車で西へ進むと，早川町に入る。南アルプスの山々に抱かれ，清流早川が中央を流れる自然豊かな町である。さらに早川沿いを車で約1時間行くと，秘境といわれた奈良田に着く。なお，早川町奈良田には，JR身延線身延駅で下車し，バス奈良田行に乗り，1時間半ほどで到着する。

　奈良田は，山梨県が1957(昭和32)年，防災・発電のため西山ダムをつくり，人造湖の奈良田湖ができるまでは，現在湖がある早川の川岸に塊村状の集落をつくり，人びとが生活をしていた。ダム工事開始とともに，大部分は河岸段丘上やそれに続く斜面に移転した。

　奈良田には，多くの伝承や古い言語・方言が伝わっている。なかでも，奈良王の伝説が有名である。奈良王とは，奈良時代に道鏡を寵愛したことで知られる孝謙天皇のことである。天皇が8世紀中頃，病気平癒のため，仮の宮殿をこの地につくり，8年間滞在したという伝説である。

　奈良田は，長い間，外部との接触が少なかったため，民間行事や古い生活用具をそのままに伝えている。急峻な地形で米作不適地であった奈良田は，焼畑耕作や狩猟，それに木製器具の製作・行商などで生計を立てていた。四周を山々に隔絶されており，外の地域に出るには，早川をくだり，また峠を越えて，湯島や芦安(現，南アルプス市芦安)などに行くしかなかった。

　早川町歴史民俗資料館には，1955(昭和30)年頃まで行われていた焼畑耕作関係の農具や狩猟具，年中行事などで使われる山村の生活用具が多く保存されている。これらは，1989(平成元)年に甲州西山の焼畑農耕用具として国の重要有形民俗文化財の指定を受けた。

　早川町湯島には，西山温泉がある。奈良時代に開かれたという古湯で，療養温泉として知られている。

　早川流域の角瀬から身延山に行く途中の山腹には赤沢宿がある。かつては身延山から七面山への信

赤沢宿の景観

身延山とその周辺

仰登山ルートの拠点として，旅館・宿泊施設が軒を並べ，賑わった。現在は，角瀬からの車道の完成や過疎化により，一時に比べ活気を失ったが，石畳の整備や千灯祭の復活など，地域においても精力的な地域振興活動が行われている。

江戸時代から赤沢地域に残る旅館や講中宿の町並みが，1993（平成5）年に，国の重要伝統的建造物群保存地区に指定された。なお，赤沢宿内の旅館の一画が，現在赤沢宿資料館として公開されている。資料館では，明治〜大正時代の，赤沢宿が講中宿として最盛期の頃に使用されていた食器や装束を展示している。

て栄えた。

仏殿（二階堂）は，室町時代初期の建立と推定されている。1960（昭和35）年解体・修理が行われ，復元整備された。花頭窓などに，典型的な禅宗様仏殿の姿を残している。なお，現在の仏殿は方一間裳階付という，ほかに例のない小形の禅宗仏殿形式で，厨子・棟札とともに，国指定重要文化財である。また，同寺には，穴山信君の嫡子勝千代の画像（絹本著色，県文化）も所蔵されている。

あとがき

　山梨県高等学校教育研究会社会科部会が，山川出版社「全国歴史散歩シリーズ」の19巻として『山梨県の歴史散歩』を出したのが，1976(昭和51)年であった。その後，新版が，1988(昭和63)年に刊行され，増刷を重ね，多くの読者に親しまれてきた。

　21世紀に入り，新版の改訂の話が山川出版社から出され，メンバーを一新した編集委員会が発足したのが，2003(平成15)年5月であった。そして，のべ10回にわたる委員会を開き，意見交換・調整をしながら，執筆・編集を進めてきた。高校教育現場の多忙化もあり，予定より1年遅れてようやく刊行にこぎつけた次第である。

　この間，編集執筆委員だった有泉雅人氏が，本書の刊行を待たずに，若くして不帰の客となられた。謹んでご冥福を祈りたい。初版刊行以来31年，初版の編集・執筆者で物故された方も多く，『歴史散歩』の編集自体が歴史の歩みを感じさせてくれる。

　今回の改訂にあたって留意した点としては，①全体の構成(章立て)は，新版を踏襲して，県内を5つの地域に分け，文化財と史跡を中心に叙述する，②地域(郷土)史の研究成果をふまえ，特に，近現代史の充実を図る，③カラー頁の増加などのビジュアル化に伴い，地図・写真も含め，わかりやすい叙述に心がける，④コラムの充実，などであった。

　私たちの意図がどの程度つらぬかれているか，読者諸賢の忌憚のないご批判をお願いしたい。また，本書の刊行までに，いろいろとお世話になった方々に心からお礼を申し上げたい。

　21世紀初頭の今日，高齢化と福祉，開発と環境保全等様々な課題が山積するなか，あらためて，地域の歴史に学ぶことの重要性が高まっている。本書が歴史散歩の資料としてはもちろん，地域の発見・地域の活性化等に，多面的に活用されるよう期待してやまない。

　　2007年1月

　　　　　　　　　　　『山梨県の歴史散歩』編集委員会委員長
　　　　　　　　　　　　　　　　　　　　浅川保

【山梨県のあゆみ】

原始・古代

　日本のほぼ中央に位置する山梨県は，周囲を山で囲まれた内陸県である。甲府盆地をのぞくと，大部分が山岳地帯に属している。この厳しい自然条件のもとで，甲州気風といわれる県民の気質や独特の歴史・文化がつくられてきた。

　1953(昭和28)年の米倉山(甲府市中道町)の立石遺跡の発掘を契機に，山梨県でも，旧石器時代の遺跡・遺物がつぎつぎに発見された。静岡県に接する南巨摩郡南部町の天神堂遺跡，八ヶ岳山麓に位置する北杜市高根町の丘の公園遺跡，甲府盆地東部の笛吹市釈迦堂遺跡などである。とくに，天神堂遺跡からは，黒曜石を主材料とするナイフ形石器・槍先形石器・石刃などが多数出土している。

　縄文時代の遺跡は，県内各地から多数発見されているが，とくに，甲府盆地周辺部の曽根丘陵や扇状地，八ヶ岳・茅ヶ岳山麓，桂川流域の河岸段丘上などに多い。中央自動車道の建設を契機に発掘が行われ，土偶の出土数が全国一の釈迦堂遺跡や，祭祀場遺跡と考えられる北杜市大泉町の金生遺跡などが有名で，現在も新しい遺跡の発掘や保存・研究が続けられている。

　紀元前3世紀頃から始まる弥生時代の遺跡・遺物としては，イネのプラントオパールが検出された韮崎市の中道遺跡，水田遺跡が発見された同市宮ノ前遺跡などがある。また，甲斐市金の尾遺跡は，甲府盆地低部で確認された弥生時代の大規模遺跡で，住居跡・周溝墓・生活用具が多数発見・発掘された。

　農耕の開始と金属器の使用は，人びとの生活に大きな変化をもたらした。定住化が進み，余剰生産物が生まれ，土地や収穫物に対する財産管理や私有の観念・貧富の差も生じてきた。共同体の首長が成長し，集団内に政治的・階級的な関係が発生し，やがて原始的小国家が各地に形成されていった。

　4世紀に入ると，畿内地方を基盤とするヤマト政権の勢力が強まり，4世紀中頃までには，東は関東地方に至る国土をほぼ統一した。そして従来の各地域の首長たちは，ヤマト政権に服属することになった。彼らはヤマト政権の支配と，すぐれた鉄器文化の影響を受け，壮大な高塚古墳を築造し，地方豪族として権勢を誇った。以後6世紀頃までを古墳時代という。

　古墳時代の遺跡は，盆地の南東部の曽根丘陵地帯に多く，甲府市中道町を挟んで笛吹市八代町・御坂町・一宮町，それに市川三郷町地域・甲府市北東部などである。

　曽根丘陵の古墳地帯は，前方後円墳17基を始め，方墳2基・円墳約400基が存在する。なかでも中道町の銚子塚古墳・大丸山古墳，甲府市千塚の加牟那塚古墳，中央市大鳥居の王塚古墳，それに御坂町の姥塚などが有名である。とくに銚子塚古墳は，全長169mと県内最大の規模であり，古墳の形態や副葬品などに畿内のヤ

マト政権の影響が認められる。

『古事記』に記載されている有名な伝承である、酒折宮での倭建命（日本武尊）と火焼の老人との「新治　筑波を過ぎて　幾夜か寝つる」「かがなべて　夜に九夜　日には十日を」の、歌の問答は、ヤマト政権の全国統一事業、甲斐を含む東国の服属を示す挿話といえよう。

また、『日本書紀』雄略天皇の条の「甲斐の黒駒」の献上を記した歌は、大陸から伝来したウマの飼育・乗馬の風習をうかがわせ、甲斐国がウマの飼育に適した名馬の産地であることを物語っている。672年の壬申の乱の際に活躍した「甲斐の勇者」が、騎馬であったことも注目される。

大化の改新（645年）後、五畿七道のうち、東海道の一国として甲斐国がおかれ、中央から国司が任命された。従来、県主・国造・評督などとして権勢を振るっていた地方豪族は郡司となり、国司の支配下で地方政治の一翼をになうようになった。

甲斐国の国府は、笛吹市春日居町国府から、笛吹市御坂町国衙に移転したものと考えられている。笛吹市一宮町には、国分寺・国分尼寺の跡や、国学・軍団の存在を示す地名などがあり、笛吹市一帯が当時の甲斐国の政治の中心地であった。

郡は、山梨・八代・巨麻（巨摩）・都留の4郡で、1878（明治11）年に郡区町村編制法で9郡になるまで続いた。郡の下に里があった。里は平均50戸で編制されていたが、8世紀の初めに郷となった。当時は山梨郡に10郷、八代郡に5郷、巨麻郡に9郷、都留郡に7郷あった。巨麻郡の郡名は、高句麗からの渡来人が居住していたことに由来するといわれ、また、巨麻郡は牧の発達とも関連があると考えられている。平安時代中期まで栄えた甲斐国の御牧は、柏前・真衣野・穂坂の3牧で、いずれも当時の巨麻郡にあり、毎年良馬を朝廷に貢上していた。

やがて律令社会も、社会経済面から大きく変化し、その基礎であった班田制が崩れ、貴族や寺社の私有地である荘園が発達した。甲斐国内にも、いくつかの荘園ができたが、969（安和2）年の「山城国法勝院領目録」に載っている市河荘がその初見である。おもなものに、一宮・小松・八代・志麻・逸見・大井・布施・甘利・加賀美・小笠原・奈胡・波加利・大原などの荘園がある。また伊勢神宮領に石禾の御厨などがあった。

1162（応保2）年、八代荘の停廃をめぐって国司と熊野神社が対立、翌年「長寛勘文」による国司の処分で、熊野神社側の勝利に終わった。このことは、国衙の政治力が荘園領主に敗れたことを示している。この事件で、国司の下で勢力を保っていた古代豪族三枝氏が没落し、あらたに勃興した甲斐源氏が台頭する。

中世

律令政治は、平安時代中期から摂関政治・院政へとかわり、地方では、荘園が発達し、あらたに武士階級が台頭してきた。

山梨県のあゆみ

甲斐国では，1029(長元2)年，清和源氏の棟梁，源頼信が甲斐守に任じられ，平忠常の乱(1028〜31年)を平定するなど武威を振るった。甲斐源氏の始祖といわれる源義光は頼信の孫で，義家の弟である。義光は兄義家とともに，後三年の役(1083〜87年)を平定したのち，甲斐守をつとめたといわれてきたが，実際に入国したのは義光の3男義清である。義清は，初め常陸国那珂郡武田郷(現，茨城県ひたちなか市武田)を領し，「刑部三郎武田冠者」と称していたが，1130(大治5)年，子清光とともに，甲斐国市河荘に配流された。義清が市河荘の荘司として甲斐国に下向したことが，甲斐源氏発展のきっかけとなった。現在，市川三郷町平塩岡には，義清館跡や，墓と伝えられるものが残っている。

　土着した義清父子の子孫は，甲府盆地一帯に居住範囲を広げ，甲斐源氏発展の基礎を築いた。義清の子清光は，逸見荘を根拠に勢力を振るった。この地方は官牧や私牧が多く，信濃(現，長野県)に通じる要衝であった。北杜市大泉町にある谷戸城は居城とされ，同市長坂町大八田の清光寺は清光の開基であり，墓所である。清光は多くの男子に恵まれ，子らを国内の要地に分封した。彼らはその占拠した地名によって逸見・武田・加賀美・安田・八代・奈胡・浅利・曽根・一条・甘利・板垣・秋山・小笠原・南部らの諸氏を名乗り，繁栄した。このうちとくに栄えたのは，武田信義と加賀美遠光の子孫である。

　源平争乱のなかで，武田信義・安田義定を中心とする甲斐源氏は，族的結合を固め，富士川の合戦(1180年)で平氏軍を敗走させ，駿河・遠江(ともに現，静岡県)に進出するなど，おおいに武功を立てた。しかし，源頼朝の政権が確立するにともない，甲斐源氏はしだいに勢力をそがれ，武田信義の嫡子一条忠頼や，安田義定・義資父子らが謀殺された。以後，頼朝の信頼を得た武田信光・小笠原長清らが，鎌倉殿の御家人として活躍，1221(承久3)年の承久の乱に戦功のあった武田信光とその子孫が，以後，甲斐武田氏の主流となっていった。鎌倉時代の甲斐国守護が誰であったかは明確ではないが，13世紀初めから，おおむね武田信光の子孫が任命されていたものと考えられている。

　鎌倉文化のなかで，甲斐国で特筆すべきものは，夢窓疎石の開いた甲州市塩山の恵林寺や，武田信成が保護した抜隊禅師創建の同市塩山の向嶽寺を始めとする，数多くの文化遺産である。また身延の領主波木井(南部)実長が，日蓮を招いて開いた身延山久遠寺は，日蓮宗の総本山として，法灯を今に堅持している。

　南北朝時代は，武田一族も南北に分かれて争い，寺院勢力も含めて複雑な動きがあった。そして足利氏の内紛，足利尊氏と直義兄弟の抗争も，この動乱に影響した。しかし武田信武・信成・信春の3代は，武田氏の惣領・甲斐国守護として，つねに足利尊氏と行動をともにした。信武は，尊氏の信任が厚く，甲斐国・安芸国(現，広島県)の守護を兼ね，武田氏中興の祖とされた。

　室町時代の甲斐国は，関東公方の管轄下に入り，信春の子信満が女婿の上杉禅

山梨県のあゆみ

秀の乱(1416〜17年)に加担して敗死,武田氏は国内の豪族との対立,守護代跡部氏の専権などに悩まされた。

これら対立する国人層を制圧し,甲斐国を統一したのは,武田晴信(信玄)の父,信虎である。1507(永正4)年,14歳で家督を継いだ信虎は,国内の諸豪族をしだいに服従させ,都留郡の小山田氏を討ち,西郡に勢力を張り,最後まで反抗した大井信達と,これと組んで甲斐国に侵入してきた駿河今川氏の武将福島正成の大軍を,1521(大永元)年,飯田河原(現,甲府市)で破り,領国統一を完成し,対外積極政策に転換する契機となった。

これより先,1519(永正16)年に信虎は,石和から躑躅ヶ崎館に移り,現在の甲府ができた。翌年,館の北東約2.5kmの積翠寺に要害城を築いた。館の周辺に諸豪族を居住させ,城下の建設を行い,領国経営の本拠とした。

武田晴信は,信虎が今川侵入軍を撃退した年に生まれた。母は大井信達の女である。晴信は,1541(天文10)年,父信虎を今川氏のもとへ追放して家督を継ぎ,1573(天正元)年に没するまでの約30年間,戦国大名として全国に名を馳せた。彼が行った領国経営策としては,信玄堤の築造,黒川金山などの開発,甲州金の鋳造,甲州枡の制定を始めとする度量衡の統一,分国法「甲州法度之次第」の制定などがあげられる。

対外経略としては,中国の孫子の兵法からとった「風林火山」の旗印を掲げて,信濃を制圧,さらに上野(現,群馬県)・駿河・遠江・美濃(現,岐阜県)・三河(現,愛知県)まで進出し,大きな版図を築いた。信濃では諏訪氏・村上氏・小笠原氏を倒し,川中島で上杉謙信と5回にわたる合戦を行い,1560(永禄3)年,桶狭間の戦いで今川義元が敗死すると,駿河にたびたび侵攻し,これを領有した。

1572(元亀3)年,信玄は三河侵攻と西上をねらい,大軍を率いて甲府を出立,三方ヶ原の戦いで,徳川家康・織田信長連合軍を破る。翌年,野田城(現,愛知県新城市)攻略後,重病のため帰国途中,信濃駒場(現,長野県阿智村)で死去した。享年53歳。遺言により喪は3年間隠され,1576(天正4)年,恵林寺で盛大な葬儀が行われた。

信玄没後,武田勝頼が家督を継いだ。勝頼は,父信玄の遺志を継いで,東美濃や遠江に侵入した。一方,織田信長は,浅井長政・朝倉義景を姉川の戦い(1570年)で倒し,長島(現,三重県桑名市)の一向一揆も平定し,その勢力を伸ばしていた。

1575(天正3)年,三河に進出した武田軍は,長篠の戦いで敵方の馬防柵と鉄砲隊のため,織田・徳川連合軍に大敗し,歴戦の重臣を失い,勢力は急速に衰えた。支配地の東美濃・遠江の諸城を失い,勢力後退を余儀なくされた。1581年,躑躅ヶ崎館から新府城(韮崎市)に移るが,織田・徳川連合軍の甲斐侵攻により,ついに勝頼は新府城を捨てて敗走し,1582年3月11日,天目山麓の田野で,嫡子信勝ら一族とともに自刃した。源義光以来の甲斐源氏の宗家としての名族武田氏は,ここに滅亡

山梨県のあゆみ　259

した。

　武田氏滅亡後、甲斐は甲州攻めの先陣であった信長の武将河尻秀隆が領有した。河尻秀隆は、武田氏の旧制を廃止し、武田氏の遺臣を殺害し、武田氏崇敬の寺院を破却するなど暴政をしいた。とくに1582年、名刹恵林寺を焼き払い、快川国師が、「安禅必ずしも山水を須いず、心頭滅却すれば火自ら涼し」と唱えて入寂したのは、このときのことである。この年、本能寺の変で織田信長が倒されると、甲斐の民衆が蜂起し、河尻秀隆をおそって殺害した。

　その後、甲斐は徳川家康と北条氏政の係争の地となったが、家康が、慰撫策によって武田氏の遺臣を保護し、甲斐は家康の所領に帰した。

近世

　武田氏滅亡後、甲斐国を領有した徳川家康は、平岩親吉を甲府城代として支配させた。1590(天正18)年、小田原(現、神奈川県小田原市)の北条氏政が滅亡すると、豊臣秀吉は家康を関東に転封させ、以後、秀吉が任命した羽柴秀勝、加藤光泰、浅野長政・幸長父子らが領主となった。関ヶ原の戦い(1600年)の後、甲斐国は江戸の防衛上の要地としての軍事的意義もあり、幕府領として、徳川義直・忠長らが領有した。

　1651(慶安4)年、3代将軍徳川家光の3男綱重が15万石を受封して領主となり、1661(寛文元)年あらたに10万石が加増され25万石となり、甲府城主となった。主として笛吹川以西の山梨郡と巨摩郡(河西)を領有した。

　笛吹川以東のいわゆる河東では、旗本領が入り組んでいた。綱重の子綱豊が、5代将軍徳川綱吉の養嗣子となり、1704(宝永元)年の江戸入城後、柳沢吉保が領主となった。

　甲斐国の東部に位置し、武蔵・相模・駿河に接して、古くから一領域を成していた郡内領は、1633(寛永10)年、秋元泰朝が入部し、2代富朝・3代喬知と継承した。1704年、喬知は柳沢吉保が甲府城主になったのと入れかわりに、川越城(現、埼玉県)主になり、郡内領は幕府領に編入された。

　柳沢吉保は、武田氏旧臣の武川衆から出ており、祖先の地でもあったので、甲府城の修築・城下町の整備を行い、子の吉里も、領国の経営に意をそそぎ、河東地方の検地や茅ヶ岳山麓の穂坂堰の開削などを行った。

　1724(享保9)年、8代将軍徳川吉宗は吉里を大和郡山(現、奈良県)へ転封し、甲斐を幕府領とし、甲府勤番をおいた。この制度は明治維新まで続き、甲斐国は幕府の直轄支配下にあった。幕府領下の甲斐国は、甲府城に禄高3000石の旗本の甲府勤番支配2人がおかれ、その下に勤番士200人を配し、甲府城の守備と城下町府中の町政を任務とした。村方の支配は、甲府・上飯田・石和の三分代官によって統轄された。都留郡谷村(現、都留市)におかれた代官所は、石和代官所の出張陣屋であり、1765(明和2)年に駿府出張陣屋として設けられていた市川代官所が本陣屋

となり，上飯田陣屋が廃された。

さらに，1746(延享3)年には，田安家が山梨・八代両郡に63カ村・3万41石余り，一橋家が巨摩郡に58カ村・3万44石余り，1762(宝暦12)年には，清水家が山梨・巨摩両郡に58カ村・2万560石余りと，あらたに三卿領が設けられ，それぞれに陣屋がつくられ，甲斐国は複雑に入り組んだ支配形態となった。

幕府領下の甲斐は，江戸とは甲州道中を通じて交流し，甲府勤番士の移住などもあり，産業・文化の発展はめざましかった。農業では，新田開発，治水・灌漑事業，土地改良が進み，米の生産高が増加した。また，甲州名産のブドウも，江戸へ出荷され有名となった。郡内領で古くから営まれてきた絹・紬の生産も，江戸時代前期に，領主秋元氏の奨励によって生産量をふやし，郡内織として全国に普及した。

教育・文化面では，1796(寛政8)年に，甲府勤番士とその子弟の教育を目的として，甲府学問所が開かれた。1805(文化2)年に徽典館と改名され，武道を教授する講武所や，医学を教える医学所も併設された。また，代官の主導で，支配所の有志の協力を得て設立された郷学として，石和教諭所(由学館)・谷村教諭所(興譲館)などが著名である。

このように体制的な必要によって，上からつくられた徽典館や郷学と異なり，庶民の要求から生まれたのが寺子屋であった。その普及には商品経済の進展もかかわり，地域的な差異もみられたが，天保年間(1830～44)以降，各地に設立され，読み・書き・算盤を中心に，庶民教育はかなりの広がりをみせた。

18世紀中・後期には，地域の文人たちによる家塾(私塾)も広まった。なかでも，京都の三宅尚斎に学び，甲府で家塾を開いた加賀美光章や，江戸で太宰春台に学び，藤田村(現，南アルプス市)に家塾を開いた五味釜川らは有名であり，彼らの門から甲斐の学芸をになう人びとが輩出し，新しい学問の花を咲かせることになった。

江戸時代中期以降，商品経済の発展にともなって，封建社会に変化や矛盾があらわれ，封建制度そのものに対する社会批判も行われるようになった。また，国学の発展・普及の影響もあって，尊王思想も台頭した。巨摩郡篠原村(現，甲斐市)に生まれ，初め光章，ついで釜川に学んだ山県大弐は，江戸に出て開塾，儒学や兵学を講じた。その著『柳子新論』で尊王斥覇の思想を説き，処刑された。明和事件(1766～67年)である。

江戸時代中期以降，甲斐国でも百姓一揆が頻発している。1750(寛延3)年の米倉騒動は，問屋支配への反抗であり，1792(寛政4)年，田安領におこった太桝一揆・郡内騒動などは大規模な一揆であった。とくに，1836(天保7)年の郡内騒動(甲州一揆)は，天保の飢饉と米価騰貴・絹価下落などが原因でおこった大一揆で，郡内から国中に波及，参加者総数は1万人以上ともいわれ，幕政にも大きな影響を与えた。

ペリー来航に始まる開国、とくに1859(安政6)年の横浜開港は、甲斐の社会経済に大きな影響を与えた。横浜での輸出の中心である生糸の需要増大とその価格の高騰から、活況を呈した甲斐の養蚕・製糸業者は、生糸の出荷先をそれまでの京都市場から、横浜市場へ転換した。こうした動きの先頭を切って、横浜に甲州屋を開店し、外国商人相手の生糸売込みによって巨大な利益をあげたのが、東油川村(現、笛吹市)の篠原忠右衛門である。また、忠右衛門に続き、生糸貿易商として産をなし、甲府で製糸工場を経営、のちの若尾財閥を築いたのが、在家塚村(現、南アルプス市)出身の若尾逸平である。

近代・現代

1868(慶応4)年、戊辰戦争が始まると、官軍参謀板垣退助、海江田信義らが入甲し、甲府城が官軍に明け渡された。最初に甲州鎮撫府、続いて甲斐府が設置され、1869(明治2)年、甲斐府は甲府県となった。ついで、1871年、廃藩置県が断行されて山梨県となり、今日におよんでいる。

近代山梨成立期の県政に大きくかかわったのが、1873年に権令(のちに県令)として着任し、1887年までの14年間、県政を担当した藤村紫朗である。藤村県政の施策の中心は、製糸・養蚕業などを中心とする殖産興業の推進と、学校教育の普及であった。また、殖産興業の推進、とくに横浜への生糸輸送を容易にするために、甲州道中や青梅街道などが整備された。

明治時代前期の殖産興業の進展は、輸送の大動脈としての富士川舟運の発展をもたらしたが、1903年の中央線の開通により、舟運が衰退した。また、中央線開通が信越線開通から10年以上も遅れたため、製糸業が隣県長野に大きく水をあけられ、長野県諏訪地方への女工流出などの変動をもたらした。

1907年と1910年、峡東地方を中心に県内各地をおそった大水害は、山梨県に大きな人的・経済的被害をもたらした。この大水害は、自然災害であると同時に、製糸業による薪炭の需要、入会地の官有地強制的編入などによる山林の荒廃が重なった結果でもある。

大正時代から昭和時代初期にかけて、全国的な大正デモクラシーの風潮のなか、山梨県でも小作争議などの民衆運動は高揚したが、恐慌とファシズムが進行するなかで、運動は軍国主義体制に組み込まれていった。

1931(昭和6)年の満州事変に始まる十五年戦争で、甲府連隊は、満州・中国・フィリピンのレイテ島などを転戦、県出身戦没者は2万3000人余りにのぼった。そして1945年7月、1127人の犠牲者を出した甲府空襲などを経て、同年8月の敗戦を迎えた。

さて、戦後70余年、敗戦から立ち直った山梨県は、大きな変貌を遂げた。戦後の民主化を象徴する農地改革によって、地主制は解体されて、多数の自作農が生まれ、農村には明るさと活気がみなぎった。県が養蚕業の復興に力を入れたこともあって、

養蚕業は復興し、繭生産量は増大したが、1970年代以降は減少した。

かわって、ブドウ・モモ・スモモなどの果樹生産が飛躍的に増大し、果樹王国となり、かつての養蚕地帯は果樹地帯にかわった。契機は、1958年の新笹子トンネルの開通によって、首都圏への輸送時間が大幅に短縮されたことなどによる。

さらに、1969年の中央自動車道東京・富士吉田間、そして1982年の中央自動車道西宮線の全線開通は、国母・甲西・釜無などの工業団地の造成・誘致とあいまって、京浜方面から山梨への工場進出を促した。進出企業では、エレクトロニクス関連企業など機械金属工業の比重が高く、かつての農業県山梨は、内陸型工業県となった。それは、就業者の産業別構成が、1950(昭和25)年の第1次産業就業者59.1％、第2次産業就業者17.2％、第3次就業者23.7％から、2000(平成12)年には、第1次産業就業者8.7％、第2次産業就業者34.1％、第3次産業就業者57.2％となったことにも示されている。

また、1961(昭和36)年、笛吹市石和町での温泉湧出を機に、石和町は百数十軒のホテルや旅館を有する温泉郷へとかわり、おりからの果樹生産の伸長を背景に、ブドウ狩りなどの観光と果樹販売をセットにした観光農業が発展した。その後の富士スバルラインや中央自動車道などの開通により、富士山・富士五湖、八ヶ岳周辺などへの観光客の増加が目立ち、山梨は、東京に隣接する観光県としての性格をさらに強めた。

一方、農村、とくに山村部での過疎化や高齢化、都市部での過密化が進行し、産業間の格差は大きく拡大した。これまでの山梨県のあゆみをふまえ、豊かな自然や県民の生活環境とも調和のとれた産業構造の構築が課題となっている。

【地域の概観】

富士山麓と桂川に沿って

　山梨県人は，県内の地域を細分してよぶ場合，普通は大きく２つに分けて，国中地方・郡内地方とよび慣わしている。大菩薩山系と御坂山系を境界として，西側の甲府盆地を中心とする地域が国中，東側の富士北麓と桂川流域からなる地域が郡内である。この「郡内」という呼称は，戦国時代にこの地を支配していた小山田氏が甲府を中心とする武田氏の本領に対して，「わが領地郡内」といったのが起源だといわれている。この真偽はともかく，このことは，この二分法がたんに自然的な条件によって生まれたものではなく，歴史的に形成されたものであることを示している。桂川をくだると，隣は相模国（現，神奈川県）であり，相模国は峠に隔てられた国中より，郡内と密接な関係を歴史的にもっていた。

　近世の幕藩体制の確立とともに，郡内地方には郡内藩（別名谷村藩）がおかれ，1601（慶長６）年から1632（寛永９）年までは鳥居氏が，1633年以降は秋元氏が３代72年にわたって郡内を支配した。郡内藩の城下町が谷村（現，都留市）であり，現在もその雰囲気を残している。秋元氏は，養蚕を奨励し，絹織物（甲斐絹）などを特産品とするなど，政治・経済・文化に大きな功績を残したといわれる。その後，秋元氏は川越（現，埼玉県川越市）に転封となり，郡内は幕府領に編入され，石和代官所の出張陣屋が谷村におかれた。しかし，「郡内」という意識は消えず，幕末期に生糸や絹織物の売り込みのために，横浜へ進出した郡内の商人は，みずからを「郡内屋」と称し，「甲州屋」とは名乗らなかった。

　近代に入り，廃藩置県後に都留郡となったが，1878（明治11）年には，南・北都留郡に分けられ，谷村と猿橋（現，大月市）に，それぞれ郡役所がおかれた。しかし，山梨県の一部になったとはいえ，国中からみると僻遠の地であり，「山梨県の北海道」とよばれることもあった。一方で，郡内の人びとのなかには，山梨県から離れ，東京府や神奈川県と合併することを望む者も存在した。郡内地方の特産品である甲斐絹の生産・流通を通して，これらの地域と強いつながりをもっていたからである。戦後になって織物業が衰退してからも，とくに大月市・上野原市は，JR中央本線の利用などによる東京都多摩地方への通勤圏として，東京都とのつながりを強めている。一方，富士北麓の中心都市富士吉田市は，古代から富士山信仰の霊場として開け，中世から近世にかけて御師の町として栄え，現在では，富士山や富士五湖観光と織物の町として著しい発展を遂げている。

笛吹川に沿って

　JR中央本線勝沼ぶどう郷駅，または中央自動車道勝沼ICからは，雄大な南アルプス連峰を背景に，甲府盆地を展望できる。甲府盆地東部の峡東地方は東郡とも称され，金峰山・国師ヶ岳・甲武信ヶ岳・乾徳山などの奥秩父山地と，大菩薩・笹子・御坂の山系に囲まれ，地域を代表する河川の笛吹川流域を中心に，重

川・日川・金川・浅川などによる日本を代表する扇状地が形成され，南に開かれた温暖で肥沃な地域である。

往古より甲斐の政治・経済・文化の中心地として栄え，旧石器時代のナウマン象化石出土地，縄文土偶の多数出土を誇る釈迦堂遺跡，関東地方有数の前方後円墳である銚子塚古墳など，多数の遺跡がある。律令時代の国庁もこの地におかれ，寺本廃寺や甲斐国分寺・国分尼寺，甲斐一宮浅間神社の存在や，『古今和歌集』所収の和歌に「しほの山　差出の磯に　住む千鳥　君が御代をば　八千代とぞ鳴く」と宮廷歌人から憧れの地として詠まれるなど，この地が甲斐支配の中心地だったことを示している。

中世初期の甲斐源氏の有力武将で鎌倉幕府開幕に貢献した安田義定は，この峡東地方を地盤に活躍し，放光寺など各地に足跡を残す。南北朝時代以降，甲斐国守護職武田氏の根拠地も，信虎が館を石和から甲府へ移すまでこの地にあり，武田氏とゆかりのある向嶽寺・棲雲寺・永昌院・窪八幡神社などの寺社や，於曽屋敷・連方屋敷・勝沼氏館跡などの豪族屋敷跡などが多数残る。信虎以降の武田3代に関しても，信玄の菩提寺の恵林寺や勝頼終焉の地景徳院などがあって非常に関係が深い。

近世には甲州道中が整備され，古代の駅制や中世の鎌倉往還と同様に，中央からの政治文化流入路線筋として栄えた。甲斐国が幕府領になると石和代官所が設置され，その後，御三卿領の設定にともない，田安陣屋・清水陣屋もおかれた。また，往時を偲ぶ八田家書院，高野家住宅なども残されている。

歴史的文化財の宝庫であるこの地は，県内の国宝5点中，大善寺本堂・清白寺仏殿・向嶽寺達磨図・菅田天神社楯無鎧（小桜韋威鎧兜大袖付）の4点がある。

近代では多くの近代化遺産として国登録文化財が指定されており，樋口一葉の関係する地でもある。交通網の発展とともに，稲作や養蚕・製糸の生産先進地から，ブドウやモモの生産・流通に重点をおく「果樹王国山梨」の主要地に転換が図られた。1960年代以降は石和の温泉観光開発も展開され，時代と産業構造の大きな変化のなかで推移している。「平成の大合併」では，従来の2市2郡8町5村から，笛吹・山梨・甲州の新3市を中心に再編成が行われた。

甲府市とその近郊

東西約20km・南北約15kmの逆三角形の甲府盆地が形成されたのは，富士山が火山活動を始めた約1万年前よりはるか以前のことであった。周囲の山々から幾筋もの川が流れ込み，土砂が堆積されて，今日の地形が形成された。上石田遺跡などの，縄文時代中期にあたる約5000年前の遺跡は，カシを中心とする常緑広葉樹が繁茂する盆地底部の微高地上に人びとが住居を営み，継続的に生活していたことを示している。約2300年前に稲作が伝播すると，盆地の開発が進められた。花崗岩系土壌や夏の高い気温がそれに適したからである。そして盆地の歴史を貫く，乱流する水と

人びととの闘いが始まった。古墳時代から平安時代におよぶ遺跡である朝気遺跡は、繰り返しおそってくる洪水に抗いつつ、耕地拡大に励む人びとの生活を伝えている。こうした人びとが北部の丘陵地帯に、古墳や群集墳を築造した。律令時代、山梨郡・巨麻郡の境界が今日の甲府市街を二分するように引かれ、市域の2つの郷、表門郷は山梨郡に、青沼郷は巨麻郡に位置した。8世紀なかばに、青沼郷物部高嶋が、調絁1匹を貢進したことが、正倉院宝物から知られる。荘園制の発達とともに、稲積荘、一条郷などの荘園や郷が出現し、それと符節をあわせたように、甲斐源氏が勃興、源平争乱期には、一条忠頼・板垣兼信兄弟が市域より出た。

　盆地の一隅が甲府（甲斐府中）とよばれるようになったのは、武田信虎による躑躅ヶ崎館造営以降である。16世紀前半、戦国の争乱が列島を覆っていた時代のことであった。商人・職人が館の周辺に集住させられ、寺院が建立されて、城下の形成が目指された。1582（天正10）年の武田氏滅亡後、甲府は軍事上枢要の地となった。豊臣麾下の浅野氏は、関東・東北を牽制する拠点として、甲府城を完成させ、徳川氏は江戸開幕後甲府城を江戸防衛の最前線とした。甲府城築城とともに形成された城下町は、幕藩制社会が安定した17世紀後半には、49町・人口1万2000余人の都市となる。そして商品生産（盆地東部の生糸、西部の木綿・煙草など）の発展が、甲府を問屋・仲買・小売商などが集まる商業の町、国中地方の中心地としていく。江戸風が急速に流入して、俳諧・生花・碁・将棋が盛行し、江戸の歌舞伎役者の旅興行は甲府で幕を開けた。一方、浮世絵師歌川（安藤）広重が逗留して幕絵を描いた正月の道祖神祭りを始めとする、多彩な年中行事が人びとの生活を彩った。

　近代に入ると、城跡を蚕食して建てられた洋風建築や器械製糸業などが甲府にもたらされた。製糸業は、盆地農村の養蚕業を基礎に発展し、甲府を内陸の工業都市にかえた。日本最初の女工争議は、1886（明治19）年に甲府の雨宮製糸場でおきている。1889（明治22）年市制がしかれ、1903年には中央線が甲府まで開通した。しかし、製糸業と水晶加工業、盆地農村（地主制が高度に展開）相手の商業に依存する産業構造はかわらなかった。生糸貿易で財を成し、地主経営・銀行経営へと発展した若尾家の金融恐慌下での破綻（1928年）は、甲府に1つの時代の終わりを告げる事件となった。

八ヶ岳を仰ぐ

　標高2899mの赤岳を主峰とする八ヶ岳連峰は、山梨県の北西部から長野県に連なり、韮崎市までおよそ20kmにわたって、ゆるやかで広大な斜面が続く。

　山麓西側は釜無川によって、東側は須玉川・塩川によって削り取られ、古来、片山とか七里岩と称される断崖絶壁の景観をかもし出す。この地域は行政区画でいえば、韮崎市と北杜市である。北杜市は、いわゆる「平成の大合併」によって、かつての長坂町・大泉村・須玉町・明野村・武川村・白州町・小淵沢町が合併して新設されたもので、面積は県内最大の602.89km²である。

この地域は峡北地方あるいは北巨摩とよばれ、清里高原に代表される県内有数の観光地である。ほぼ南から北に中央自動車道とJR中央本線が貫いており、首都圏方面からの観光客が多い。北杜市は豊かな自然と名水で知られ、「谷桜」や「七賢」などの地酒が有名である。県内随一の稲作地帯でもあり、山々を背景としたのどかな風景があちこちに残る。また、韮崎市は峡北地方の中核都市である。釜無川と塩川の合流点に位置し、交通の要所として栄えてきた。甲州道中は釜無川沿いに、そして信州往還は塩川に沿って信州(現、長野県)に抜ける。江戸時代末期に釜無川沿いに設けられた舟山河岸は、富士川舟運の発着点でもあった。

　JR韮崎駅を望む高台が七里岩の先端であり、そこに巨大な平和観音立像が立つ。1959(昭和34)年の皇太子(のちの今上天皇)成婚を記念して、1961年に建立されたものである。韮崎駅のプラットホームは市街地よりも高所にあり、かつてのスイッチバック時代の名残りである。駅の北側正面に聳えるのが、「にせ八ヶ岳」の異名をもつ茅ヶ岳で、ここも火山灰のゆるやかな台地が広がる。八ヶ岳はその左側の奥になり、冬季は冠雪の有無が好対称を成す。平和観音立像から西方を眺めると、標高2967mの甲斐駒ヶ岳を始めとする南アルプス連峰が眼前に広がり、眼下に韮崎の市街、そして南方に甲府盆地と御坂連峰・富士山が眺望できる。

　峡北地方の歴史的特徴は、第一に縄文遺跡が豊富な点にある。墓地や畑などを注意深く歩くと、土器破片の表面採集が可能なほどである。甲斐源氏関係の山城や寺社が多いのが、第二の特徴といえる。そして、四季のいずれにおいても、豊かな自然とともに歴史散歩を満喫できるのが、この地の最大の醍醐味といえよう。

富士川の清流

　南アルプス連峰に源を発する釜無川は、甲府盆地の東部を流れる笛吹川と盆地の南端で合流し、富士川となって駿河湾にそそぐ。この釜無川の西岸で、現在の南アルプス市一帯を、峡西地方という。北は御勅使川を隔てて、韮崎市・甲斐市・北杜市と接しており、御勅使川の広大な扇状地と、その南隣の諸河川の複合扇状地、そして扇端の釜無川の沖積地とからなっている。

　西方の櫛形山に接する市之瀬台地には、縄文時代から古墳時代にかけての多くの遺跡がみられ、その台地の先端には、物見塚・六科丘古墳などがある。南アルプス市の北部、旧八田村・白根町一帯の御勅使川扇状地には、八田牧といわれる古代・中世の牧が発達した。近世には石積出し・将棋頭といった治水施設、徳島堰などの灌漑利水施設がつくられ、長い水との闘いの歴史を物語る。この地域と釜無川を挟んで、東岸の甲斐市東部(旧竜王町)には、信玄堤があり、治水史跡として全国的にも有名である。

　南アルプス市の中・南部にあたる旧櫛形町・若草町・甲西町付近は、古代末期から中世には、原小笠原荘・大井荘・奈胡荘などの荘園があった。武田氏の祖、信義の弟加賀美遠光が勢力をふるい、その子秋山氏・小笠原氏ら甲斐源氏一族が領

地域の概観　　267

有した。戦国時代には，武田氏の支族大井信達(のぶさと)が権勢を保ち，武田信虎(のぶとら)と対抗した。

近世には大規模な新田(しんでん)開発が行われ，明治時代から昭和40年代頃まで，養蚕業(ようさん)も盛んに行われたが，国内製糸業の衰退とともに桑畑は姿を消し，ブドウ・モモ・サクランボなどの一大果樹地帯に変貌を遂げた。また，アジア・太平洋戦争の末期，旧白根町の北・西部一帯に，陸軍の秘匿(ひとく)飛行場，通称「ロタコ」とその関連施設が建設され，周辺町村から毎日多数の人びとが建設作業に駆り出された。その工事の痕跡が，戦争遺跡として今に残されている。

峡南(きょうなん)地方は，現在の南巨摩郡(みなみこま)・西八代郡(にしやつしろ)で，富士川の両岸を指し，河内(かわうち)地方とも称される。大部分が山間地で，富士川やその支流の早川(はや)の狭い氾濫原(はんらんげん)を利用して，耕作が行われている。古代末期から中世にかけて，市河荘(いちかわ)・青島荘・南部牧(なんぶ)などがあった。中世から和紙の製造が盛んで，現在でも市川三郷町(いちかわみさとちょう)(旧市川大門町(だいもんちょう))や身延町西嶋(みのぶちょうにしじま)(旧中富町(なかとみちょう))で行われている。この地域は平安時代末期，加賀美遠光の子南部光行(みつゆき)が領有した。南部氏が奥州盛岡(おうしゅうもりおか)(現，岩手県盛岡市)へ移住後も，その一族波木井(はきい)氏が身延を中心に勢力をもった。1274(文永(ぶんえい)11)年，佐渡(さど)(現，新潟県佐渡市)から帰った日蓮(にちれん)が，南部(波木井)実長(さねなが)の要請で身延に入山して，今日の日蓮宗総本山身延山久遠寺(くおんじ)の基礎をつくった。戦国時代は，武田氏の親族，穴山信友(あなやまのぶとも)・信君(のぶきみ)が下山(しもやま)(現，身延町下山)に居館を構えて支配した。

峡南地方を流れる富士川は，鰍沢(かじかざわ)で釜無川と笛吹川が1本に合流し，さらに南流して駿河湾へとそそぐ。富士川舟運(しゅううん)は，近世には甲斐と駿河(現，静岡県)を結ぶ物資輸送の大動脈であり，中央線や身延線の開通でその役割を終えるまで，鰍沢町は河岸(かし)の町として栄えた。現在，富士川沿いに静岡県から山梨県を通って，長野・新潟県方面へと向かう中部横断自動車道の建設工事が進められており(一部区間は開通)，太平洋と日本海を結ぶ一大アクセスとして注目されている。

【文化財公開施設】

①内容，②休館日，③入館料

上野原市民俗資料館　〒401-0201上野原市秋山7459　TEL0554-62-3409（社会教育課）　①民具・古文書など，②要予約，③無料

大月市郷土資料館　〒409-0614大月市猿橋町猿橋313-2　TEL0554-23-1511　①大月市の歴史・考古・民俗・自然，②月曜日，祝日の翌日，③有料

都留市尾県郷土資料館　〒402-0006都留市小形山1565-1　TEL0554-45-0675　①明治時代の校舎・教育関係資料，②月・水・金曜日（祝日をのぞく），祝日の翌日，年末年始，③無料

都留市商家資料館　〒402-0053都留市上谷3-1-20　TEL0554-43-9416　①旧仁科家住宅および甲斐絹関連，②月・水・金曜日（祝日をのぞく），祝日の翌日，年末年始，③無料

ミュージアム都留　〒402-0053都留市上谷1-5-1　TEL0554-45-8008　①北斎幕絵・八朔祭り関連資料など，②月曜日，祝日の翌日，年末年始，③有料

富士吉田歴史民俗博物館（ふじさんミュージアム）　〒403-0032富士吉田市上吉田東7-27-1　TEL0555-24-2411　①富士山・富士講・御師関連資料，②火曜日（祝日をのぞく），7・8月は無休，年末年始，③有料

富士山世界遺産センター　〒401-0301南都留郡富士河口湖町船津6663-1　TEL0555-72-0259　①富士山の文化と自然に関する展示と資料，②第4火曜日，③無料

丹波山村郷土民俗資料館　〒409-0305北都留郡丹波山村1063　TEL0428-88-0211（教育委員会）　①丹波山村の歴史・考古・民俗資料，②月～金曜日，11～3月，③有料

大菩薩峠介山記念館　〒409-1211甲州市塩山上萩原4783　TEL0553-32-9392　①中里介山の書画・直筆原稿など，②木曜日（祝日の場合は翌日），③有料

旧高野家住宅・歴史公園「甘草屋敷」　〒404-0042甲州市塩山上於曽1651　TEL0553-33-5910　①茅葺き切妻造の民家・民具など，②火曜日（祝日をのぞく），祝日の翌日，年末年始，③有料

甲州市中央公民館歴史民俗資料室　〒404-0045甲州市塩山上塩後240　TELL0553-32-1411　①歴史・民俗資料など，②月曜日，祝日，③無料

信玄公宝物館　〒404-0053甲州市塩山小屋敷2280（恵林寺境内）　TEL0553-33-4560　①武田信玄・柳沢吉保関連の資料，②木曜日（4～11月は無休），③有料

ぶどうの国文化館　〒409-1313甲州市勝沼町下岩崎1034　TEL0553-44-3312　①明治時代の葡萄酒醸造風景など，②月曜日（祝日の場合は翌日），③無料

釈迦堂遺跡博物館　〒405-0054笛吹市一宮町千米寺764　TEL0553-47-3333　①土偶など釈迦堂遺跡出土品，②火曜日，祝日の翌日，年末年始，③有料

笛吹市春日居郷土館・小川正子記念館　〒406-0013笛吹市春日居町寺本170-1　TEL0553-26-5100　①歴史・考古・小川正子関連資料，②火曜日（祝日の場合は翌日），祝日（子どもの日・文化の日のぞく），年末年始，③有料

八田家書院　〒406-0031笛吹市石和町八田334　TEL055-261-6111　①茅葺き入母屋造の書院など，②月曜日（祝日の場合は翌日），年末年始，③有料

やまなし伝統工芸館　〒406-0032笛吹市石和町四日市場1566　TEL055-263-6741　①水晶・印伝関連の展示など，②土・日曜日，祝日，年末年始，③有料

佐野武具資料館　〒406-0041笛吹市石和町東高橋336　TEL055-262-3355　①陣羽織・馬具など，②随時開館(要連絡)，③有料

山梨県立博物館(かいじあむ)　〒406-0801笛吹市御坂町成田1501-1　TEL055-261-2631　①県内の歴史・考古・民俗資料など，②火曜日(祝日の場合は翌日)，祝日の翌日，年末年始，③有料

笛吹市八代郷土館　〒406-0822笛吹市八代町南796　TEL0552-61-3342(文化財課)　①農具など民俗資料の展示，②月・水・木・土・日曜日(要連絡)，③無料

甲府市藤村記念館　〒400-0014甲府市北口2-2-1　TEL055-252-2762　①明治時代の移築校舎・教育関係資料，②月曜日(祝日の場合は翌日)，年末年始，③無料

武田神社宝物殿　〒400-0014甲府市古府中町2611(武田神社境内)　TEL055-252-2609　①武田家関連資料，②無休，③有料

山梨中銀金融資料館　〒400-0032甲府市中央2-11-12　TEL055-223-3090　①甲州金・山梨中央銀行関連資料，②金・土曜日，祝日，年末年始，③無料

山梨県立文学館　〒400-0065甲府市貢川1-5-35　TEL055-235-8080　①芥川龍之介・飯田蛇笏の原稿など，②月曜日(祝日の場合は翌日)，祝日の翌日(日曜日をのぞく)，年末年始，③有料

甲斐善光寺宝物館　〒400-0806甲府市善光寺3-36-1　TEL055-223-7570　①日本最古の源頼朝・実朝木像など，②無休，③有料

山梨平和ミュージアム(石橋湛山記念館)　〒400-0862甲府市朝気1-1-30　TEL055-235-5659　①甲府空襲など15年戦争関係資料，石橋湛山の生涯と思想，②火・水曜日，祝日，年末年始，③有料

甲府市民俗資料館　〒400-0813甲府市向町568　TEL055-233-7324(文化財保護課)　①農具や生活資料など，②要予約，③無料

中道民芸館　〒400-1505甲府市中畑町1132　TEL055-266-4679　①山崎放代の自筆書・愛用品など，②月曜日(12月～2月は月～金)，③無料

山梨県立考古博物館　〒400-1508甲府市下曾根町923　TEL055-266-3881　①県内の考古資料・銚子塚古墳など，②月曜日(祝日の場合は翌日)，年末年始，③有料

中央市豊富郷土資料館　〒400-1513中央市大鳥居1619-1　TEL055-269-3399　①歴史・考古・民俗・養蚕関連資料，②月曜日，祝日の翌日，年末年始，③有料

坂井考古館　〒407-0002韮崎市藤井町坂井780　TEL0551-22-4270　①坂井遺跡出土品，②無休(要連絡)，③無料

韮崎市民俗資料館　〒407-0004韮崎市藤井町南下條786-3　TEL0551-22-1696　①考古・民俗資料・新府城模型など，②月曜日(祝日の場合は翌日)，木曜の午前，年末年始，③有料

ポール・ラッシュ記念センター　〒407-0301北杜市高根町清里3545　TEL0551-48-5330　①ポール・ラッシュの書簡・遺品，②水・木曜日(11～3月)，③有料

津金学校　〒407-0322北杜市須玉町下津金2963　TEL0551-20-7100　①明治時代の校舎・教育関係資料，②水曜日，年末年始，③有料

三分一湧水館　〒408-0031北杜市長坂町小荒間292-1　TEL0551-32-0058　①八ヶ岳南麓の湧水の歴史など，②火曜日(12～3月)，③有料

清春白樺美術館　〒408-0036北杜市長坂町中丸2072　TEL0551-32-4865　①白樺同人の書画・雑誌『白樺』など，②月曜日(祝日の場合は翌日)，年末年始，③有料

北杜市郷土資料館　〒408-0036北杜市長坂町中丸1996-2　TEL0551-32-6498　①歴史・考古・民俗・鉄道関連資料，②月曜日(祝日の場合は翌日)，祝日の翌日，年末年始，③有料

北杜市浅川伯教・巧兄弟資料館　〒408-0002北杜市高根町村山北割3315　TEL0551-42-1447　①浅川兄弟関連の資料，②月曜日，③有料

北杜市考古資料館　〒409-1502北杜市大泉町谷戸2414　TEL0551-20-5505　①金生遺跡出土品など，②月曜日，③有料

安藤家住宅　〒400-0411南アルプス市西南湖4302　TEL055-284-4448　①茅葺き民家・生活用具・農具など，②火曜日(祝日の場合は翌日)，祝日の翌日(日曜日をのぞく)，年末年始，③有料

富士川町民俗資料館　〒400-0502南巨摩郡富士川町最勝寺320　TEL0556-22-5361　①明治時代の校舎・教育関係資料，②月・火・木・金・土曜日(要連絡)，年末年始，③無料

身延山宝物館　〒409-2524南巨摩郡身延町身延3567(久遠寺境内)　TEL0556-62-1011　①身延山久遠寺収蔵品など，②木曜日(祝日の場合は翌日)，③有料

身延町木喰の里微笑館　〒409-2931南巨摩郡身延町北川2855　TEL0556-36-0753　①遊行僧木喰の作品・関連資料，②水曜日，祝日の翌日，年末年始，③有料

甲斐黄金村・湯之奥金山博物館　〒409-2947南巨摩郡身延町上之平1787　TEL0556-36-0015　①湯之奥金山関係資料の展示，②水曜日(祝日の場合は翌日)，年末年始，③有料

身延町歴史民俗資料館　〒409-3421南巨摩郡身延町八日市場542-2　TEL0556-42-3017(教育委員会生涯学習課)　①歴史・民俗・富士川舟運関連，②水曜日，祝日の翌日，年末年始，③有料

早川町歴史民俗資料館　〒409-2701南巨摩郡早川町奈良田486　TEL0556-20-5556　①焼畑関連資料など，②水曜日(祝日の場合は翌日)，木曜日，年末年始，③有料

早川町郷土資料館　〒409-2704南巨摩郡早川町大原野639　TEL0556-48-2621(ヘルシー美里)　①生活用具など，②年末年始(要連絡)，③有料

【無形民俗文化財】

国指定

無生野の大念仏　　上野原市秋山　旧暦の1月16日・新暦の8月16日
天津司舞　　甲府市小瀬町　4月上旬の日曜日
河口の稚児舞　　南都留郡富士河口湖町河口　4月25日，7月28日
吉田の火祭　　富士吉田市上吉田　8月26・27日

県指定

北口本宮冨士浅間神社太々神楽　　富士吉田市上吉田5558　1月14日
下市之瀬の獅子舞　　南アルプス市下市之瀬　1月14日
岡の式三番　　笛吹市八代町岡　1月14日
田野の十二神楽　　甲州市大和町田野　1月14日，4月11日（一部のみ）
塩平の獅子舞　　山梨市牧丘町塩平　1月14日
山田の神楽獅子　　西八代郡市川三郷町落居　1月第2日曜日または第3日曜日
二之宮美和神社の太々神楽 付版木1枚，神楽二十五番次第1枚　　笛吹市御坂町二之宮1450　4月第1日曜日
黒平の能三番　　甲府市黒平上黒平・下黒平　5月3日
山梨岡神社の太々神楽　　笛吹市春日居町鎮目　4月4・5日
西島の神楽　　南巨摩郡身延町西嶋　5月5日
柏尾の藤切会祭　　甲州市勝沼町勝沼（大善寺）　5月8日
丹波山のささら獅子 付日本獅子舞の由来写1通　　北都留郡丹波山村　7月第2日曜日
下吉田の流鏑馬祭　　富士吉田市下吉田　9月19日
箕輪新町のおんねりと巫女舞　　北杜市高根町箕輪新町　10月1日前後の日曜日
沢澄六角堂の切子　　南アルプス市沢登　10月13日
一之瀬高橋の春駒　　甲州市塩山一之瀬高橋　不定期
追分の人形芝居　　大月市笹子町追分　不定期
下市之瀬の獅子神楽　　南アルプス市下市之瀬　1月14日他
内船歌舞伎　　南部町内船　12月第1日曜日
長坂三ケ区の札番・水番制度　　北杜市長坂町

【おもな祭り】（国・県指定無形民俗文化財をのぞく）

丹波のお松引き　　北都留郡丹波山村丹波　1月7日
大石の十四日祭礼　　南都留郡富士河口湖町大石　1月14日
西島の獅子舞　　南巨摩郡身延町西嶋　1月14日
下教来石の獅子舞　　北杜市白州町下教来石　1月14日
下福沢の七福神　　甲斐市下福沢　1月14日（祝い事のあった年のみ）
徳和の天神祭り　　山梨市三富徳和　1月25日前後の日曜日
金山神社例祭　　甲斐市宇津谷（金山神社）　1月28日
お大神さん　　甲府市中央（大神宮）　2月3日
身延山の節分会　　南巨摩郡身延町身延（久遠寺）　2月3日
二之宮湯立神事　　笛吹市御坂町二之宮（美和神社）　2月8日

十日市	南アルプス市十日市場	2月10・11日
厄除け地蔵尊祭り	甲府市湯村(塩沢寺)	2月13・14日
松本のお天狗さん	笛吹市石和町松本(山神宮)	2月21日
神部神社舟引祭	南アルプス市下宮地(神部神社)	3月2日
浅間神社山宮祭り	笛吹市一宮町一之宮(一宮浅間神社)	3月中旬
穴観音祭り	韮崎市中央(雲岸寺)	3月20・21日
長遠寺の千部会	南アルプス市鏡中條(長遠寺)	4月第1日曜日
神輿の川渡り	西八代郡市川三郷町上野(表門神社)	4月第1日曜日
甲州軍団出陣	甲府市平和通り	4月第1土曜日
今諏訪の御柱祭り	南アルプス市(上今諏訪・下今諏訪神社)	5月5日(7年に1度)
川中島合戦絵巻	笛吹市石和町市部(笛吹川河原)	4月第1日曜日または第2日曜日
大法師さくら祭	南巨摩郡富士川町鰍沢本町(大法師公園)	4月上旬
信玄公忌	甲州市塩山(恵林寺)	4月12日
武田神社例大祭	甲府市古府中(武田神社)	4月12日
御幸祭り	笛吹市一宮町一之宮(一宮浅間神社)	4月15日
御幸祭り	甲斐市竜王(三社神社)	4月15日
向嶽寺秋葉さん祭り	甲州市塩山上於曽(向嶽寺)	4月18日
正之木稲荷祭り	甲府市太田(穂積神社)	5月2〜5日
本栖の大名行列	南都留郡富士河口湖町本栖(山神社)	5月17日
菅田天神社禊祭り(夏越祭り)	甲州市塩山(菅田天神社)	6月30日
富士のお山開き前夜祭	富士吉田市上吉田(北口本宮冨士浅間神社)	6月30日
御田植え祭り	甲府市住吉(住吉神社)	7月16日
ほうとう祭り	北杜市須玉町若神子(三輪神社)	7月30日
若宮八幡宮祭	韮崎市若宮(若宮八幡神社)	7月30・31日
河口湖湖上祭	南都留郡富士河口湖町	8月5日
南部の火祭り	南巨摩郡南部町	8月15日
八朔祭り	都留市上谷(生出神社)	9月1日
牛倉神社例大祭	上野原市上野原(牛倉神社)	9月4〜6日
山中明神安産祭り	山中湖村山中(諏訪神社)	9月4〜6日
流鏑馬祭り	富士吉田市下吉田(小室浅間神社)	9月19日
忍草の暴れ神輿	南都留郡忍野村忍草(浅間神社)	9月20日
鳥原の奉納相撲	北杜市白州町鳥原(石尊神社)	9月秋分の日
鳥居焼り	甲州市勝沼町(柏尾山)	10月第1土曜日
武田八幡宮祭典	韮崎市神山町北宮地(武田八幡宮)	10月第2日曜日
身延山御会式	南巨摩郡身延町身延(久遠寺)	10月11〜13日
高尾山の夜祭り	南アルプス市高尾(穂見神社)	11月22〜23日
甲府えびす講祭り	甲府市商店街	11月23日

おもな祭り

【有形民俗文化財】

国指定

甲州西山の焼畑農工用具　　南巨摩郡早川町奈良田　早川町

県指定

山城の七天神（2ヵ所）　　甲府市上今井町　今村泰栄ほか3人
食行身禄の御身抜及び行衣野袴　　富士吉田市上吉田534　田辺不三
藍染資料　　富士吉田市上吉田415　山口嘉一
御供田（2ヵ所）　　笛吹市一宮町東新居823・835　平山誠
田下駄　　笛吹市芦川町鴬宿821　宮川徳範
木喰五行上人作の仏像及び遺品　　南巨摩郡身延町古関　松畑区ほか3人
和紙製造用具　　南巨摩郡身延町八日市場542-2ほか　望月義光ほか3人
下菅口の郷倉　　甲斐市下菅口　下菅口区
上菅口の郷倉　　甲斐市上菅口　上菅口区
丸木船　　甲府市古府中2614（武田神社境内旧睦沢学校）　小野田国男
丸木船　　南都留郡富士河口湖町船津3964　富士博物館
鳴沢の湯立の釜　　南都留郡鳴沢村鳴沢1451-21　春日神社・魔王天神社
右左口の人形芝居のかしらほか用具一式　　甲府市右左口町宿区
上積翠寺の岩船地蔵　　甲府市上積翠寺町上積翠寺鍛冶屋組

実施日は変更される場合もあるので，前もって確認するとよい。

【散歩便利帳】

[県・市町村の観光担当課]

山梨県観光部観光企画課　　〒400-8585甲府市丸の内1-6-1　TEL055-223-3776
やまなし観光推進機構　　〒400-8585甲府市丸の内1-6-1 山梨県庁別館2F　TEL055-231-2722
甲府市観光商工室観光課　　〒400-8585甲府市丸の内1-18-1　TEL055-237-5702
甲府市観光協会　　〒400-8585甲府市丸の内1-18-1　TEL055-226-6550
富士吉田市富士山課　　〒403-8601富士吉田市下吉田6-1-1　TEL0555-22-1111(代)
都留市産業課　　〒402-8501都留市上谷1-1-1　TEL0554-43-1111(代)
大月市産業観光課　　〒401-8601大月市大月2-6-20　TEL0554-20-1829
上野原市産業振興課　　〒409-0192上野原市上野原3832　TEL0554-62-3119
甲州市産業課　　〒409-1298甲州市丸の内1-18-1　TEL0552-37-5702
山梨市観光課　　〒404-0201山梨市小原西843　TEL0553-22-2111(代)
笛吹市産業観光部　　〒406-8585笛吹市石和町市部777　TEL055-262-4111
甲斐市商工観光課　　〒407-0193甲斐市篠原2610　TEL055-276-2111(代)
韮崎市産業観光課　　〒407-8501韮崎市水神1-3-1　TEL0551-22-1111(代)
北杜市産業観光部　　〒408-0188北杜市須玉町大豆生田961-1　TEL0551-42-1111(代)
南アルプス市観光商工課　　〒400-0395南アルプス市小笠原376　TEL055-282-6294
中央市商工観光課　　〒400-1594中央市大鳥居3866　TEL055-274-8582
市川三郷町商工観光課　　〒409-3601西八代郡市川三郷町市川大門1790-3　TEL055-272-1101(代)
富士川町産業振興部　　〒400-0501南巨摩郡富士川町青柳町338-8　TEL0556-22-7202
早川町振興課　　〒409-2732南巨摩郡早川町高住758　TEL0556-45-2516
身延町観光課　　〒409-2592南巨摩郡身延町梅平2483-36　TEL0556-62-1116
南部町産業振興課　　〒409-2192南巨摩郡南部町福士28505-2　TEL0556-66-2111(代)
昭和町産業課　　〒409-3880中巨摩郡昭和町押越542-2　TEL055-275-2111(代)
道志村産業振興課　　〒402-0209南都留郡道志村6181-1　TEL0554-52-2114
西桂町産業振興課　　〒403-0022南都留郡西桂町小沼1501-1　TEL0555-25-2121
忍野村観光産業課　　〒401-0592南都留郡忍野村忍草1514　TEL0555-84-3111(代)
山中湖村観光産業課　　〒401-0595南都留郡山中湖村山中237-1　TEL0555-62-9977
富士河口湖町観光課　　〒401-0392南都留郡富士河口湖町船津1700　TEL0555-72-3168
鳴沢村企画課　　〒401-0398南都留郡鳴沢村1575　TEL0555-85-2311(代)
小菅村源流振興課　　〒409-0211北都留郡小菅村4698　TEL0428-87-0111(代)
丹波山村温泉観光課　　〒409-0305北都留郡丹波山村890　TEL0428-88-0211(代)

[県・市町村の教育委員会]

山梨県教育委員会学術文化財課　　〒400-0031甲府市丸の内1-6-1　TEL055-223-1790
甲府市教育委員会　　〒400-0865甲府市丸の内1-18-1　TEL055-237-1161(代)
富士吉田市教育委員会　　〒403-0004富士吉田市下吉田6-1-1　TEL0555-23-1765
都留市教育委員会　　〒402-8501都留市上谷1-1-1　TEL0554-43-1111
大月市教育委員会　　〒401-8601大月市大月2-6-20　TEL0554-23-8050
上野原市教育委員会　　〒409-0192上野原市上野原3832　TEL0554-62-3409

甲州市教育委員会	〒404-0045甲州市丸の内1-18-1	TEL055-237-1161（代）
山梨市教育委員会	〒405-8501山梨市小原西843	TEL0553-22-1111
笛吹市教育委員会	〒406-0031笛吹市石和町市部809-1	TEL055-261-3342
甲斐市教育委員会	〒407-0192甲斐市篠原2610	TEL055-278-1695
韮崎市教育委員会	〒407-8501韮崎市水神1-3-1	TEL0551-22-1111（代）
北杜市教育委員会	〒400-0188北杜市須玉町大豆生田961-1	TEL0551-42-1375
南アルプス市教育委員会	〒400-0395南アルプス市小笠原376	TEL055-282-7269
中央市教育委員会	〒409-3892中央市臼井阿原301-1	TEL055-274-8522
市川三郷町教育委員会	〒409-3601市川三郷町市川大門1790-3	TEL055-272-6093
富士川町教育委員会	〒400-0601南巨摩郡富士川町天神中條1134	TEL0556-22-5361
早川町教育委員会	〒409-2732南巨摩郡早川町高住758	TEL0556-45-2547
身延町教育委員会	〒409-3392南巨摩郡身延町切石350	TEL0556-20-3017
南部町教育委員会	〒409-2192南巨摩郡南部町福士28505-2	TEL0556-66-2111（代）
昭和町教育委員会	〒409-3864中巨摩郡昭和町押越532	TEL055-275-8641
道志村教育委員会	〒408-0216南都留郡道志村8990-1	TEL0554-52-1020
西桂町教育委員会	〒403-0021南都留郡西桂町下暮地937-4	TEL0555-25-2941
忍野村教育委員会	〒401-0592南都留郡忍野村忍草1514	TEL0555-84-2042
山中湖村教育委員会	〒401-0595南都留郡山中湖村山中237-1	TEL0555-62-3813
富士河口湖町教育委員会	〒401-0392南都留郡河口湖町船津1700	TEL0555-72-6052
鳴沢村教育委員会	〒401-0398南都留郡鳴沢村1575	TEL0555-85-2606
小菅村教育委員会	〒409-0211北都留郡小菅村4698	TEL0428-87-0111（代）
丹波山村教育委員会	〒409-0305北都留郡丹波山村890	TEL0428-88-0211（代）

【参考文献】

『祈りのかたち　甲斐の信仰』（特別展図録）　山梨県立博物館編　山梨県立博物館　2006
『江戸時代人づくり風土記19　山梨』　石川松太郎編　農山漁村文化協会　1997
『塩山市史』全4巻　塩山市史編纂委員会編　塩山市　1995-99
『大月市史』全2巻　大月市史編纂室編　大月市役所　1976-78
『甲斐源氏と武田信玄』　磯貝正義　岩田書店　2002
『甲斐と甲州道中』　飯田文弥編　吉川弘文館　2000
『甲斐の荘園』　秋山敬　甲斐新書　岩田書店　2003
『甲斐の歴史を読み直す』　網野善彦　山梨日日新聞社　2003
『甲斐百八霊場』　清雲俊元監修　テレビ山梨　2000
『甲斐文化史散歩』　伊藤祖孝　学生社　1972
『角川日本地名大辞典19　山梨県』　角川日本地名大辞典編纂委員会編　角川書店　1984
『県指定・山梨県の文化財』第1-4集　山梨県教育委員会編　山梨県教育委員会　1980-83
『甲州街道　歴史資料集　豊かな未来を目指す山梨の道』　上野晴朗ほか　建設省関東地方建設局甲府工事事務所　1993
『甲州財閥物語』上・下　斎藤芳弘　テレビ山梨　1975・76
『甲州風土記』　上野晴朗　NHKサービスセンター甲府支所　1967
『甲府空襲の記録』　甲府市戦災誌編さん委員会編　甲府市　1974
『甲府市史』全16巻　甲府市史編纂委員会編　甲府市役所　1987-93
『甲府の歴史と文化』　甲府市文化財調査審議委員会編　甲府市教育委員会　1981
『御料林と農民』　北条浩　宗文館書店　1966
『写真集山梨百年』　山梨日日新聞社編　山梨日日新聞社　1989
『女性が主役　戦前山梨の労働運動史』　山寺勉　平和プリント社　1990
『新版山梨の遺跡』　山梨県考古学協会編　山梨日日新聞社　1998
『水晶宝飾史』　篠原方泰編　甲府商工会議所　1968
『図説甲府の歴史』　萩原三雄監修　郷土出版社　2000
『図説武田信玄』　信玄公宝物館編　河出書房新社　1987
『図説韮崎・巨摩の歴史』　萩原三雄監修　郷土出版社　2000
『図説山梨県の歴史』　磯貝正義編　河出書房新社　1990
『戦記甲府連隊』　樋貝義治　サンケイ新聞甲府支局　1964
『創業百年史』　山梨中央銀行行史編纂室　山梨中央銀行　1981
『武田信玄』　平山優　吉川弘文館　2006
『武田信玄―伝説的英雄像からの脱却―』　笹本正治　中公新書　1997
『武田信玄を歩く』　秋山敬　吉川弘文館　2003
『伝えたい　あの戦争』　山梨平和資料センター準備会編　山梨ふるさと文庫　2005
『都留市史』全7巻　都留市史編纂委員会編　都留市　1986-96
『定本甲斐百寺』　磯貝正義編集顧問　郷土出版社　1996
『定本武田信玄』　磯貝正義　新人物往来社　1977
『定本富士川』　萩原三雄ほか編　郷土出版社　2002

『定本山梨県の城』　　萩原三雄ほか編　郷土出版社　1991
『日本地主制の構成と段階』　　永原慶二ほか編　東京大学出版会　1972
『日本歴史地名大系19　山梨県の地名』　磯貝正義監修　平凡社　1995
『韮崎市誌』全4巻　　韮崎市誌編纂専門委員会編　韮崎市役所　1978・79
『富士吉田市史』全7巻　　富士吉田市史編纂委員会編　富士吉田市　1992-99
『御坂町の文化財』　　御坂町教育委員会編　御坂町教育委員会　1986
『明治政治史の基礎過程』　　有泉貞夫　吉川弘文館　1980
『山梨郷土史研究入門』　　山梨郷土研究会編　山梨日日新聞社　1992
『山梨郷土史年表』　　山梨郷土研究会編　山梨日日新聞社　1981
『山梨県議会史』全5巻　　山梨県議会事務局編　山梨県議会　1970-72
『山梨県教育百年史』全3巻　　山梨県教育委員会編　山梨県教育委員会　1976-79
『山梨県史』(全28巻)　　山梨県史編纂委員会編　山梨日日新聞社　1996-2008
『山梨県政百年史』上・下　　山梨県編　山梨県　1975・76
『山梨県農民運動史』　　竹川義徳　大和屋書店　1934
『山梨県の百年』　　有泉貞夫編著　山川出版社　2003
『山梨県の歴史』(新版)　　飯田文弥ほか　山川出版社　1999
『山梨県の歴史景観』　　山梨郷土研究会編　山梨日日新聞社　1999
『山梨県風土記』　　磯貝正義監修　旺文社　1984
『山梨のアジア太平洋戦争』　　佐藤弘　山梨ふるさと文庫　2005
『山梨のおんな』　　山梨女性史の会編　東洋インターフェイス　1986
『山梨の近代』　　有泉貞夫　山梨ふるさと文庫　2001
『山梨の考古学』　　萩原三雄・末木健　山梨日日新聞社　1983
『山梨の作家』①②　　毎日新聞社甲府支局編　山梨ふるさと文庫　1994
『山梨の昭和』　　朝日新聞社甲府支局編　山梨ふるさと文庫　1989
『山梨の戦後50年　見た夢　来た道』　　山梨日日新聞社編　山梨日日新聞社　1995
『山梨の戦争遺跡』　　山梨県戦争遺跡ネットワーク編　山梨日日新聞社　2000
『山梨の20世紀―山梨日日新聞記事で見る100年―』　　山梨日日新聞社編　山梨日日新聞社　2000
『山梨の百年』　　佐藤森三ほか　NHKサービスセンター甲府支所　1968
『山梨の文学』　　山梨日日新聞社編　山梨日日新聞社　2001
『山梨の文化財・国指定編』　　山梨県教育委員会編　山梨県教育委員会　1971
『山梨のワイン発達史』　　上野晴朗　勝沼町役場　1977
『山梨百科事典・増補改訂版』　　山梨日日新聞社編　山梨日日新聞社　1989
『山梨明治の墓標』　　有泉貞夫　甲斐新書刊行会　1979
『山梨歴史カレンダー』　　山梨日日新聞社編　山梨日日新聞社　2001
『山梨労働運動史』　　甲府労政事務所編　甲府労政事務所　1952
『よみがえる武田信玄の世界』(特別展図録)　　山梨県立博物館編　山梨県立博物館　2006
『林野入会と村落構造』　　渡辺洋三・北条浩　東京大学出版会　1975
『選挙の民俗誌』　　杉本仁　2008

【年表】

時代	西暦	年号	事項
旧石器時代			立石遺跡(甲府市),天神堂遺跡(南部町),丘の公園遺跡(北杜市)
縄文時代		早期	神取遺跡(北杜市),釈迦堂遺跡(笛吹市)
		中期	酒呑場遺跡(北杜市),上野原遺跡(甲府市),一の沢遺跡(笛吹市),久保地遺跡(都留市),原平遺跡(大月市)
		後期	金生遺跡(北杜市)
弥生時代		前期	中道遺跡(韮崎市),宮ノ前遺跡(韮崎市)
		後期	上の平遺跡(甲府市),宮の上遺跡(甲府市),金の尾遺跡(甲斐市)
古墳時代		前期	銚子塚遺跡(甲府市),大丸山遺跡(甲府市),天神山遺跡(甲府市),丸山塚遺跡(甲府市),岡銚子塚遺跡(笛吹市)
		後期	姥塚遺跡(笛吹市),加牟那塚遺跡(甲府市)
飛鳥時代	672	(天武元)	甲斐の勇者,壬申の乱に騎馬兵として活躍
		(白鳳)	このころ,寺本廃寺(笛吹市)建立
	709	和銅2	甲斐など7カ国の民を蝦夷征討に徴発
奈良時代	714	7	山梨郡可美里日下部某,調庸布を貢納
	731	天平3	甲斐の黒駒を神馬として献上
	741	13	国分寺・国分尼寺(ともに笛吹市)建立
平安時代	799	延暦18	甲斐国の百済人止弥若虫・久信耳鷹長ら190人にそれぞれ石川・広石野の姓を許す
	827	天長4	甲斐国に牧監をおき,御牧を管理させる
	864	貞観6	富士山大噴火,本栖・西湖埋まる
	865	7	八代郡に浅間神社を建て,官社に列す
	904	延喜4	天皇穂坂牧の貢馬をみる。
	940	天慶3	甲斐国,平将門の弟将武らを討ち取ったと奏上
	969	安和2	山城国法勝院領目録に,市河荘が記載(甲斐国荘園名の初出)
	1030	長元3	甲斐守源頼信らに平忠常追討の命,忠常投降する
	1130	大治5	源清光,乱行のかどで常陸国司に告発され,父義清とともに甲斐国に配流
	1159	平治元	井沢信景,平治の乱に甲斐から源義朝方として参加
	1163	長寛元	長寛の勘文,在庁官人三枝守政ら断罪
	1180	治承4	武田信義ら挙兵,信濃の平家方を討つ。信義・安田義定ら富士川の合戦で平氏軍と対陣,平氏軍敗走
	1181	養和元	武田信義,鎌倉に行き,源頼朝に誓書を出す
	1183	寿永2	安田義定,平家追討使として木曽義仲とともに入京
	1184	元暦元	一条忠頼,源範頼・源義経らと木曽義仲を討伐。忠頼,鎌倉で源頼朝に謀殺される

時代	西暦	和暦	事項
鎌倉時代	1193	建久4	安田義資、源頼朝に討たれる。翌年、父義定も討たれる
	1221	承久3	承久の乱。武田信光・小笠原長清ら東山道大将軍として入京、後鳥羽上皇方を破る。論功行賞で、信光が安芸国(現、広島県)守護、長清が阿波国(現、徳島県)守護となる
	1274	文永11	日蓮、波木井実長の招きで身延にきて、翌年久遠寺を建立
	1286	弘安9	大善寺薬師堂の再建立柱が行われる
	1330	元徳2	二階堂貞藤、恵林寺を建て、夢窓疎石を開山とする
	1335	建武2	武田信武、足利尊氏に従って挙兵し、戦功を立てる
室町時代	1336	3(延元元)	南朝方の初雁五郎、挙兵して大善寺を焼く
	1350	観応元(正平5)	高師冬、須沢城に拠り、足利直義がこれを攻め、翌年自害させる
	1380	康暦2(天授6)	武田信成、抜隊得勝のために向嶽寺を建立
	1416	応永23	武田信満、上杉禅秀の乱に巻き込まれ、天目山にて翌年自害
	1433	永享5	武田信長、鎌倉より脱出、守護代跡部父子および輪宝一揆と戦って敗北
	1492	明応元	守護武田信縄、父信昌・弟信恵と対立。この間、駿河今川勢乱入、信縄方しばしば敗れる
	1507	永正4	武田信縄が死去、武田信虎、14歳で家督相続
	1519	16	武田信虎、新館を躑躅ヶ崎(現、甲府市)に築き、一族家臣を府中に住まわせ、城下町を営む
	1521	大永元	駿河今川勢侵入。武田信虎、飯田河原・上条河原の戦いで、福島正成ら600人余りを討ち取る。武田晴信(信玄)、積翠寺で生まれる
	1531	享禄4	飯富・栗原・今井氏ら、武田信虎に背き御岳に拠る。信虎、救援の諏訪軍を河原郡(現、韮崎市)に破る
	1540	天文9	武田信虎、信濃佐久郡を攻め、1日に36城を陥れる
	1541	10	武田信虎、信濃より凱旋、駿河の今川義元を訪ねそのまま帰れず、追放となる
	1542	11	武田晴信、諏訪頼重を攻める。頼重降伏し、甲府で切腹
	1547	16	武田晴信、「甲州法度之次第」を制定
	1550	19	武田晴信、小笠原長時を本拠の林城に破る
	1553	22	武田晴信、葛尾城を攻略。村上義清、越後(現、新潟県)の長尾景虎(上杉謙信)を頼る。晴信、景虎と川中島で戦う(第1回川中島の戦い)
	1558	永禄元	武田晴信、善光寺(長野県長野市)如来を甲府に移す
	1560	3	武田信玄、甲斐国竜王(現、甲斐市)の川除のために、移住する者の棟別銭を免除
	1568	11	武田信玄、徳川家康と駿・遠両国の略取を約束

時代	年	年号	出来事
安土・桃山時代	1569	永禄12	武田信玄, 駿河・伊豆(現, 静岡県)国に侵攻, さらに上野(現, 群馬県)・武蔵(現, 東京都・埼玉県・神奈川県の一部)・相模(現, 神奈川県)国に入り, 北条氏政を小田原(現, 神奈川県小田原市)に攻め, 三増峠に戦う
	1572	元亀3	延暦寺衆徒, 武田信玄に寺の再興を依頼。信玄, 甲府を発し, 遠江に入り, 徳川家康軍と三方ヶ原(現, 静岡県浜松市)で戦い, 大勝
	1573	天正元	武田信玄, 三河野田城(現, 愛知県新城市)をおとすも病が重く, 帰途の駒場(現, 長野県阿智村)で死去
	1575	3	武田勝頼, 長篠の戦いで, 織田信長・徳川家康の連合軍に大敗
	1581	9	武田勝頼, 新府城を築き, 移る
	1582	10	織田信長軍, 甲斐国に侵入。武田勝頼, 新府の居館を焼いて退去, 天目山麓田野にて自害。武田氏滅亡。河尻秀隆, 本能寺の変後殺され, 徳川家康, 甲斐国に入る。家康, 平岩親吉を甲府城代とし, 鳥居元忠に都留郡を与える
	1585	天正13	甲府(舞鶴)城, 築城の縄張りを始める
	1589	17	伊奈熊蔵, 甲斐九筋の検地を行う
	1590	18	徳川家康, 関東に入部。かわって羽柴秀勝, 甲府城主となる
	1591	19	加藤光泰, 羽柴秀勝にかわり, 城主となる
	1593	文禄2	浅野長政・幸長父子, 甲府城主となる。このころ, 甲府城完成
	1600	慶長5	浅野幸長, 紀伊和歌山(現, 和歌山県)に転封。国中3郡は徳川家直轄となる
	1601	6	平岩親吉, 甲府城代に復帰
江戸時代	1603	8	徳川義直(家康9男), 甲斐国受封
	1607	12	角倉了以, 富士川に舟路を通じる
	1616	元和2	徳川忠長(秀忠3男), 甲斐国受封(1622年蟄居)
	1639	寛永16	上神取村(現, 北杜市)清右衛門ら, 自普請にて浅尾堰開削に着手
	1660	万治3	伊勢町(現, 甲府市)より出火し, 甲府大火。甲府藩, 消防制度を設ける
	1661	寛文元	徳川綱重, 甲府城主となる
	1665	5	徳島兵左衛門, 徳島堰の開削に着手
	1666	6	野村宗貞, 楯無堰の開削に着手
	1678	延宝6	徳川綱重死去し, 徳川綱豊, 甲府城主となる
	1683	天和3	松尾芭蕉, 谷村(現, 都留市)に来遊
	1694	元禄7	甲府・江戸間に三度飛脚開かれる
	1696	9	桜田領代官桜井政能, 濁川の開削に着手。山口素堂, これを助ける
	1704	宝永元	徳川綱豊, 5代将軍徳川綱吉の養嗣子となり江戸城に入り, 柳沢吉保, 甲府城主となる

	1706	宝永3	荻生徂徠, 甲斐国に入り, 『峡中紀行』を著す
	1707	4	富士宝永山の噴火
	1709	6	柳沢吉保, 隠居。嫡子吉里, 跡を継ぐ
	1724	享保9	柳沢吉里, 大和郡山(現, 奈良県)に転封, 甲府は幕府直轄勤番代官の支配となる
	1727	12	甲府城および城下の13町を焼く大火
	1742	寛保2	石和に川田陣屋設置・上野原宿開市
	1746	延享3	田安領一町田中陣屋, 一橋領宇津谷陣屋を設置
	1750	寛延2	八代・山梨両郡16カ村の農民, 蚕と煙草の新規運上に反対して, 運上請負出願人宅を打ちこわす(米倉騒動)
	1754	宝暦4	五味釜川, 死去
	1759	9	山県大弐, 『柳子新論』を著す
	1767	明和4	山県大弐, 処刑される(明和事件)
	1792	寛政4	田安領内に太桝騒動おこる
	1796	8	甲府学問所開設。富田富五郎, 教授方となる
	1805	文化2	甲府学問所を徽典館と改名する
	1814	11	『甲斐国志』の編纂終わる
	1833	天保4	この年, 国中凶作, 米価高騰
	1836	7	郡内領農民蜂起し, 国中一円におよぶ(甲州一揆)
	1841	12	歌川広重, 甲府に画用を帯び入峡
	1854	安政元	柳町(現, 甲府市)より出火し, 甲府大火。安政大地震により被害甚大
	1859	6	篠原忠右衛門, 横浜に甲州屋を開店
	1866	慶応2	甲府城代を新設。前年に続く凶作で米価高騰。このころ, 若尾逸平, 甲府で製糸マニュファクチュアを始める
	1867	3	国中3郡の農民, 大小切税法廃止反対の一揆。このころ, 鰍沢・甲府などに「ええじゃないか」が流行
明治時代	1868	明治元	板垣退助率いる官軍, 甲府入城。近藤勇ら, 柏尾(現, 甲州市)で官軍と戦い敗走。官軍, 鎮撫府, ついで甲斐府をおく
	1869	2	甲斐府を改め, 甲府県とする。田安騒動おこる
	1870	3	田安領を甲府県に合する
	1871	4	甲府県を山梨県と改め, 土肥謙蔵, 県令となる
	1872	5	大小切税法廃止に反対し, 栗原・万力筋97カ村の農民が蜂起。若尾逸平宅, 打ちこわされる
	1873	6	大阪府参事藤村紫朗, 県令土肥謙蔵にかわり, 県権令として着任
	1874	7	富士川運輸会社設立。野口正章, 甲府でビール醸造開業。甲府に県営勧業製糸場を建設
	1875	8	甲府太田町(現, 甲府市)一蓮寺で模擬県会を開く。睦沢小学校(現, 甲府市藤村記念館)落成

1876	明治9	山梨県会条例・県会規則を発布
1877	10	栗原信近ら,第十国立銀行を設立。甲府一蓮寺で第1回県会を開く
1878	11	郡区町村編制法により,4郡を9郡に分ける
1879	12	『峡中新報』創刊。県会開設
1880	13	依田孝・田辺有栄ら,国会開設請願のため上京。明治天皇,山梨を巡行。県立中学校(現,県立甲府第一高校)開校
1881	14	山林原野の官民有区分決定
1882	15	板垣退助,入峡。佐野広乃,死去。峡中改進党結成
1883	16	峡中立憲党結成。『峡中新報』廃刊
1884	17	北都留郡諸村の借金党が不穏な動き
1885	18	東山梨郡役所(現,明治村)落成
1886	19	甲府雨宮製糸場で女工ストライキ。以後,女工ストライキあいつぐ
1887	20	藤村紫朗,愛媛県知事に転ず
1888	21	『峡中日報』創刊。望月直矢,『峡中沿革史』を著す
1889	22	山梨英和女学校開校。甲府に市制施行
1890	23	山梨同志会結成。山梨県農会設立
1891	24	郡制・県制施行
1892	25	第2回総選挙に干渉頻発。薬袋義一議会報告演説会で大混乱
1893	26	小田切謙明,死去。自由党山梨支部結成
1894	27	『山梨民報』創刊
1896	29	樋口一葉,死去
1898	31	山梨農工銀行創立。山梨馬車鉄道,甲府・勝沼間の営業開始
1899	32	飯野村民ら,葉煙草専売所を襲撃
1900	33	甲府電力会社芦川発電所,送電開始
1901	34	一瀬益吉,一瀬桑を発見
1902	35	県立高等女学校(現,県立甲府西高校)開校
1903	36	中央線,甲府・八王子間開通
1904	37	甲府城址を舞鶴城公園とする
1905	38	東京・甲府間に電話開通。織物税徴収をめぐり,谷村(現,都留市)で騒擾
1906	39	中央線,塩尻まで開通。甲府で1府9県連合共進会開催
1907	40	中村星湖,『少年行』を発表。県内全域に大水害,石和宿洪水にのまれる。甲府市穴切町に遊郭を移す。東京電灯駒橋発電所,長距離送電開始
1908	41	片山潜,甲府で演説会を開く。笛吹川河流変更工事に着手
1909	42	甲府商業会議所設立。歩兵49(甲府)連隊入営
1910	43	大逆事件で宮下太吉検挙。県民大会が御料林還付を決議。県内全域に大水害

	1911	明治44	雨宮敬次郎, 死去。帝室御料林約30万町歩を県有財産として下賜
大正時代	1912	大正元	富士身延鉄道会社創設
	1913	2	甲府市桜座で憲政擁護県民大会を開く。若尾逸平, 死去
	1916	5	地主団体山梨農政研究会設立。乗合自動車営業開始
	1918	7	米騒動おこり, 若尾家焼き打ちされる
	1919	8	ブラジル水晶原石, 初めて甲府に入る。武田神社創建
	1920	9	山梨普通選挙期成同盟会結成。甲府で普通選挙の要求デモ。富士身延鉄道, 富士・身延間開通
	1921	10	東山梨郡七里村(現, 甲州市)下於曽小作組合結成
	1922	11	舞鶴城公園で普選断行山梨大会。宝銅山従業員ストライキ
	1923	12	関東大震災, 県内全半壊3914戸・死者137人
	1924	13	日本農民組合山梨県連合会結成
	1925	14	町村会議員選挙で, 農民組合推薦候補者200人当選
昭和時代	1926	昭和元	山梨県連, 日本農民組合脱退, 全日本農民組合同盟結成
	1928	3	富士身延鉄道全通。第十銀行・若尾銀行合併
	1929	4	富士山麓電鉄(現, 富士急行)完成。矢島製糸争議
	1930	5	この年から翌年にかけて, 小作争議が多発。国道8号線改修工事着工
	1932	7	山梨電鉄, 甲府・青柳間開通
	1933	8	満州(現, 中国東北部)へ第2次開拓移民出発(山梨県初参加)
	1935	10	国鉄小海線開通
	1936	11	歩兵49連隊, 満州警備のため渡満。陸軍北富士演習場開設
	1937	12	NHK甲府放送局開局
	1939	14	山梨郷学会(現, 山梨郷土研究会)結成
	1940	15	大政翼賛会山梨県支部結成
	1941	16	第十銀行と有信銀行が合併し, 山梨中央銀行設立
	1943	18	県内各地に疎開工場建設
	1944	19	中学生の勤労動員。東京から学童疎開
	1945	20	甲府連隊, レイテ戦で壊滅。甲府空襲, 死者1127人。米軍, 甲府に進駐。北富士演習場, 米軍接収
	1946	21	『山梨時事新聞』創刊。富士ケ嶺地区に入植
	1947	22	初代公選知事に吉江勝保, 当選
	1949	24	山梨大学発足
	1950	25	米軍, 北富士演習場周辺を接収
	1951	26	知事選挙で天野久, 当選。山梨県労働組合総連合会発足
	1952	27	野呂川開発起工式
	1954	29	山梨中央銀行の職組ストライキ
	1955	30	北富士演習場B地区返還期成同盟結成
	1956	31	石橋湛山, 首相となる(翌年2月退陣)

	1958	昭和33	新笹子トンネル開通
	1959	34	NHK甲府放送局,テレビ放送開始。台風7号・15号で被害甚大。都留文科大学発足
	1961	36	石和で温泉湧出
	1963	38	県庁新庁舎落成
	1964	39	富士スバルライン開通。南アルプス国立公園指定
	1966	41	台風26号で被害甚大
	1967	42	知事選挙で田辺国男,当選。新御坂トンネル開通
	1969	44	中央自動車道,富士吉田線開通
	1970	45	中央線,新宿・甲府間全線複線化。『山梨時事新聞』廃刊
	1971	46	甲府バイパス完成。河口湖大橋開通
	1973	48	北富士使用協定調印
	1977	52	中央自動車道,大月・勝沼間および勝沼バイパス完成
	1978	53	県立美術館開館
	1979	54	知事選挙で望月幸明,当選。中道町(現,甲府市)で方形周溝墓群発見
	1980	55	山梨医科大学開校
	1981	56	大泉村(現,北杜市)で金生遺跡発掘
	1982	57	中央自動車道全線開通。県民文化ホール・県立考古博物館開館
	1985	60	中国四川省と友好県締結
	1986	61	かいじ国体開催
	1988	63	NHK大河ドラマ『武田信玄』放映
平成時代	1989	平成元	甲府博覧会開幕。県立文学館開館
	1991	3	知事選挙で天野健,当選。『国民生活白書』で山梨県が豊かさで日本一に位置づけられる
	1995	7	オウム事件,上九一色村(現,甲府市・富士河口湖町)で強制捜査
	1996	8	『山梨県史』刊行始まる。全国高校総体開催。知事が地方病終息宣言
	1997	9	リニアモーターカー走行実験開始
	1998	10	雁坂トンネル開通
	2002	14	山梨大学と山梨医科大学が統合,新山梨大学発足
	2003	15	知事選挙で山本栄彦,当選
	2004	16	甲斐・笛吹・北杜市など,平成の大合併が進む。猛暑(甲府で40.4度)・台風・豪雨で大被害
	2005	17	県立大学発足。県立博物館開館
	2006	18	プロサッカーチーム,ヴァンフォーレ甲府,初陣でJ1残留
	2007	19	知事選挙で横内正明,当選
	2015	27	知事選挙で後藤斎,当選
	2019	31	知事選挙で長崎幸太郎,当選

【索引】

─ア─

青木ヶ原樹海 …………………………………45
青木ヶ原丸尾(青木ヶ原溶岩流) …33, 48
あおやぎ宿活性館(御米蔵) ………233, 234
赤沢宿 ………………………………………253
秋元喬知 ……………………23, 26, 29, 38, 46
秋元泰朝 …………………………………………23
芥川龍之介の句碑 ………………………198
浅尾堰 ………………………………………191
浅川伯教・巧兄弟資料館 ………………197
浅間神社(笛吹市) …………93, 94, 100, 224
浅利氏館跡 …………………………………238
浅利与一(義成)層塔 ……………238, 239
穴切大神社 …………………………………144
穴塚古墳 ……………………………………186
穴山氏の館跡 ………………………………249
穴山信君(梅雪) …………130, 156, 181, 250, 251, 254
穴山信友 ………………………………156, 250, 251
雨宮敬次郎 …………………………………81
新倉掘抜(赤坂口・船津口) …………45, 46
有馬晴信謫居の跡 ……………………………55
安国寺 ………………………………………106
安藤家住宅 ……………………………229, 231

─イ─

飯島家住宅(旧飯島楼) ……………………77
石和陣屋(代官所)跡 ………………………88
石和八幡宮 …………………………………87
石和本陣跡 …………………………………88
石積出し ………………………213, 220, 221
石橋湛山 ………………………227, 228, 234
石船神社 ……………………………………30
板垣退助 ……………………………………143
板垣信方 ……………………………………207
市川代官所跡 ………………………………242
市川団十郎発祥の地 ……………………239
一条忠頼 ………………………138, 147, 149, 232
一の沢遺跡 …………………………………104

一宮神社 ………………………………………8, 9
一蓮寺 …………………………113, 138, 140, 147-149
稲積神社 ……………………………………149
犬目宿 ………………………………………11, 12
遺髪塚 ………………………………………20
今川義元 ………………………………128, 132, 134
祝橋 …………………………………………60, 62
岩殿山ふれあいの館 ………………………18
岩殿城址 ……………………………………17
印章資料館 ……………………………242, 243

─ウ─

上野家住宅 …………………………………80
上の平遺跡 …………………………………106
上野原宿 ……………………………………6, 11
右左口峠 ……………………………………106
姥塚 …………………………………91, 99, 160
表門神社 ……………………………………240
宇波刀神社(韮崎市) ……………………203, 204
宇波刀神社(北杜市) ………179, 186, 187, 191
雲岸寺 ………………………………………178
雲光寺 ………………………………………76
雲峰寺 ………………………………………74, 75

─エ─

永安寺 ………………………………………83
永源寺 ………………………………………157, 158
永昌院 ………………………………………82, 83
恵運院 ………………………………………125, 126
恵林寺 ……………………69, 70, 127, 129, 134, 154
円光院 ………………………………………127, 128
円照寺 ………………………………………84
円蔵院 ………………………………………251, 252
塩沢寺 ………………………………………159, 160
円通寺跡 ……………………………………18, 19
円楽寺 ………………………………………106

─オ─

生出神社 ……………………………………26
大井信達 ……………………………………134, 228
大井夫人の墓 ………………………………134

大久保長安の墓	135
大月遺跡	91
大村主計	69, 73
オオムラサキ自然公園	195
大室洞穴	49
小笠原長清	224, 226
岡・銚子塚古墳	103, 104
小川正子記念館	91
荻野家	103
荻野の一里塚	11, 12
奥多摩湖	10
小河内ダム	10
尾咲原遺跡	30
長田円右衛門	167
小佐野家住宅	34-36, 39
小佐野賢治	81
忍野八海	41, 42
於曽屋敷跡	64
織田信長	30, 55, 70, 88, 95, 127-130, 169, 180-182, 202, 226
飯富虎昌	167
小俣家の門	4
小山田越中守信有	11, 24, 30
小山田氏館(中津森館)跡	30
小山田出羽守信有	30
小山田出羽守信茂	30, 55
遠光寺	149, 150
遠妙寺	87, 88

― カ ―

海岸寺	201, 202
甲斐金山遺跡	245
甲斐源氏旧址碑	242
甲斐国衙跡	91
『甲斐国志』	17, 30, 50, 60, 80, 93, 102, 145, 148, 163, 164, 167-170, 176, 179, 189, 192, 199, 201, 205, 213, 220
甲斐国分寺跡・国分尼寺跡	96, 97
甲斐徳本の碑	62
甲斐奈神社	136, 137
甲斐風土記の丘・曽根丘陵公園	106
加賀美遠光	65, 150, 224, 226, 228, 244, 251
覚円峰	167
笠石大明神	85
風間酒造	67
柏尾の戦い	143
鰍沢河岸跡	237
加治免石幢	85
花井寺	13
勝手神社	178, 179
勝沼堰堤	62
勝沼氏館跡(勝沼信元居館跡)	60
勝沼宿	61
『勝山記』	47, 119, 123, 132
勝山城跡	23, 25, 26
加藤光泰の墓	116
金井加里神社	75
金桜神社(甲府市)	115, 164, 165, 168
金櫻神社(山梨市)	84
金鳥居	34
金山平	194
歌舞伎文化公園・文化資料館	239, 240
鎌田氏館跡	13
上菅口・下菅口の郷倉	166
加牟那塚古墳	160
河口湖	23, 44, 45
河口浅間神社(南都留郡富士河口湖町)	49, 50
河尻塚(逆さ塚)	130
雁行堤	81
願成寺	174, 175, 203
歓盛院	157
菅田天神社	65, 66, 99
雁ノ穴丸尾	33
神部神社(甲州市)	75
神部神社(北杜市)	192-194
神部神社(南アルプス市)	223, 224

― キ ―

義雲院	154, 155
北口本宮冨士浅間神社(富士吉田市)	34,

36–39

徽典館跡(碑)……146
旧秋山邸(追分館)……233
旧尾県学校校舎(尾県郷土資料館)……31, 121
旧金桜神社石鳥居……168
旧鎌倉街道……39, 40
旧甲府連隊の糧秣倉庫(山梨大学赤レンガ館)……133, 230
旧大正館(大正館倉庫)……5
旧高野家住宅(甘草屋敷)……63, 64
旧田中銀行主屋・土蔵……62
旧千野学校校舎(塩山市中央区区民会館)……66
旧津金学校校舎……121, 201
旧春米学校校舎……121
旧宮崎葡萄酒醸造所施設……62
旧宮下家住宅……40
旧睦沢学校校舎(藤村記念館)……121, 122
旧武藤家住宅……39
旧武藤酒造主屋・米蔵(笛吹川芸術文庫)……71
旧室伏学校校舎(牧丘郷土文化館)……84, 121
旧山梨県東山梨郡役所……121
旧陸軍玉幡飛行学校……230
行願寺墓地……20
経塚古墳……97
清春芸術村・清春白樺美術館……196
清春の桜群……196
銀河鉄道展望公園……181
金生遺跡……200
金峰山……85, 115, 125, 165, 167, 193, 194

── ク・ケ ──

窪八幡神社(山梨市)……77, 80
久本寺……218
熊野神社(甲州市)……66, 67
黒川金山……246
黒駒勝蔵……101
桑戸不動堂……92
軍刀利神社……7
景徳院……54–56

桂林寺……30
剣丸尾……33

── コ ──

恋塚の一里塚……11
向嶽寺……66, 68, 69, 72, 73
広厳院……95, 164
広済寺……104
甲州道中……5, 6, 11–13, 22, 55, 62, 73, 87, 177, 178, 207
光照寺……169, 170
甲府城(跡)……133, 137, 138, 142
甲府城下町遺跡……145
高良神社(窪八幡神社末社)……78
高竜寺……206
国分古墳群……97
国分寺……96, 97
国法……139
古長禅寺……134, 228, 229
小林一三……81
駒飼宿本陣跡……55
駒木戸口留番所跡……102
駒橋発電所落合水路橋……31

── サ ──

最恩寺……252
三枝守国……57
西湖……44, 45
西湖蝙蝠穴……49
西念寺……36
西方寺……40
坂井遺跡……179, 180
坂井考古館……180
酒折宮……111–113
佐久神社……89
笹子隧道……22
差出の磯……73, 80, 82
猿橋……14, 16, 33
三光寺……62
三社神社(甲斐市)……94, 113, 215
山王権現社……72
三分一湧水……199

― シ ―

慈雲寺	72, 73
慈眼寺(笛吹市)	95
慈眼寺(南アルプス市)	218
獅子吼城跡	190
慈照寺	212
七里岩地下壕群	177, 230
実相寺(甲府市)	104
実相寺(北杜市)	205, 206
篠原忠右衛門	81
忍草浅間神社(南都留郡忍野村)	41, 42
島田富重郎の墓	87
清水陣屋跡	79
下花咲の一里塚跡	20, 21
釈迦堂遺跡群・釈迦堂遺跡博物館	97
寿徳寺	43
長遠寺	227, 228
正覚寺	188, 189
称願寺	102
将棋頭	220, 221
常光寺	148
城古寺城跡	84
精進湖	44, 45, 106
成就院	89
常説寺	162, 163
松泉寺	72
昌福寺(韮崎市)	184
昌福寺(南巨摩郡増穂町)	227, 234
常楽寺	218
正蓮寺	29
シルクの里公園	239
神宮寺	79
信玄堤(竜王堤)	123, 213-215, 217
深向院	6, 231
信光寺	190
神座風穴・蒲鉾穴・眼鏡穴	48
信盛院	80
新撰組(甲陽鎮撫隊)	62, 143
真蔵院	19
神代サクラ	206
新府城跡	180, 182, 198
新羅三郎義光(源義光)	55, 65, 66, 80, 116, 155, 176, 189, 197, 202, 244

― ス ―

住吉神社	151
諏訪神社(大月市富浜町)	13
諏訪神社(甲州市大和町)	55
諏訪神社(甲府市下加治屋町)	153
諏訪神社(北杜市須玉町上津金)	201
諏訪神社(大石神社, 北杜市須玉町若神子)	189
諏訪神社(北杜市白州町下教来石)	207
諏訪神社(南アルプス市上今諏訪)	218
諏訪神社(南アルプス市曲輪田)	223
諏訪神社(南アルプス市百々)	218
諏訪番所(境川番所)跡	5, 6
諏訪頼重	55, 118

― セ ―

棲雲寺(栖雲寺)	56
清光寺	197-199
青松院	161
清白寺	77
積翠寺	122-124
善応寺	218
善光寺	30, 113-116

― ソ ―

蔵珠院	223
宗泉院	204
蒼竜峡	29
尊躰寺	135

― タ ―

台ヶ原宿	206, 207
大聖寺	244
大泉寺	131, 132
大善寺	57-59, 169, 195
大蔵経寺	86
大岳山本殿	77
大福寺	238
大菩薩峠	73-75
大門碑林公園	240, 241

高田浅間神社(西八代郡市川三郷町)……240
鷹丸尾……………………………………33, 42
武田勝頼(諏訪四郎)……6, 30, 54, 55, 59, 66, 67, 69, 74, 100, 120, 125-127, 129, 130, 132, 152-154, 165, 177, 180, 181, 198, 204, 250
武田氏館跡(躑躅ヶ崎館跡)……119-122, 124, 125
武田信玄(晴信)……36, 38, 55, 60, 66, 68, 69, 70, 74, 75, 78, 79, 81, 82, 94-96, 100, 113, 114, 118, 120, 122, 123-134, 139, 148, 152-154, 167, 176, 188, 189, 193-195, 199, 204, 206, 212-215, 223, 226, 228, 229, 243, 250
武田信玄火葬塚………………………129, 130
武田晴信の墓……………………………………70
武田神社………………………………120, 122, 125
武田信勝……………………………………55, 66, 130
武田信廉(逍遙軒信綱)……70, 126, 132, 134, 250
武田信重………………………………89, 128, 153
武田信武…………………………………………127, 250
武田信親(竜宝・海野次郎)…………152, 153
武田信縄………………………………………119, 126
武田信虎……30, 60, 69, 74, 78-80, 119, 121, 122, 125, 126, 129, 131, 132, 134, 135, 137, 169, 179, 193, 229, 250
武田(一条)信長…………………147, 153, 158
武田信成…………………………………………68, 86
武田信昌………………………………79, 82, 212
武田信光(石和五郎)………87, 127, 130, 153, 190, 227
武田信満……………………………………56, 78, 161
武田信義…………………………151, 175-177, 227
武田八幡神社(韮崎市)……131, 175-177, 180, 203, 227
武田義信…………100, 118, 120, 128, 152, 167
武内大神(窪八幡神社末社)……………78, 80
立川不動堂………………………………………92
丹波山村郷土民俗資料館………………………10

田原の滝……………………………………23, 28
玉諸神社………………………100, 112, 113
田安陣屋跡…………………………………83

—チ—
智光寺………………………………………106
千野六地蔵幢……………………………66
中央市豊富郷土資料館………………238, 239
長安寺…………………………………27, 28
超願寺…………………………………………95
長谷寺(笛吹市)…………………………59
長谷寺(南アルプス市)………………217, 218
銚子塚古墳…………………………………105
長寿村の碑……………………………………7
長泉寺…………………………………187, 188
長禅寺……………………………133, 134, 229, 251
朝穂堰………………………………………191

—ツ—
土屋惣蔵片手斬跡…………………………55
鶴川宿…………………………………11, 12
鶴川の渡し………………………………12
都留市商家資料館…………………………25

—テ—
寺本廃寺跡…………………………………92
天下茶屋…………………………………50
伝嗣院………………………………223, 224
天神社(山梨市)…………………………80
天沢寺………………………………166, 168
天津司神社…………………………………153
天保騒動(郡内騒動)………………11, 14, 15

—ト—
東京電力駒橋発電所………………………17
東光寺…………………………116-118, 128, 152
東漸寺………………………………………188
桃林軒…………………………………………29
徳川綱重……………………………………140
徳川綱豊(家宣)………………………140, 141
徳島堰………………………………175, 203, 219
徳島兵左衛門の墓………………………219
徳富蘇峰記念館……………………………43
殿上三島神社………………………………16

殿林遺跡	104
富田富五郎(武陵)の墓	135
鳥居原古墳(狐塚)	240
鳥居焼祭り	59
鳥沢宿(上鳥沢宿・下鳥沢宿)	11-13

― ナ ―

内船寺(伝四条金吾頼基館跡)	252
ナウマン象化石の出土地	80
長作観音堂	9, 10
なかとみ和紙の里	243, 244
中牧神社	83, 84
中丸砦跡	196
中道往還	106
長峰砦跡	11
中村安五郎(竹居吃安)	101
七日子神社	76
奈良田	85, 253
鳴沢氷穴	48
鳴沢溶岩樹型	33, 47, 48
南照院	99
南松院	249, 250
南部氏館跡	251
南部光行	249, 251, 252

― ニ ―

西川家住宅	84
仁科家住宅	25
日蓮	150, 163, 205, 206, 228, 235, 248, 252
二宮神社	9
入明寺	152
韮崎宿	177, 178, 206, 207
韮崎文化村(小林一三生家跡)	81, 178
仁勝寺	153

― ネ・ノ ―

根古屋神社	190, 192
根津嘉一郎	81-83
根津記念館	83
能成寺	118
野田尻宿	11, 12

― ハ ―

波木井(南部)実長	206, 248, 249
波木井氏館跡	249
白山城跡	177
旗掛松	195
八幡宮(甲府市)	130, 131
八田家書院・八田家御朱印屋敷	88, 89
「花かげ」の詩碑	69, 73
花の都公園	42, 43
馬場美濃守信房(信春)	204, 205
早川町歴史民俗資料館	253
ハリモミの純林	42, 43
万休院	204, 205

― ヒ ―

樋口一葉の文学碑	72, 73
比志神社	192, 193
微笑館	247
雛鶴神社	31
檜峯神社	102
比咩三神社(窪八幡神社末社)	79
平岡治郎右衛門の墓・頌徳碑	191
平賀源(玄)心の墓	188, 189

― フ ―

笛吹市春日居郷土館	90, 92
深草館跡(伝源光長居館跡)	198, 200
富岳風穴	49
福光園寺	102
冨士御室浅間神社(南都留郡富士河口湖町)	46
富士川写真美術館	236
富士川水運	237
藤切会式	59
富士講	34, 35, 37, 41
富士五湖	14, 43-45
富士山	13, 20, 29, 33-39, 41, 44, 47-49, 93, 112, 144, 189, 200
富士スバルライン	35
富士風穴	49
藤村紫朗	32, 116, 121, 122, 201
富士吉田市歴史民俗博物館	39, 41
仏陀寺	87
葡萄酒貯蔵庫(龍憲セラー)	62

ぶどうの国文化館	62
船形神社(諏訪神社)	170
船山河岸	178
普門寺	85
文学の森公園	43

―ホ―

法雲寺	21
宝鏡寺薬師堂	14
防空監視哨(大月市)	20
放光寺	71
宝寿院	241, 242
宝珠寺(上野原市)	6, 8
宝珠寺(南アルプス市)	224, 225
北条氏政	50, 55, 128
法性寺	4
法泉寺	126, 127
法善寺(伝加賀美遠光館跡)	226, 228
保福寺	4-6, 204
棒道	199
北杜市郷土資料館	196
保阪嘉内	181
穂坂堰	191
星野家住宅(下花咲宿本陣)	20, 21
穂見神社(南アルプス市)	221-223
本郷寺	251
本国寺	249
本遠寺	249

―マ―

舞鶴のマツ	204, 205
前田晁文学碑	73
増富温泉郷	194
松尾芭蕉の句碑	11, 21, 29, 82
丸山塚古墳	105
満願寺	95
満州南都留分村殉難の碑	28
満福寺	187
万力林	80, 82, 88

―ミ―

御坂城	50
三島由紀夫文学館	43
御勅使川旧堤防遺跡	221
御岳昇仙峡	167
御岳新道	167
南アルプス市ふるさと文化伝承館	224
源清光	150, 196-198, 239
源(逸見)義清	150, 155, 156, 189, 197, 202
源義清の館跡	242
身延山久遠寺	156, 228, 237, 248
身延町歴史民俗資料館	238
宮谷白山遺跡	13
ミュージアム都留	27
明暗寺の遺跡碑	158
明王寺	232
妙福寺	156
妙法寺(南巨摩郡増穂町)	234, 235
妙法寺(南都留郡富士河口湖町)	46
妙林寺	195
美和神社(笛吹市)	100, 102
三輪神社(北杜市)	189, 190

―ム・モ―

莚塚	21
夢窓疎石(夢窓国師)	69, 70, 77, 122, 127, 228, 229, 242
木喰記念館(木喰行道生家跡)	247
望月百合子記念館	235, 236
本栖湖	44, 45, 48, 247
本栖風穴	49
物部神社(物部十社明神)	87
森武七の墓	14
門西家住宅	244, 245

―ヤ―

薬草の花咲く歴史の公園	64
矢崎家住宅	219
八代家住宅	185, 186
安田氏五輪塔(伝安田義定の墓)	76
安田義定	71, 85
矢立のスギ	22
八ツ沢発電所	12, 16
矢坪坂古戦場	11
谷戸城跡	198, 200

柳沢吉里	118, 140, 141, 191
柳沢吉保	128, 132, 140, 141, 145, 206
山県神社	215, 216
山県大弐	215-217
山県大弐の墓所	217
山口素堂の墓	135
山中湖	14, 36, 39, 42-44
山梨岡神社(笛吹市)	89, 90
山梨岡神社(山梨市)	77
山梨県立考古博物館	97, 104-106
山梨県立博物館	97, 98, 99
山宮神社(浅間神社摂社)	94
山本勘助の供養塔	204
谷村大堰	23
谷村興譲館	26
谷村城(館)	25
谷村陣屋跡	26, 27

―ユ・ヨ―

用津院	30
瑜伽寺	104
湯之奥金山博物館	244, 247
要害城跡	122, 124, 125
横根・桜井積石塚古墳群	110
義清神社	155
吉田の火祭り(すすき祭り)	38
萬屋醸造店	233

―ラ・リ―

羅漢寺	164
蘭渓道隆(大覚禅師)	116, 117
里仁学校	72
竜王用水	215
竜宮洞穴	49
竜塚古墳	104
立本寺	161, 162
了円寺	219

―ル・レ・ロ―

ルミエール旧地下発酵槽	98
連方屋敷	76, 77
ロタコ	230

―ワ―

若尾逸平	22, 81
若神子城跡(新羅三郎義光居館跡)	189
若宮八幡神社(窪八幡神社摂社)	78
若宮八幡神社(武田八幡神社末社)	176

【写真所蔵・提供者】(五十音順，敬称略)

上野原市教育委員会	大泉寺
雲峰寺	長谷寺
永源寺	長禅寺
塩沢寺	都留市産業観光課
大月市教育委員会	韮崎市観光協会
忍野村観光課	韮崎市教育委員会
株式会社ケイ・トゥー・ワン	仁勝寺
河口浅間神社	広島市立中央図書館
願成寺	富士河口湖町教育委員会
歓盛院	富士吉田市富士山課
菅田天神社	富士吉田市歴史民俗博物館
義雲院	放光寺
甲州市教育委員会	宝珠寺
甲府市教育委員会	保福寺
小菅村役場源流振興課	南アルプス市教育委員会
古長禅寺	南アルプス市立春仙美術館
財団法人信玄公宝物館	身延山観光協会
財団法人山梨県観光物産連盟	身延文庫
西念寺	明王寺
西方寺	山梨県立考古博物館
常説寺	山梨県立博物館
昭和町教育委員会	
青松院	

本書に掲載した地図の作成にあたっては，国土地理院長の承認を得て，同院発行の50万分の1地方図 20万分の1地勢図，数値地図25000(空間データ基盤)を使用したものである(平18総使，第78-3041号) (平18総使，第79-3041号)(平18総使，第81-3041号)。

【執筆者】(五十音順,2020年4月現在)

編集委員長
浅川保 あさかわたもつ(山梨平和ミュージアム)

編集・執筆者
安達徹 あだちとおる(県教育委員会)
有泉雅人 ありいずみまさひと(元県立韮崎高校)
影山正美 かげやままさみ(駿台甲府高校)
佐藤弘 さとうひろし(元県立谷村工業高校)
篠原誠 しのはらまこと(元県立甲府東高校校長)
原正人 はらまさと(駿台甲府高校)
広瀬勝 ひろせまさる(元県立ろう学校校長)
深沢源一 ふかさわもとかず(山梨学院大学附属高校)
宮下仁 みやしたひとし(元県立富士北稜高校校長)
望月祐子 もちづきゆうこ(県立山梨高校)

執筆者
飯島輝己 いいじまてるみ(県立あけぼの支援学校)
市川正子 いちかわまさこ(元県立甲府南高校)
岩下秀子 いわしたひでこ(元県立日川高校)
柏木秀俊 かしわぎひでとし(県立韮崎工業高校)
木内政美 きうちまさみ(県立都留高校)
菊島良治 きくしまりょうじ(元県立盲学校校長)
﨑田哲 さきたさとし(県立甲府第一高校)
畠山尚也 はたけやまなおや(県立吉田高校)
早川典孝 はやかわのりたか(県立甲府西高校)
藤城真 ふじしろまこと(県立富士河口湖高校)
古屋美代 ふるやみよ(元県立甲府昭和高校)
米山馨介 よねやまけいすけ(県立市川高校)

歴史散歩⑲
やまなしけん れきし さんぽ
山梨県の歴史散歩

2007年2月25日　1版1刷発行　　　2020年6月25日　1版4刷発行

編者――――山梨県高等学校 教 育研 究 会地歴科・公民科部会
　　　　　やまなしけんこうとうがっこうきょういくけんきゅうかい ちれきか　こうみんか ぶ かい
発行者――野澤伸平
発行所――株式会社山川出版社
　　　　　〒101-0047　東京都千代田区内神田1-13-13
　　　　　電話　03(3293)8131(営業)　　03(3293)8135(編集)
　　　　　https://www.yamakawa.co.jp/　　振替　00120-9-43993
印刷所――図書印刷株式会社
製本所――株式会社ブロケード
装幀―――菊地信義
装画―――岸並千珠子

Ⓒ　2007　Printed in Japan　　　　　　　　ISBN978-4-634-24619-5
・造本には十分注意しておりますが，万一，落丁・乱丁などがございましたら，
　小社営業部宛にお送りください。送料小社負担にてお取り替えいたします。
・定価は表紙に表示してあります。

辰野町
箕輪町
いなまつしま
飯田線
南箕輪村
153
152
361
いなし
茅野市
原村
八ヶ岳
2899 赤岳
2715 権現岳
富士見町
20
のべやま
川上村
きよさと
瑞牆山
2230
小海線
こぶちざわ
141
入笠山
1955
北杜市
中央本線
茅ヶ岳
1704
鋸岳
2685
中央自動車道
長野県
伊那市
2966
甲斐駒ヶ岳
釜無川
羅漢寺山
1058
天竜川
駒ヶ根市
3033
仙丈ヶ岳
鳳凰山
韮崎市
甲斐市
山梨県
甲府市
2840
観音岳
にらさき
甘利山
1672
双葉Jct
北岳
3193
こうふ
間ノ岳
3189
中川村
中部横断自動車道
南アルプス市
中巨摩郡
昭和町
3026
農鳥岳
櫛形山
2052
中央市
松川町
丸山
1911
140
3047
塩見岳
源氏山
1908
大鹿村
笹山
2733
豊丘村
152
かじかざわぐち
西八代郡
市川三郷町
富士川町
52
喬木村
荒川岳
3141
早川
300
赤石岳
3120
南巨摩郡
身延町
かいときわ
本栖湖
152
聖岳
3013
荒ヶ岳
2629
雨ヶ岳
1772
1964
毛無山
飯田市
早川町
身延山
1153
身延線
2803
上河内岳
1989
七面山
139
みのぶ
青笹山
2209
長者ヶ岳
1336
光岳
2591
八紘嶺
1918
52
2392
池口岳
富士川
富士宮市
うつぶな
川根本町
静岡県
静岡市
大無間山
2329
南部町
とおしま
浜松市
いかわ
井川湖
N
1:510,000
0
5
10km